Treffpunkt

Deutsch als Zweitsprache für Alltag und Beruf

Kursbuch A1

Julia Herzberger
Friederike Jin
Martina Schäfer
Matthias Scheliga

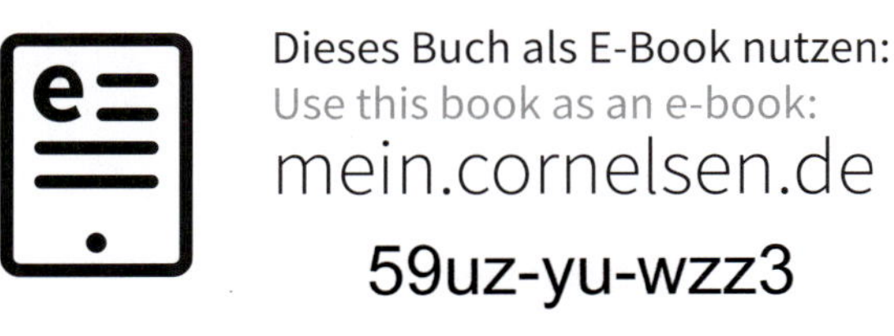

Herzlich willkommen bei *Treffpunkt*

Das Lehrwerk Treffpunkt richtet sich an erwachsene Lernende, die in einem deutschsprachigen Land leben und arbeiten möchten. Ziel ist es, ihnen die Integration in Alltag und Beruf zu erleichtern und sie zu befähigen, in allen Angelegenheiten des täglichen Lebens sprachlich selbstständig zu handeln. Die Themen, die Aufgaben sowie die Sozialformen sind so gewählt, dass eine möglichst für alle Lernenden angenehme Lernatmosphäre im Unterricht geschaffen werden kann.

Treffpunkt orientiert sich an den Vorgaben des Gemeinsamen europäischen Referenzrahmens sowie des Begleitbandes und deckt die Lernziele des Rahmencurriculums für Integrationskurse des Bundesamtes für Migration und Flüchtlinge ab. Berücksichtigt werden auch die Anforderungen der neuen Zusatzqualifikation für Lehrkräfte im Bereich Deutsch als Zweitsprache.

Blick ins Buch

Zielaufgaben mit Sitz im Leben

c Laden Sie eine Freundin / einen Freund in Ihre Stadt ein. Schreiben Sie eine E-Mail wie in a. Die App hilft.

1. Wo liegt Ihr Ort?
2. Was gibt es in Ihrem Ort?
3. Was mögen Sie besonders gern?
4. Was kann man im Frühling, Sommer, Herbst oder Winter machen?

Humorvolle Video-Geschichten

Aufgaben mit Perspektivwechsel

23

e Was ist für den Gast nicht angenehm? Sehen Sie das Video noch einmal. Kreuzen Sie an.

1. ☐ Karim steht sehr nah.
2. ☐ Karim spricht sehr schnell.
3. ☐ Karim spricht sehr laut.

f Was ist für Sie angenehm, was nicht? Arbeiten Sie in Gruppen. Zeigen Sie.

Kooperative Aufgaben

a Arbeiten Sie zu zweit. Wählen Sie eine Situation (A oder B). Ihre Partnerin / Ihr Partner wählt die andere Situation. Hören Sie oder lesen Sie in der App. Schreiben Sie Antworten.

2.44

Telefonat mit dem Bürgerbüro **A**	Chat mit einer Freundin **B**

1. Wo kann man das machen?
2. Was braucht man?
3. Wo gibt es die Formulare?
4. Was kostet es?

b Was ist gleich? Was fehlt? Vergleichen Sie zu zweit. Schreiben Sie ein Infoblatt wie in 2b.

Milan 19:41
Und wo kann ich das Wohngeld beantragen?

Alena 19:43
Ich habe es beim Wohnungsamt gemacht. Dort bekommst du auch die Formulare.

Milan 19:43
Vielen Dank! Ich gehe gleich morgen zum Amt. Bis bald!

Alena 19:44
Bis bald! Und viel Erfolg!

Visualisierung von grammatischen Strukturen

Strategien bewusst einsetzen

3 Wörter erklären

a Welches Wort passt? Suchen Sie die Wörter in 2c. Schreiben Sie.

Strategie 1: das Wort auf Deutsch erklären
Das bedeutet: Wohin möchtest du fahren?
____

Strategie 3: das Gegenteil sagen
Das Gegenteil von „Kind".
____

Strategie 2: das Wort mit Pantomime erklären
____

Strategie 4: es in einer anderen Sprache sagen
Auf Englisch: arrival.
die Ankunft

Das Kursbuch

Die **Kursbuch-Kapitel** bestehen aus acht Seiten. Auf den ersten sechs Seiten werden die Lerninhalte vermittelt. Diese Seiten folgen einem einheitlichen linearen Aufbau: Innerhalb jeder Doppelseite finden sich immer die Schritte Einstieg ins Thema, selbstentdeckendes Lernen, Automatisieren, Üben und eigenständige Sprachproduktion. Jedes Kapitel bietet Aufgaben zur Mediation und Aufgaben mit plurikulturellem Schwerpunkt an, in denen die Lernenden für vielfältige Perspektiven auf das Leben sowie kulturell unterschiedliche Normen und Werte sensibilisiert werden. Viele Aufgaben sind binnendifferenziert formuliert.

Auf den letzten zwei Seiten bekommen die Lernenden Raum für eine kurze Pause, um Wortschatz, Strukturen und Kommunikation in einem anderen, oft berufsbezogenen Kontext zu wiederholen. Das integrierte Strategietraining erleichtert es den Lernenden, den Lernprozess zunehmend selbst zu gestalten.

Nach je zwei Kapiteln folgt eine **Magazin-Doppelseite** mit interessanten Lesetexten und Projektaufgaben.

Aufgaben zur individuellen Auswahl

d **Arbeiten Sie zu zweit. Wählen Sie eine Situation (A oder B). Spielen Sie einen Dialog. Die App hilft.**

Sie können nicht zum Kurs kommen. A	**Sie können nicht zur Arbeit kommen.** B
Sie sind krank. Rufen Sie an. Ihre Partnerin / Ihr Partner ist die Kursleiterin / der Kursleiter.	Sie sind krank. Rufen Sie an. Ihre Partnerin / Ihr Partner ist die Chefin / der Chef.

Sprachvergleichende Aufgaben

f **Wie heißen die Wörter in Ihren Sprachen? Sammeln Sie im Kurs. Vergleichen Sie.**

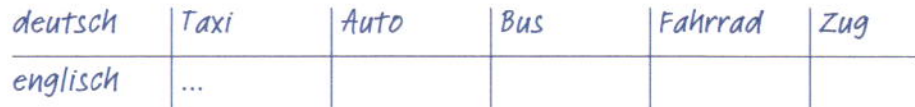

deutsch	*Taxi*	*Auto*	*Bus*	*Fahrrad*	*Zug*
englisch	...				

Aufgaben zur Werte-Sensibilisierung

c **Wie finden Sie die Verbote und Regeln in a? Welche kennen Sie noch? Finden Sie sie wichtig? Sprechen Sie im Kurs.**

Man darf ..., aber man darf nicht ...	Das finde ich gut / richtig / nicht gut / komisch.
... ist/sind (nicht) erlaubt.	Ich verstehe das (nicht). Viele machen das.

Aufgaben mit unterstützenden Textbausteinen und Redemitteln

a **Wo lernen Sie? Was machen Sie dort? Wählen Sie eine Aufgabe (A oder B). Schreiben Sie einen Text wie in 2a. Die App hilft.**

Angebot zum individuellen Üben am Ende jeder Einheit

4 Alles klar? Wollen Sie mehr üben?

a **Was hat Ihnen gefallen? War es schwer? War es leicht? Sprechen Sie im Kurs.**

b **Wiederholen Sie und üben Sie in der App. Wählen Sie A (leichte Übungen) oder B (schwere Übungen).**

Aufgaben zur Medienkompetenz

a **Wie kommt man zum ... / zur ... in Ihrer Stadt? Arbeiten Sie zu zweit. Wählen Sie einen Ort (A oder B). Ihre Partnerin / Ihr Partner wählt den anderen Ort. Suchen Sie eine *Verbindung* von Ihrer Sprachschule. Benutzen Sie das Internet oder eine App. Schreiben Sie.**

Bibliothek A	**Bürgerbüro** B

Interessante Texte und Projekte im Magazin

TREFFPUNKT

Monatsgrafik:
Was machen die Deutschen gern in ihrer Freizeit?

surfen und chatten	96
fernsehen	86
etwas am Computer machen	83
E-Mails lesen und schreiben	82
Musik hören	80

Lieblingsorte

Ich bin Andrei und ich komme aus Erfurt. Erfurt ist toll! Das sind meine Lieblingsorte:

Die Altstadt: Hier stehen viele alte Häuser. Sie sind sehr schön! Ich treffe hier immer Freunde und Kollegen und wir essen und trinken zusammen.

Alle Symbole führen zu den Inhalten in der PagePlayer-App:

- Hörtext
- Video, Grammatik-Video
- kooperative Aufgabe
- Textbausteine/Redemittel als Hilfe, interaktive Übungen

Inhalt

Inhalt

1 Willkommen!

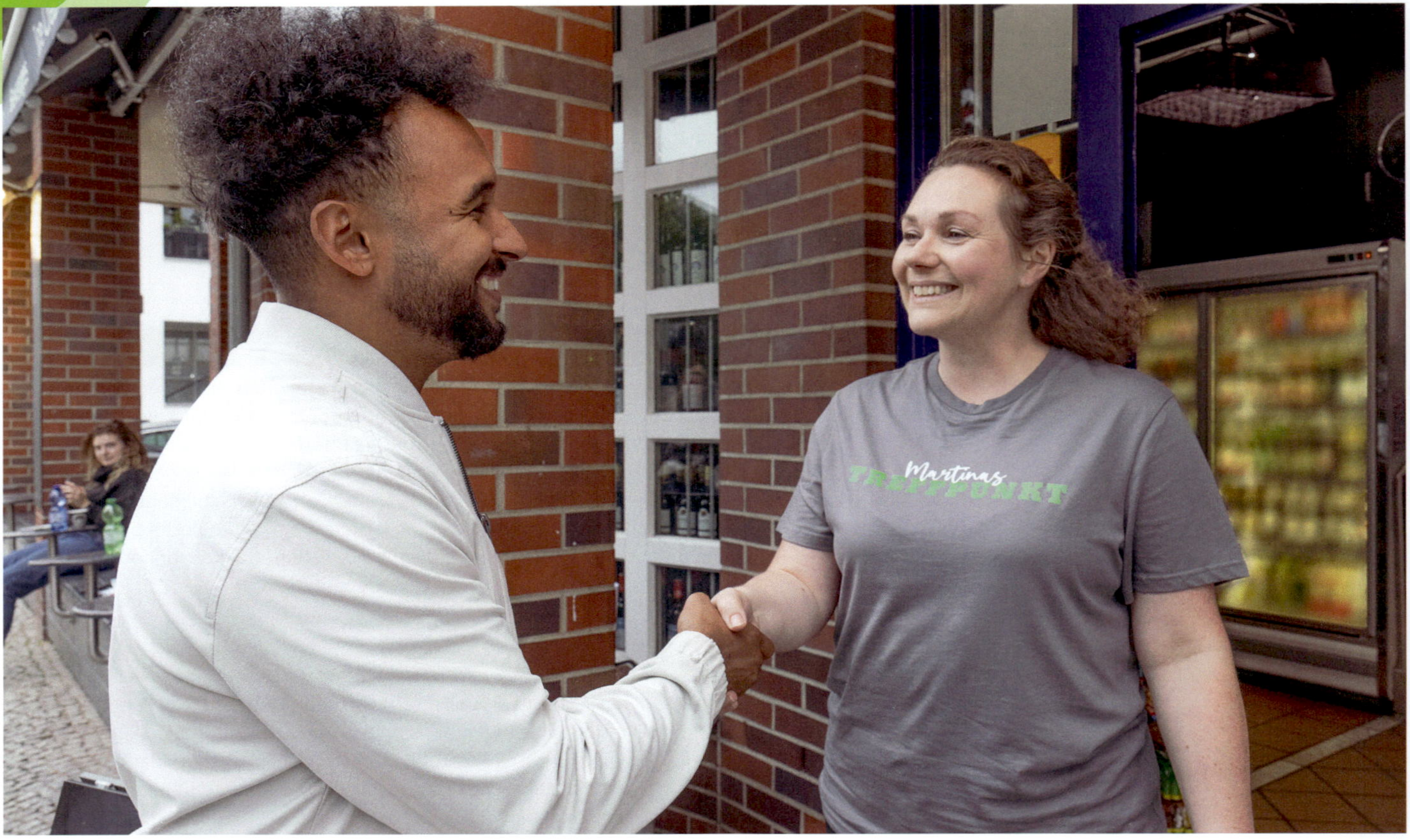

A Ich heiße Karim Hadid.

1 Wie heißen Sie?

Kurskette. Fragen Sie und antworten Sie.

- Guten Tag, ich heiße ... Und Sie?
- Ich heiße ...

2 Woher kommen Sie?

1.02

a Hören Sie. Lesen Sie.

- Guten Tag. Ich bin Martina Schmittke. Wie heißen Sie?
- Guten Tag. Ich heiße Karim Hadid.
- Woher kommen Sie, Herr Hadid?
- Ich komme aus dem Irak. Und Sie, Frau Schmittke?
- Aus Deutschland. Herzlich willkommen.
- Danke.

Lernziele: sich begrüßen • den Namen und das Herkunftsland nennen • *Guten Tag* in verschiedenen Sprachen vergleichen •

b Woher kommen die Personen? Lesen Sie noch einmal. Ergänzen Sie.

Karim Hadid

Ich komme aus dem ____________________.

Martina Schmittke

Ich komme aus ____________________.

c Wie heißt Ihr Land? Woher kommen Sie? Ergänzen Sie. Die Bildleiste hilft. Lesen Sie laut.

Ich komme aus ____________________.

Woher?

Ich komme **aus** Deutschland/Bulgarien/...

! Ich komme **aus** dem Irak / der Türkei / dem Sudan.

d Kursspaziergang. Fragen Sie und antworten Sie.

Ich komme aus ... Woher kommen Sie?

Ich komme aus ...

3 Guten Tag!

01

a Woher kommen die Personen? Sehen Sie das Video. Ergänzen Sie.

1 Martina Schmittke

Ich komme aus Deutschland, aus ______________.

3 Helen Agravante

Ich komme aus ______________, aus Tuttlingen.

2 Karim Hadid

Ich komme aus dem Irak, aus Bagdad.

4 Todor Milev

Ich komme aus ______________, aus Russe.

b Wie sagen Sie *Guten Tag* in Ihren Sprachen? Schreiben Sie auf einen Zettel.

As-salamu alaikum! Bonjour!

c Hängen Sie Ihren Zettel auf. Stellen Sie sich vor.

Ich heiße ... / Ich bin ...

Ich komme aus ...

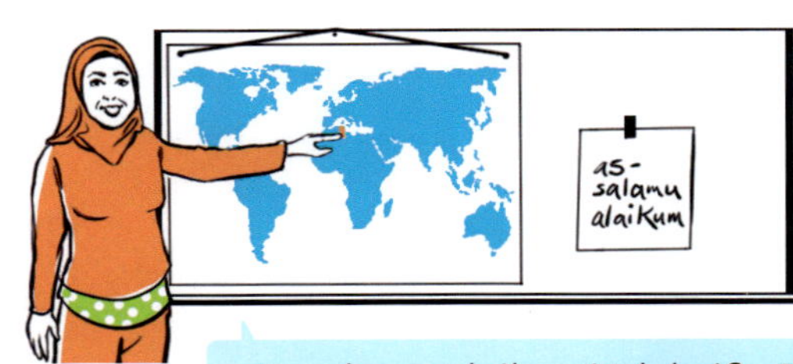

As-salamu alaikum! Ich heiße Eliza. Ich komme aus Tunesien, aus Gabes.

Irak

Jemen

Sudan

Kenia

Thailand

____

B Ich spreche ein bisschen Deutsch.

1 Welche Sprachen sprechen Sie?

a Ergänzen Sie. Lesen Sie laut.

Arabisch • Bulgarisch • Englisch • Farsi • Französisch • Swahili • ...

Ich spreche ______________ und ein bisschen Deutsch.

b Kursspaziergang. Fragen Sie und antworten Sie.

Welche Sprachen sprechen Sie? Ich spreche ... und ein bisschen Deutsch.

2 Woher kommst du, Karim?

1.03

a Welches Foto passt? Hören Sie. Ordnen Sie zu.

b *Sie* oder *du*? Markieren Sie die Fragen. Ordnen Sie zu.

1. Guten Tag. Wie heißen Sie?
   Mein Name ist Karim Hadid.
   Herr Hadid, woher kommen Sie?
   Ich komme aus dem Irak.
   Und welche Sprachen sprechen Sie?
   Arabisch und ein bisschen Deutsch.

2. Hallo! Ich bin neu hier. Ich heiße Karim. Wie heißt du?
   Ich bin Todor. Woher kommst du, Karim?
   Aus dem Irak. Welche Sprachen sprichst du?
   Bulgarisch und ein bisschen Deutsch.
   Interessant!

Sie: Herr Hadid / Frau Schmittke	**du:** Karim/Martina/Todor
Wie heißen Sie?	______________
______________	______________
______________	______________

c Lesen Sie noch einmal in b. Ergänzen Sie.

Verben

	kommen	heißen	sprechen	sein
ich	komme	heiß___	spreche	______
du	kommst	heiß___	sprich___	bist
Sie	kommen	heiß___	sprech___	sind

d Wählen Sie einen Dialog in b. Variieren Sie zu zweit.

Lernziele: sagen, welche Sprachen man spricht • buchstabieren • bei Nicht-Verständnis nachfragen • sich bedanken •

3 Ich buchstabiere.

1.04

a Das Alphabet. Hören Sie. Sprechen Sie nach.

Aa	Bb	Cc	Dd	Ee	Ff	Gg	Hh	Ii	Jj	Kk	Ll	Mm
a	be	tse	de	e	ef	ge	ha	i	jot	ka	el	em
Nn	**Oo**	**Pp**	**Qq**	**Rr**	**Ss**	**Tt**	**Uu**	**Vv**	**Ww**	**Xx**	**Yy**	**Zz**
en	o	pe	ku	er	es	te	u	vau	we	iks	ypsilon	tsett
Ää	**Öö**	**Üü**	**ß**									
a-Umlaut	o-Umlaut	u-Umlaut	eszett									

1.05

b Wie heißt du? Hören Sie. Schreiben Sie.

A _ _ _ _ _ _ _

c Kursspaziergang. Fragen Sie und antworten Sie. Sprechen Sie mit fünf Personen.

- Wie heißt du?
- Mein Name ist ... Ich buchstabiere: ...

Wie bitte? Wie schreibt man das?

Ich buchstabiere: ...

Danke. / Bitte.

4 Wie heißt du?

a Lesen Sie. Ergänzen Sie.

- Wie heißt du?
- Ich heiße Ariadne Moustaki.
- Wie bitte? Wie schreibt man das?
- Ich buchstabiere: A–R–I–A–D–N–E M–O–U–S–T–A–K–I.
- Danke! Woher kommst du?
- Ich komme aus Griechenland.
- Und welche Sprachen sprichst du?
- Ich spreche Griechisch und ein bisschen Deutsch.

Name: ______________________

Land: ______________________

Sprachen: ______________________

____

1.06

b Phonetik: W-Fragen. Hören Sie. Sprechen Sie nach.

1. Wie? – Wie heißt du?
2. Woher? – Woher kommst du?
3. Wie? – Wie schreibt man das?
4. Welche Sprachen? – Welche Sprachen sprichst du?

c Variieren Sie den Dialog in a zu zweit. Schreiben Sie einen Steckbrief wie in a für Ihre Partnerin / Ihren Partner.

d Alles richtig? Lesen Sie. Korrigieren Sie.

- Du heißt ... Du kommst ... Du sprichst ...
- Richtig! Und du heißt ...
- Nein, ich heiße Alena. Ich buchstabiere: A–L–E–N–A.

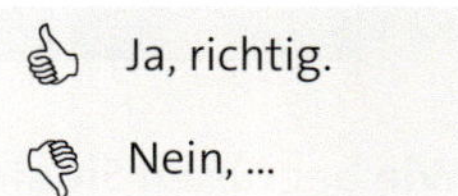

Ja, richtig.

Nein, ...

C Guten Tag!

1 Guten Tag! Auf Wiedersehen!

02

a Was sagen die Personen? Sehen Sie das Video (Teil 1). Ordnen Sie zu.

Tschüs! • Hallo! • Auf Wiedersehen! • Hi! • Bis bald! • Guten Morgen!

Guten Morgen! ______________________ ______________________

______________________ ______________________

b Welche Grüße sagen Sie mit *Sie*? Welche Grüße sagen Sie mit *du*? Markieren Sie in a.

c Wann sagt man was? Ordnen Sie zu.

Guten Tag! • Guten Morgen! • Guten Abend! • Gute Nacht!

______________ ______________ *Guten Abend!* ______________

03

d Wie begrüßen sich die Personen? Sehen Sie das Video ganz. Kreuzen Sie an.

e Wie begrüßen Sie sich in Ihrem Land? Was sagen Sie und was machen Sie? Zeigen Sie im Kurs.

Lernziele: sich begrüßen und verabschieden • nach dem Befinden fragen und antworten • Grußformeln in verschiedenen Sprachen

2 Wie geht es dir?

03

a Wie geht es Karim (K), Martina (M) und Helen (H)? Sehen Sie das Video noch einmal. Ordnen Sie zu.

b Lesen Sie die Wörter in a emotional.

c Wie geht es dir? Spielen Sie zu viert. Fragen Sie und antworten Sie.

Wie geht es dir?

Gut. Danke.

d Variieren Sie zu zweit.

- Guten Morgen, Herr Hadid. Wie geht es Ihnen?
- Guten Tag, Frau Schmittke! Danke, sehr gut! Wie geht es Ihnen?
- Sagen wir *du*?
- Ja. Wie geht es dir, Martina?
- Na ja, es geht. Danke.

Sie: Wie geht es Ihnen?
du: Wie geht es dir?

e Kursspaziergang. Fragen Sie und antworten Sie wie in d.

3 Wie heißen Sie?

04

a Sehen Sie das Grammatik-Video. Ergänzen Sie dann.

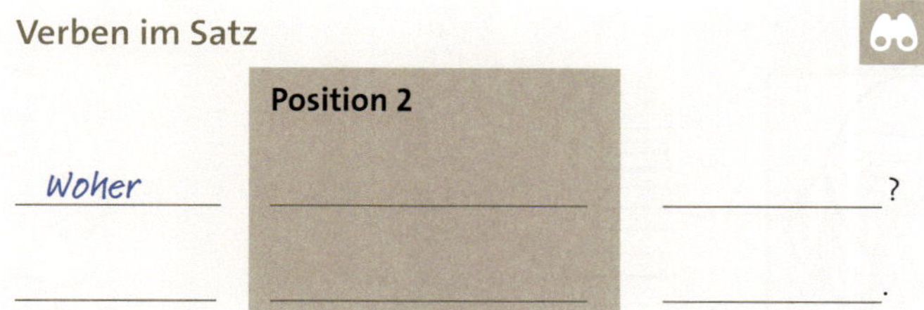

b Arbeiten Sie zu dritt. Schreiben Sie einen Satz auf Karten.

c Bewegte Sätze. Tauschen Sie Ihre Karten mit einer anderen Gruppe. Bilden Sie den Satz.

4 Ich heiße ... Ich bin neu hier.

a Arbeiten Sie zu zweit. Wählen Sie eine Rolle (A oder B). Ihre Partnerin / Ihr Partner wählt die andere Rolle. Lesen Sie die Informationen in der App. Schreiben Sie Sätze.

Ich heiße ...

b Fragen Sie und antworten Sie. Die App hilft.

D Ich bin neu hier.

1 Bis bald!

Was sagen die Personen? Lesen Sie. Ergänzen Sie.

Wie heißen Sie? • Sehr gut, danke. • Guten Tag. • Wie geht es Ihnen • Woher kommen Sie • Bis bald! • Welche Sprachen sprechen Sie? • Wie bitte? • Aus der Türkei.

1

Guten Tag.

__________ Ich bin neu hier.

Hallo, ich bin Anja Gerds. __________

Ich heiße Esra Bilmen.

2

__________, Frau Bilmen?

Danke, gut. Und Ihnen?

____

3

__________, Frau Gerds?

Ich komme aus Deutschland. Und Sie?

____

4

____

Türkisch und Deutsch.

Oh!

5

Güle güle!

____

Güle güle! Bis bald!

6

Ich spreche ein bisschen Türkisch.

Oh, super! Güle güle!

____

Lernziele: einen Comic verstehen • sich vorstellen • Strategie: wichtige Sätze auswendig lernen, mit dem Smartphone lernen

2 Wichtige Sätze auswendig lernen

a **Lesen Sie in 1 noch einmal. Markieren Sie alle Sätze mit *ich*.**

b **Und Sie? Ergänzen Sie.**

Ich heiße ______________________.

Ich komme aus ______________________.

Ich spreche ______________________.

c **Lesen Sie laut. Lernen Sie die Sätze auswendig.**

Ich heiße Luana.
Ich komme aus China.
Ich spreche Chinesisch und ein bisschen Deutsch.

d **Nehmen Sie die Sätze mit Ihrem Smartphone auf.**

Ich heiße Lin.
Ich komme aus China.
...

e **Hören Sie die Sätze auf Ihrem Smartphone zweimal.**

Ich heiße Lin.
Ich komme aus China.
...

f **Sprechen Sie die Sätze auswendig. Kreuzen Sie an.**

Ich spreche ...

☐ sehr gut. ☐ gut. ☐ nicht so gut.

3 Bis bald!

Und jetzt Sie. Spielen Sie den Comic mit den Sätzen in 2b zu zweit.

4 Alles klar? Wollen Sie mehr üben?

a **Was hat Ihnen gefallen? War es schwer? War es leicht? Sprechen Sie im Kurs.**

b **Wiederholen Sie und üben Sie in der App. Wählen Sie A (leichte Übungen) oder B (schwere Übungen).**

2 Berufe

1 ______________

2 ______________

3 ______________

4 ? ______________

A Ich bin Koch.

1 Was bist du von Beruf?

a **Was sind die Personen von Beruf? Schreiben Sie. Die Bildleiste hilft.**

1.07 **b** **Hören Sie. Kontrollieren Sie Ihre Lösung in a.**

1.08 **c** **Was ist Karim von Beruf? Hören Sie. Ergänzen Sie.**

Ich bin ______________ von Beruf.

Ich arbeite jetzt als ______________.

d **Lesen Sie die Berufe in der Bildleiste laut.**

e **Was bin ich von Beruf? Arbeiten Sie mit der Bildleiste. Spielen Sie Pantomime. Raten Sie.**

Was bin ich von Beruf?

Du bist ...

Richtig!

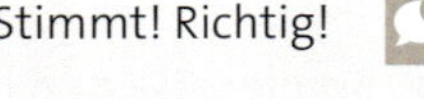
✓ Stimmt! Richtig!

✗ Leider falsch!

Altenpfleger

Ingenieurin

Ärztin

Lehrer

Friseur

Mechatronikerin

Lernziele: nach dem Beruf fragen • den Beruf nennen • etwas bestätigen oder verneinen • Wortfeld: Berufe •

2 Ich arbeite als Taxifahrerin.

a Was sind Oksana, Ahmed und Simay von Beruf? Lesen Sie. Ergänzen Sie.

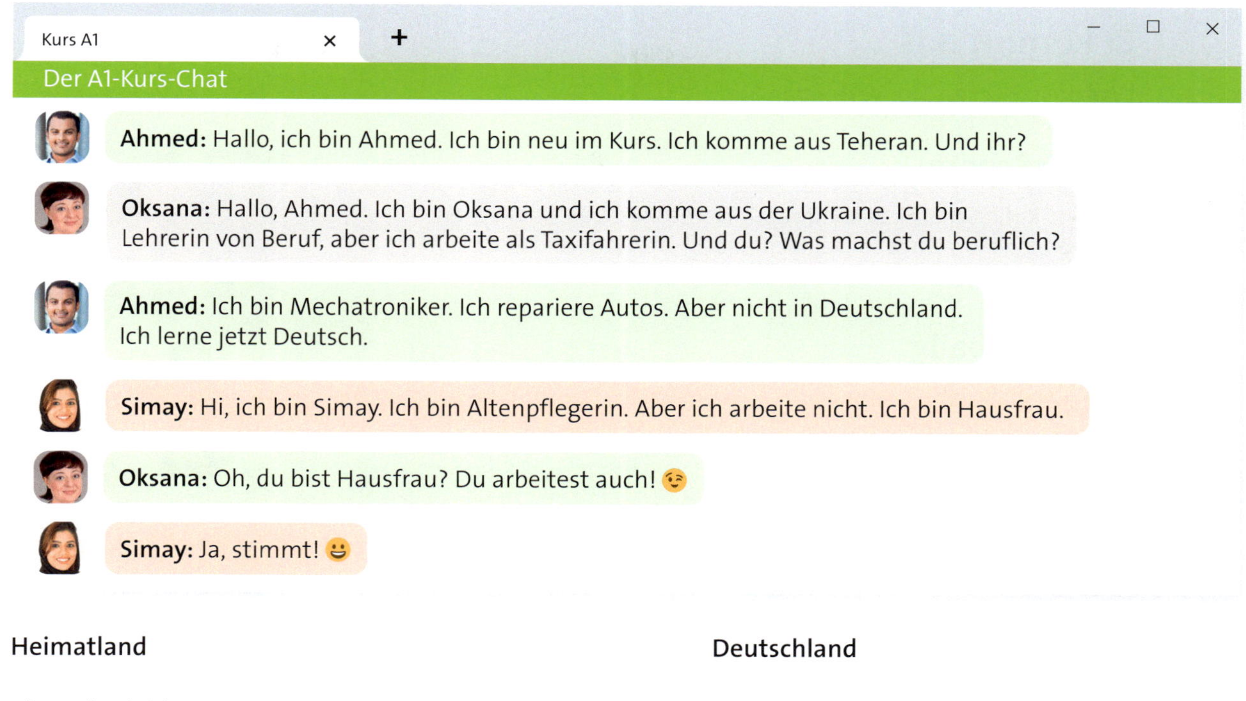

Heimatland	Deutschland
Ahmed: Ich bin ________________.	Ich ________________.
Oksana: Ich bin ________________ von Beruf.	Ich arbeite als ________________.
Simay: Ich bin ________________.	Ich bin ________________.

b Wie heißen die Berufe von Frauen und Männern in a? Ergänzen Sie.

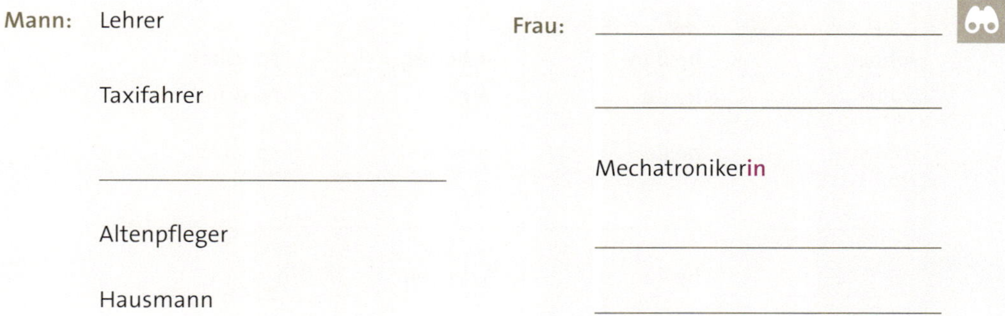

Mann:	Frau:
Lehrer	________________
Taxifahrer	________________
________________	Mechatronikerin
Altenpfleger	________________
Hausmann	________________

c Wie heißen die Berufe von Frauen und Männern in der Bildleiste? Sprechen Sie im Kurs.

d Was sind Sie von Beruf? Sammeln Sie im Kurs.

Kellner – Kellnerin, Busfahrer – Busfahrerin

Was bist du von Beruf? / Was machst du beruflich?

Ich arbeite als ... bei ... / Ich bin ... (von Beruf).

Ich studiere. Ich lerne Deutsch. Ich arbeite jetzt nicht.

e Kursspaziergang. Fragen Sie und antworten Sie.

- Was bist du von Beruf?
- Ich bin Friseur. Und du?

Verkäuferin

Koch

Polizistin

Taxifahrer

Hausfrau

Sänger

B Wer ist das?

1 Er kommt aus ...

a Was passt? Lesen Sie. Verbinden Sie.

Rafik Schami

Das ist **Rafik Schami**. Er kommt aus Damaskus. Das ist in Syrien. Er wohnt schon lange in Deutschland. Er ist Autor und er ist sehr bekannt. Er schreibt Bücher.

Satou Sabally

Satou Sabally ist Basketballerin. Sie kommt aus Deutschland, aus Berlin. Sie wohnt und arbeitet in Dallas. Das ist in den USA. Sie spricht Deutsch und Englisch.

Yasemin und Nesrin Şamdereli

Das sind **Yasemin und Nesrin Şamdereli**. Sie sind Regisseurinnen und sie machen Filme. Ein Film heißt *Almanya – Willkommen in Deutschland*. Yasemin und Nesrin wohnen in Deutschland. Sie sprechen Deutsch, Kurdisch und Türkisch.

1. Rafik Schami
2. Satou Sabally
3. Yasemin und Nesrin Şamdereli

a sprechen Türkisch.
b wohnt in Deutschland.
c kommt aus Deutschland.

Woher?
Er kommt **aus** ...

Wo?
Sie wohnt **in** ...

b Lesen Sie noch einmal. Unterstreichen Sie die Verben in a. Ergänzen Sie.

Verben

	wohnen	❗ heißen	arbeiten	sprechen	sein
ich	wohne	heiße	arbeite	spreche	bin
du	wohnst	heißt	arbeitest	sprichst	bist
er/sie	______	______	______	______	______
sie/Sie	______	heißen	arbeiten	______	______
	auch: kommen, machen, schreiben				

c Schreiben Sie weitere Verbformen.

kommen: ich komme, ...
machen: ...

d Lesen Sie in a noch einmal. Schreiben Sie Antworten.

1. Woher kommt Rafik Schami?
2. Was ist Satou Sabally von Beruf?
3. Wo wohnen Yasemin und Nesrin Şamdereli?

1. Er kommt ...
2. Sie ...
3. Sie ...

e Schreiben Sie zu jeder Person eine Frage. Fragen Sie und antworten Sie.

Lernziele: eine andere Person vorstellen • kurze Texte über Personen verstehen und schreiben • Verben: Präsens *er, sie, sie* (Pl.)

2 Was machen die Personen?

a Wer macht was? Sprechen Sie im Kurs.

Er macht Sport. • Sie singt Lieder. • Sie tanzt. • Er trainiert. • Sie schreibt Bücher. • Sie trinkt Tee. • Er macht Filme.

Die Sängerin singt Lieder und ...

1 der Basketballer

2 die Sängerin

3 der Regisseur

4 die Autorin

1.09 **b Was macht Herr Schami noch? Was ist neu? Hören Sie zweimal. Ergänzen Sie.**

Name: Rafik Schami (Suheil Fadel)

Land: Syrien, Deutschland

Sprachen: ______, Arabisch, ______,
Französisch

Beruf: Chemiker, Autor

Was macht er? Er ______ Tee, er ______ mit
Menschen, er schreibt Bücher auf ______.

Herr Schami heißt richtig ...
Er kommt ...

c Wählen Sie eine Aufgabe (A oder B). Ergänzen Sie.

A

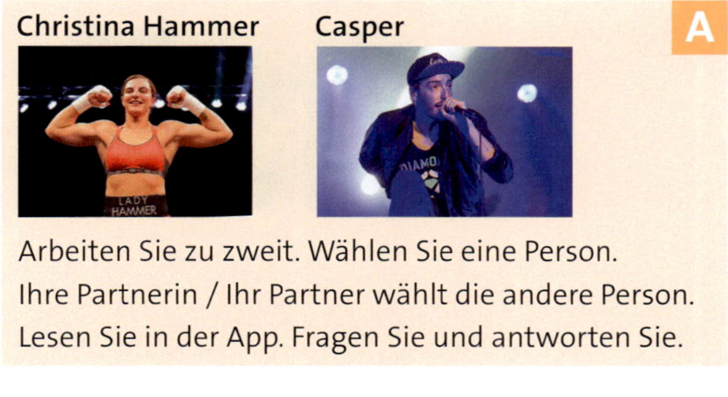

Arbeiten Sie zu zweit. Wählen Sie eine Person.
Ihre Partnerin / Ihr Partner wählt die andere Person.
Lesen Sie in der App. Fragen Sie und antworten Sie.

B

Bekannte Person aus Ihrem Land
Suchen Sie Informationen im Internet.

Name: ______

Land: ______

Sprachen: ______

Beruf: ______

Was macht sie/er? ______

______

d Schreiben Sie einen Text zu Ihrer Person wie in 1a. Die App hilft.

e Welche Person ist interessant? Hängen Sie die Texte auf. Lesen Sie die Texte. Sprechen Sie im Kurs.

Wer ist das?

Das ist ... Sie/Er kommt aus ...

C Wir brauchen Hilfe.

1 Wie ist deine Telefonnummer?

a **Wie heißen die Zahlen? Lesen Sie die Zahlen in der Bildleiste laut.**

b **Wie zeigt man die Zahlen in Ihrer Sprache? Zeigen Sie im Kurs.**

1.10 **c** **Wie ist die Telefonnummer von Karim? Hören Sie. Kreuzen Sie an.**

1. ☐ 0162 2082 640   2. ☐ 0162 2083 640

Die Telefonnummer ist ...

1.10 **d** **Was ist das Problem? Hören Sie noch einmal. Sprechen Sie im Kurs.**

e **Kursspaziergang: Wie ist deine Telefonnummer? Fragen Sie und antworten Sie. Schreiben Sie. Kontrollieren Sie dann: richtig oder falsch?**

2 Wie viel ist das?

a **Was fehlt? Lesen Sie die Zahlen. Ergänzen Sie.**

10	11	12	13	14	15
zehn	elf	zwölf	dreizehn	______zehn	______zehn
16	17	18	19	20	
sechzehn	siebzehn	______zehn	______zehn	zwanzig	

b **Wie viel ist das? Spielen Sie zu viert. Würfeln Sie dreimal. Die anderen rechnen. Wer antwortet zuerst?**

6 plus 5 plus 1 ist ...

Zwölf!

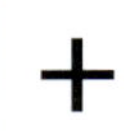 +  +

3 Wir verstehen das nicht.

05 **a** **Was ist schwierig? Sehen Sie das Video. Kreuzen Sie an.**

1. ☐ die Arbeit   2. ☐ das Formular

05 **b** **Wer sagt was? Sehen Sie das Video noch einmal. Verbinden Sie.**

1. Karim — a Ich helfe gern.
2. Helen — b Ich verstehe das nicht.
3. Todor — c Wir brauchen Hilfe.

c **Variieren Sie den Dialog zu zweit.**

- Entschuldigung, ich brauche Hilfe.
- Ja? Was ist das Problem?
- Adresse – ich verstehe das nicht.
- Adresse bedeutet: Wo wohnst du?
- Ah, danke.
- Bitte, ich helfe gern.

Nachname: Wie heißt du? • Land: Woher kommst du?

0 null
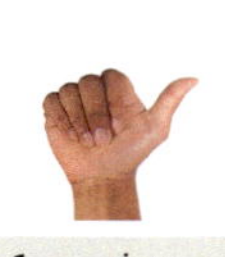
1 eins

2 zwei

3 drei
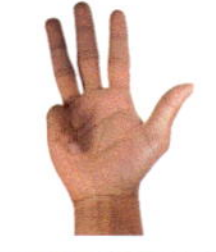
4 vier
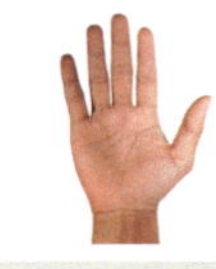
5 fünf

Lernziele: persönliche Angaben machen • um Hilfe bitten • zeigen, dass man etwas nicht verstanden hat • ein Formular ausfüllen •

4 Wir wohnen in der Siemensstraße.

06

a Was sagt Karim? Sehen Sie das Video (Teil 2) noch einmal. Ergänzen Sie.

Nachname: ____________ Vorname: *Karim* ☐

Heimatort: ____________ ☐

Adresse: Straße und Hausnummer: *Siemensstraße* ☐

Ort, Postleitzahl (PLZ): ____________, ____________ ☐

Beruf: ____________ ☐

Telefonnummer: *0162 2083 640* E-Mail: *karim@example.org* *1* ☐

b Welche Frage passt? Ordnen Sie in a zu.

1. Wie ist deine Telefonnummer?
2. Wie ist dein Name?
3. Wie ist deine Adresse?
4. Was bist du von Beruf?
5. Wie ist deine Postleitzahl?
6. Woher kommst du?
7. Wie ist deine E-Mail-Adresse?

c Phonetik: Wortakzent. Klatschen Sie und sprechen Sie die Silben.

1. Vorname
2. Nachname
3. Postleitzahl
4. Adresse
5. Beruf
6. Telefonnummer

1.11

d Hören Sie. Markieren Sie den Wortakzent in c. Sprechen Sie nach. Klatschen Sie.

e Fragen Sie und antworten Sie.

Vorname.

Wie ist dein Vorname?

Mein Vorname ist ...

mein, dein

ich: **mein** Name/Beruf, **meine** Adresse/Telefonnummer

du: **dein** Name/Beruf, **deine** Adresse/Telefonnummer

5 Woher kommt ihr?

a Lesen Sie. Ergänzen Sie.

Adresse? Wir verstehen das nicht.

Adresse bedeutet: Wo wohnt ihr?

Wir wohnen in der Siemensstraße 12.

Verben

	wohnen	verstehen	! arbeiten	sein
wir	____	____	arbeiten	sind
ihr	____	versteht	arbeitet	seid

b Schreiben Sie Fragen mit *ihr*. Fragen Sie und antworten Sie zu dritt.

wohnen • kommen • heißen • von Beruf sein • machen

Wo wohnt ihr?

Ich wohne in ...

Und ich wohne in ...

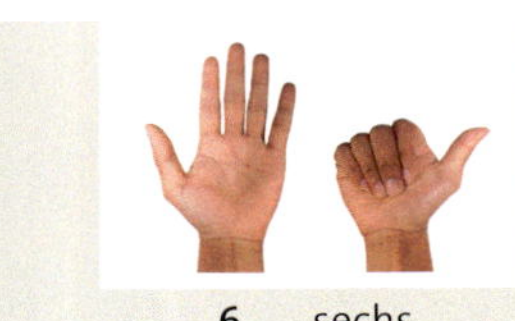
6 sechs

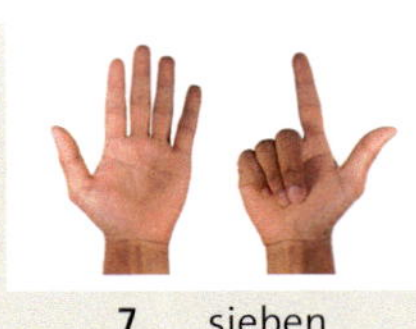
7 sieben

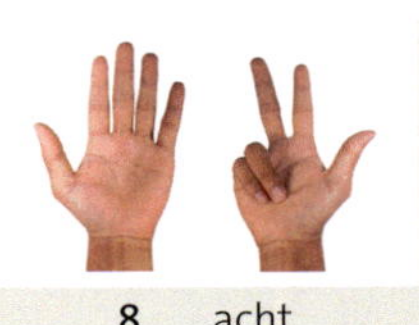
8 acht

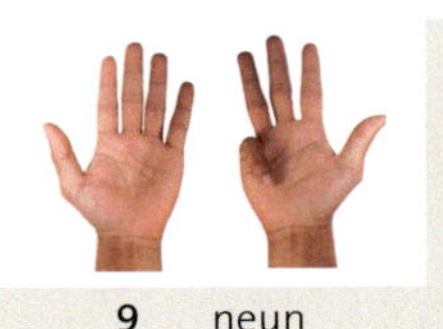
9 neun

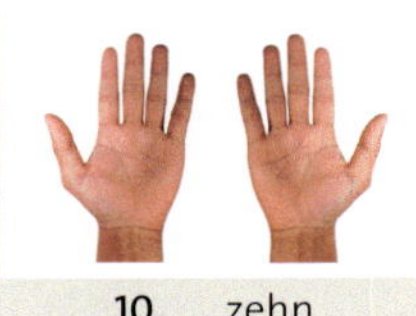
10 zehn

D Ich verstehe das nicht.

1 Beim Altenpflege-Service

a Was denken Sie: Was ist Amalia Rodriguez von Beruf? Sprechen Sie im Kurs.

1. Ärztin
2. Krankenpflegerin

1.12 **b Hören Sie. Kontrollieren Sie Ihre Lösung in a.**

1.12 **c Richtig oder falsch? Hören Sie noch einmal. Kreuzen Sie an.**

	richtig	falsch
1. Amalia Rodriguez ist neu beim Altenpflege-Service.	☐	☐
2. Frau Braun arbeitet auch als Altenpflegerin.	☐	☐
3. Frau Rodriguez spricht nur ein bisschen Deutsch.	☐	☐
4. Frau Braun braucht Hilfe.	☐	☐

1.13 **d Was sagt Amalia Rodriguez? Hören Sie weiter. Helfen Sie Frau Rodriguez. Ergänzen Sie.**

Altenpflege-Service Eterna

ETERNA

Personalformular

Familienname: *Rodriguez* ____________

Vorname: ____________

Wohnort: *Stuttgart* ____________

PLZ: ____________

Straße und Hausnummer: ____________

Beruf: ____________

Telefonnummer: ____________

2 Was machen wir?

a Das Verb *schreiben*. Wie sind die Verbformen? Schreiben Sie.

schreiben: ich schreibe, …

07 **b Alles richtig? Sehen Sie das Grammatik-Video. Kontrollieren Sie in a.**

c Was machen wir? Wählen Sie zu zweit ein Verb. Spielen Sie Pantomime. Raten Sie.

studieren • reparieren • tanzen • trinken • schreiben • singen • sprechen

Ihr sprecht.

Nein, ihr singt.

Richtig!

Lernziele: ein Formular ausfüllen • persönliche Angaben weitergeben • Strategie: lange Wörter lernen • Verben: Präsens

3 Lange Wörter lernen

a Lesen Sie laut.

Krankenpflegerin – buchstabieren – Telefonnummer – Postleitzahl –

Familienname – Wohnort – Hausnummer

1.14 **b Hören Sie. Sprechen Sie nach.**

c Welche Wörter in Kapitel 1 und 2 sind für Sie schwer? Suchen Sie und schreiben Sie. Lesen Sie laut.

4 Entschuldigung, ich brauche Hilfe.

a Ergänzen Sie.

Personalformular

Vorname: ______________ Familienname: ______________

Beruf: ______________

Straße und Hausnummer: ______________

Wohnort: ______________ PLZ: ______________

Telefonnummer: ______________ E-Mail: ______________

b Fragen Sie und antworten Sie. Helfen Sie und ergänzen Sie für Ihre Partnerin / Ihren Partner.

- Vorname? Ich verstehe das nicht.
- Vorname bedeutet: Wie heißt du?
- Mein Vorname ist ...
- Wie bitte? Wie schreibt man das?

Personalformular

Vorname: ______________ Familienname: ______________

Beruf: ______________

Straße und Hausnummer: ______________

Wohnort: ______________ PLZ: ______________

Telefonnummer: ______________ E-Mail: ______________

c Alles richtig? Vergleichen Sie Ihr Formular in b mit dem Formular von Ihrer Partnerin / Ihrem Partner in a.

5 Alles klar? Wollen Sie mehr üben?

a Was hat Ihnen gefallen? War es schwer? War es leicht? Sprechen Sie im Kurs.

b Wiederholen Sie und üben Sie in der App. Wählen Sie A (leichte Übungen) oder B (schwere Übungen).

TREFFPUNKT

Heimatort: Deutschland

Viele Menschen kommen aus dem Ausland und leben jetzt in Deutschland. Wo wohnen sie? Und was machen sie beruflich?

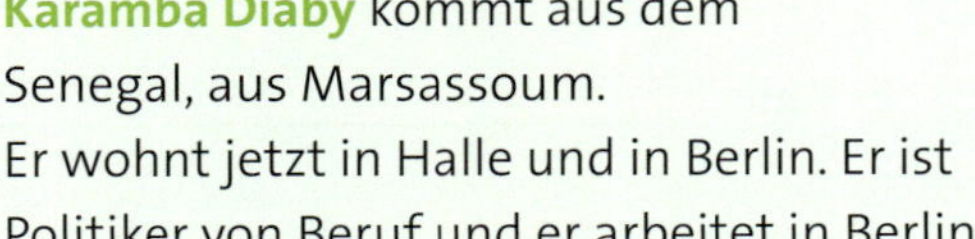

Karamba Diaby kommt aus dem Senegal, aus Marsassoum. Er wohnt jetzt in Halle und in Berlin. Er ist Politiker von Beruf und er arbeitet in Berlin.

Nadia Qani kommt aus Afghanistan, aus Kabul. Sie wohnt jetzt in Frankfurt. Sie ist Chefin bei AHP. Das ist ein Altenpflege-Service.

Firas Alshater kommt aus Damaskus, aus Syrien. Er ist Autor: Er schreibt Bücher und er macht Filme. Er macht auch Youtube-Videos. Er wohnt jetzt in Berlin.

1 Heimatort: Deutschland

a **Wer sind die Personen? Arbeiten Sie zu dritt. Wählen Sie eine Person. Die anderen wählen eine andere Person. Lesen Sie. Ergänzen Sie.**

Name: ____________________

Beruf: ____________________

Stadt: ____________________

b **Wer ist Ihre Person? Was macht sie? Erzählen Sie.**

c Projekt. **Kennen Sie eine interessante Person in Deutschland? Suchen Sie im Internet. Schreiben Sie einen Steckbrief wie in a. Erzählen Sie im Kurs.**

Deutschland international

Hendrick Schulze kommt aus Amerika und Lars Althoff kommt aus Russland. Sie sprechen Deutsch. Englisch, Spanisch oder Russisch sprechen Sie aber nicht. Wie bitte? Nur Deutsch? Ja. Amerika ist ein Kontinent und Russland ist ein Land. Es sind aber auch Orte in Deutschland.

Sie wissen: Brasilien ist ein Land in Südamerika. Kanada ist ein Land in Nordamerika. Und Afrika ist ein Kontinent. Sie sind aber auch Orte in Deutschland. Sie glauben das nicht? Wirklich! Das ist interessant, oder?

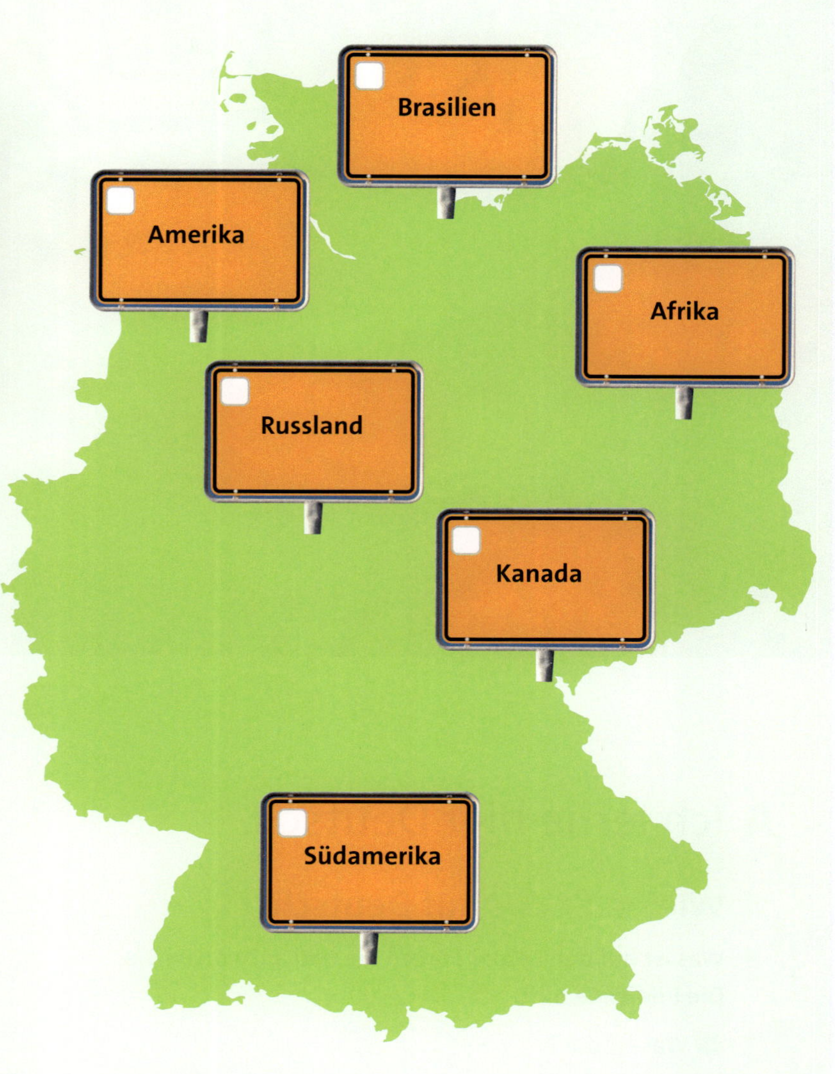

2 Deutschland international

a Ein Kontinent, ein Land oder ein Ort? Kennen Sie die Orte auf der Karte? Sprechen Sie im Kurs.

- Brasilien ist ein Land.
- Stimmt. Und Amerika ist ein ...

1.15 **b Welche Orte sind in Deutschland? Lesen Sie und hören Sie. Kreuzen Sie oben an.**

c Kennen Sie ähnliche Orte in Ihrem oder einem anderen Land? Suchen Sie im Internet. Sammeln Sie im Kurs.

- Europa ist ein Kontinent, aber auch ein Ort in Mexiko, Brasilien, Kolumbien und in den USA.
- Das ist interessant!

3 Orte und Dinge

1

2

3

4
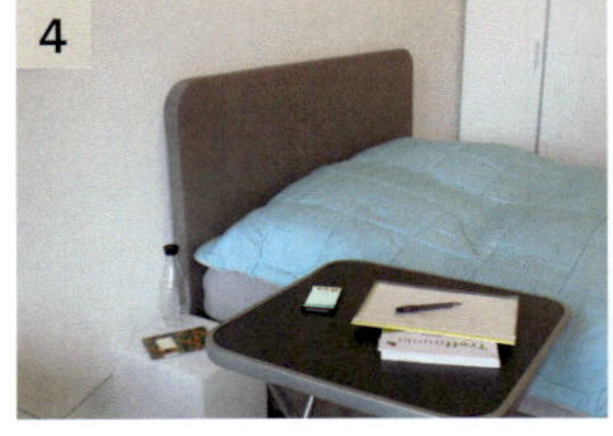

A Ich lerne hier Deutsch.

1 Wie heißt das auf Deutsch?

a Was ist auf den Fotos? Fragen Sie und antworten Sie. Die Bildleiste hilft.

Was ist das?

Das ist eine Tasche.

Was ist das? Wie heißt das auf Deutsch?

Das ist ein ... / Das ist eine ...

Keine Ahnung. Ich weiß nicht.

1.16

b Phonetik: *a, e, i, o, u*. Hören Sie. Sprechen Sie nach.

1. a: eine Tasche – eine Bank – ein Plakat

2. e: ein Heft – ein Bett – ein Herd

3. i: ein Tisch – ein Stift – wie?

4. o: kommen – wo? – ein Sofa

5. u: und – ein Buch – ein Stuhl

c Kurskette. Zeigen Sie auf Dinge im Kursraum. Fragen Sie und antworten Sie.

Wie heißt das auf Deutsch?

Das ist ...

eine/die Tasche

ein/der Tisch

ein/der Stuhl

ein/das Regal

ein/das Heft

ein/der Bleistift

Lernziele: Dinge benennen • fragen, wie etwas auf Deutsch heißt • einen Ort mit einfachen Worten beschreiben •

2 Hier ist eine Bank, aber kein Tisch.

a Welches Foto links passt? Lesen Sie. Schreiben Sie die Namen links.

Guten Tag, ich bin Lin. Ich lerne hier Deutsch: Hier stehen ein Bett und ein Schrank. Hier sind ein Tisch und ein Buch, aber kein Stuhl. Ich sitze hier und ich mache hier Hausaufgaben. Ich höre Dialoge.

Hallo, ich bin Angela und das ist Adam. Wir lernen hier Deutsch: Hier ist eine Bank, aber kein Tisch. Hier sind eine Tasche, ein Heft und ein Handy. Wir lernen Deutsch und die Kinder spielen. Wir sprechen Dialoge.

Hi, ich heiße Karim und ich lerne hier Deutsch: Hier stehen ein Sofa und ein Tisch, hier sind ein Buch und ein Stift. Und hier ist ein Plakat. Ich lerne: ich bin, du bist, er ist …

Hallo, ich heiße Todor und ich lerne hier Deutsch: Hier ist ein Herd. Und hier stehen ein Tisch und ein Stuhl. Hier sind ein Buch, ein Heft und ein Stift. Ich schreibe viel. Und ich trinke Kaffee – mhm!

b Wer sagt was? Lesen Sie noch einmal in a. Verbinden Sie.

1. Angela und Adam	**a** Ich lerne: ich bin, du bist …
2. Lin	**b** Wir sprechen Dialoge.
3. Todor	**c** Ich schreibe viel.
4. Karim	**d** Ich höre Dialoge.

c Lesen Sie noch einmal in a. Unterstreichen Sie alle Artikel: *ein/eine*, *kein/keine*. Der Grammatikkasten hilft.

Artikel: *ein/eine* und *kein/keine*

maskulin (der)	ein/kein Tisch
neutral (das)	ein/kein Heft
feminin (die)	eine/keine Tasche

ein Tisch

kein Tisch

d Was ist hier? Wählen Sie ein Foto links. Sprechen Sie. Ihre Partnerin / Ihr Partner rät.

Hier ist ein Schrank. Hier ist kein … — Das ist Foto 4. — Richtig!

3 Hier lerne ich.

a Wo lernen Sie? Was machen Sie dort? Wählen Sie eine Aufgabe (A oder B). Schreiben Sie einen Text wie in 2a. Die App hilft.

A Wählen Sie ein **Foto in der App** (Foto 1 oder 2).

B Machen Sie ein **Foto von Ihrem Lernort**.

b Kursspaziergang. Zeigen Sie Ihrer Partnerin / Ihrem Partner Ihr Foto. Erzählen Sie.

ein/der Schrank

ein/der Herd

ein/das Bett

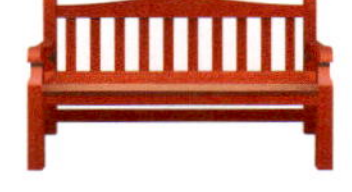
ein/das Sofa

eine/die Bank

ein/das Plakat

B Ich finde, das Regal ist schön.

1 Wo arbeitest du?

a Was sind die Personen von Beruf? Ordnen Sie zu.

Kellnerin/Kellner • Programmiererin/Programmierer • Lageristin/Lagerist

1. ______________ 2. ______________ 3. ______________

1.17
1.17

b Alles richtig? Hören Sie. Kontrollieren Sie in a.

c Wie sind die Dinge? Hören Sie noch einmal. Ergänzen Sie.

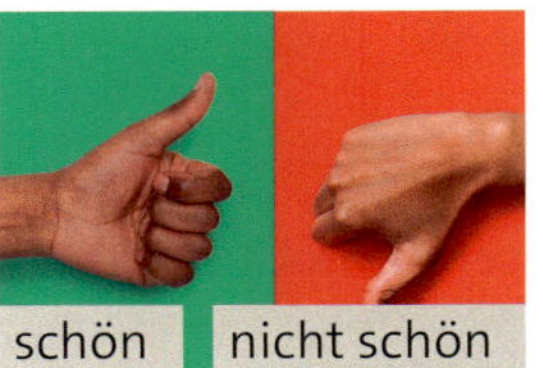

Hier ist ein Laptop. Der Laptop ist ______________. Er ist ______________.

Hier ist ein Regal. Ich finde, das Regal ist nicht ______________, aber es ist ______________.

Hier ist eine Kaffeemaschine. Die Kaffeemaschine ist ______________. Aber sie funktioniert.

08

d Was fehlt hier? Sehen Sie das Grammatik-Video. Ergänzen Sie.

	indefiniter Artikel	definiter Artikel	Pronomen
maskulin (der)	ein Laptop	der Laptop	er
neutral (das)	ein Regal	______ Regal	______
feminin (die)	eine Kaffeemaschine	______ Kaffeemaschine	______

2 Was ist das?

a Was ist das? Schreiben Sie Karten wie im Beispiel. Hängen Sie die Karten im Kursraum auf.

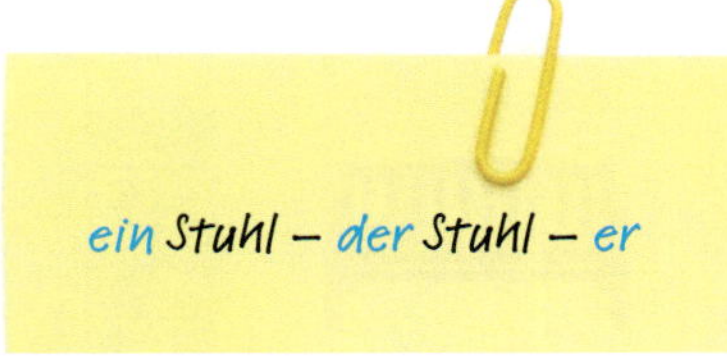

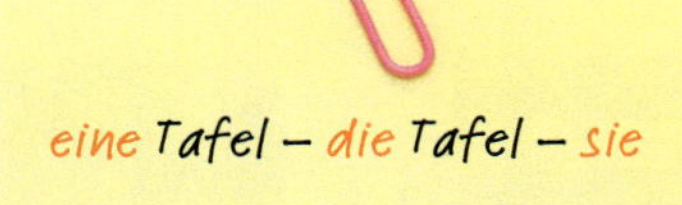

Lernziele: Dinge benennen und beschreiben • sagen, was man wichtig findet • Wortfeld: Dinge am Arbeitsplatz •

b Kursspaziergang: Was ist das? Zeigen Sie. Fragen Sie und antworten Sie.

- Was ist das?
- Das ist ein Stuhl.
- Oh, der Stuhl ist schön.
- Stimmt, er ist schön. / Ja? Ich finde, er ist nicht schön.

3 Das ist wichtig für mich.

09

a Was ist im Kiosk? Sehen Sie das Video. Kreuzen Sie an.

1 die Tür

2 der Schlüssel

3 die Kaffeemaschine

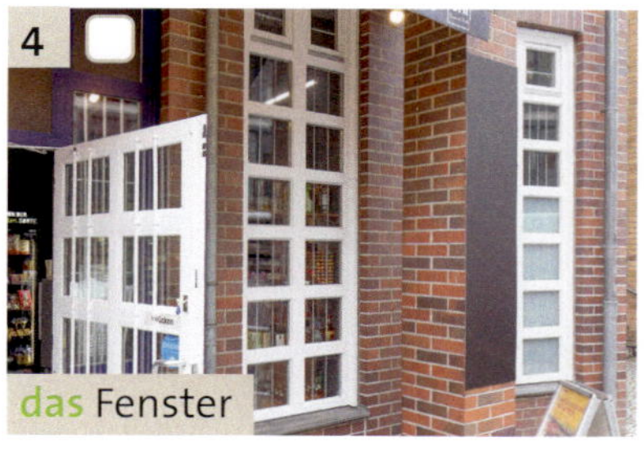
4 das Fenster

5 die Kasse

6 das Foto

7 der Kühlschrank

8 der Stuhl

9 das Regal

09

b Wie sind die Dinge in a? Sehen Sie das Video noch einmal. Erzählen Sie.

praktisch • wichtig • groß • schön • kaputt • neu • alt • klein

- Der Schlüssel ist ...

09

c Was und wer ist wichtig? Sehen Sie das Video noch einmal. Ergänzen Sie.

Für Martina ist wichtig: *der Kiosk*, ______, ______, ______, und ______.

Für Karim ist wichtig: ______.

d Was ist wichtig für Sie? Schreiben Sie.

Das Handy ist wichtig für mich. Es ist alt, aber es funktioniert. Ich finde, es ist sehr praktisch.

e Ratespiel: Wer sagt das? Hängen Sie die Texte im Kursraum auf. Lesen Sie. Raten Sie die Person.

C Was kostet die Waschmaschine?

1 Der Herd ist kaputt.

a Wie sind die Möbel? Lesen Sie. Sprechen Sie im Kurs.

1.18

b Hören Sie. Ergänzen Sie.

c Formell telefonieren. Was sagt man am Telefon? Was sagt man immer? Lesen Sie. Sprechen Sie im Kurs.

Meier. Guten Tag, hier ist Sevinc. Daniel Ruczinsky. Kim Bauer, guten Tag.

d Was sagt man in Ihrem Land am Telefon? Sprechen Sie im Kurs.

2 Was kostet das?

1.19

a Hören Sie. Zeichnen Sie Pfeile.

b Wählen Sie fünf Zahlen. Schreiben Sie die Zahlen in Ihr Heft. Die Bildleiste hilft.

c Lesen Sie die Zahlen laut. Ihre Partnerin / Ihr Partner zeigt die Zahlen.

Lernziele: Kleinanzeigen verstehen • Informationen (Preis, Adresse) am Telefon erfragen • sich am Telefon melden •

d **Wie sagt man die Zahlen in Ihren Sprachen? Vergleichen Sie im Kurs.**

18 81

e **Was passt zusammen? Ordnen Sie zu.**

~~(ein)hundert~~ • zweihundert • neunhunderteinundzwanzig • dreihundert • (ein)hundertfünfzig

100	(ein)hundert	300	______
150	______	921	______
200	______	1000	(ein)tausend

f **Was kostet ...? Lesen Sie noch einmal in 1a. Fragen Sie und antworten Sie.**

- Was kostet ...?
- Wie alt ist ...?
- Wie hoch ist ...?
- Wie breit ist ...?

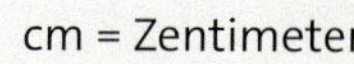
cm = Zentimeter

m = Meter

3 Ist die Waschmaschine noch da?

a **Lesen Sie zu zweit laut.**

- Meier.
- Guten Tag, hier ist Bauer. Ist die Waschmaschine noch da?
- Ja, sie ist noch da.
- Ich habe zwei Fragen: Wie alt ist die Waschmaschine?
- Sie ist 18 Jahre alt.
- Oh, okay. Und was kostet die Waschmaschine?
- Sie kostet 20 Euro.
- Aha, das ist gut! Wie ist Ihre Adresse?
- Friedensstraße 115, hier in Münster.
- Danke, ich komme.

b **Arbeiten Sie zu zweit. Wählen Sie eine Situation (A oder B). Lesen Sie Text 1 (Kundin/Kunde) in der App. Ihre Partnerin / Ihr Partner liest Text 2 (Verkäuferin/Verkäufer). Führen Sie ein Telefongespräch wie in a.**

70	80	90	100
siebzig	achtzig	neunzig	(ein)hundert

3

D Ich arbeite hier.

1 Hallo, Saman!

a Welches Foto passt? Lesen Sie. Ordnen Sie zu.

1

2

3

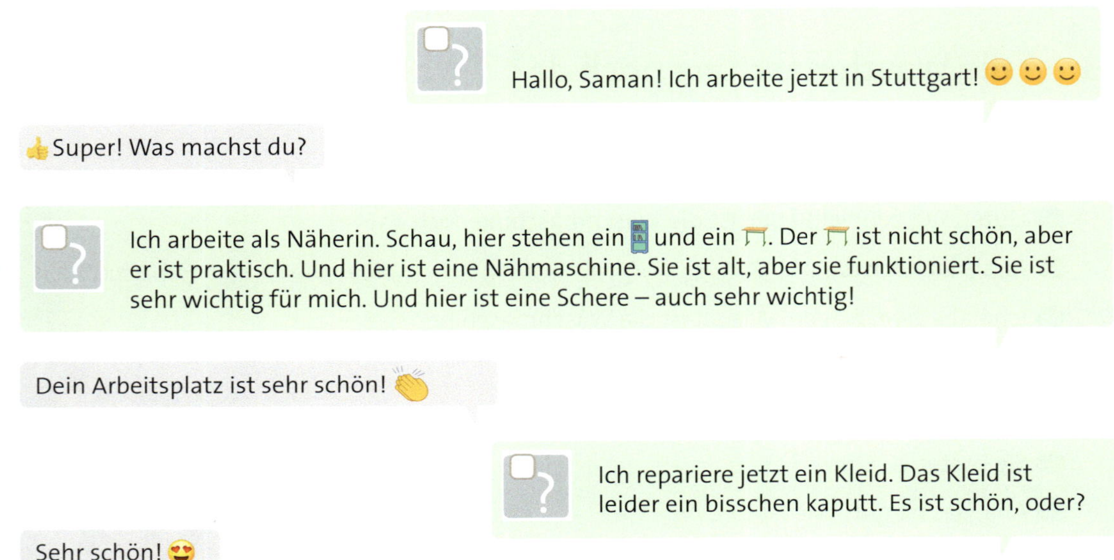

b Was denken Sie: Was bedeutet *Kleid*, *Nähmaschine* und *Schere*? Lesen Sie noch einmal. Zeigen Sie auf den Fotos in a.

c Lesen Sie in a zu zweit laut.

2 Mit Wortkarten lernen

a Suchen Sie Nomen in 1a. Schreiben Sie Wortkarten wie im Beispiel.

Lernziele: einen Arbeitsort beschreiben • Strategie: mit Wortkarten lernen, mit dem Wörterbuch arbeiten

b **Wo steht der Artikel? Markieren Sie.**

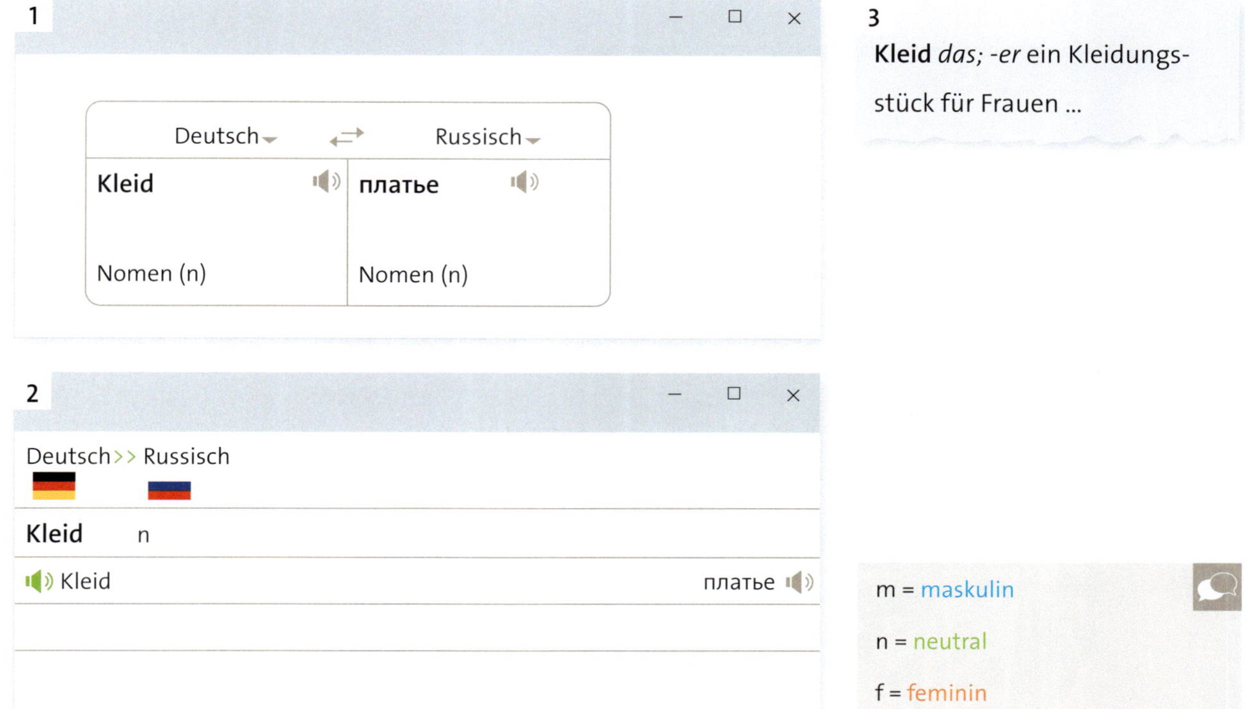

m = maskulin

n = neutral

f = feminin

c **Arbeiten Sie mit einem Wörterbuch. Ergänzen Sie die Artikel in a und auf Ihren Wortkarten in Blau, Grün und Orange.**

3 Mein Arbeitsplatz

a **Wo arbeiten Sie? Wählen Sie eine Aufgabe (A oder B). Schreiben Sie. Arbeiten Sie mit dem Wörterbuch.**

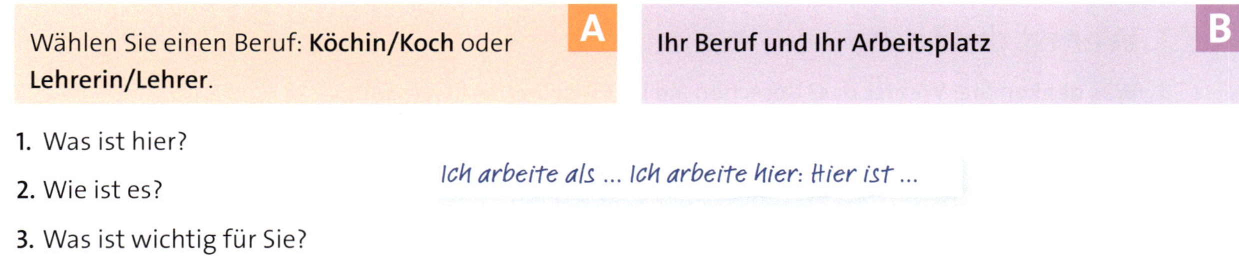

A Wählen Sie einen Beruf: **Köchin/Koch** oder **Lehrerin/Lehrer**.

B **Ihr Beruf und Ihr Arbeitsplatz**

1. Was ist hier?
2. Wie ist es?
3. Was ist wichtig für Sie?

Ich arbeite als ... Ich arbeite hier: Hier ist ...

b **Arbeiten Sie zu zweit. Tauschen Sie die Texte. Verstehen Sie nicht alle Wörter? Arbeiten Sie mit dem Wörterbuch. Schreiben Sie neue Wortkarten.**

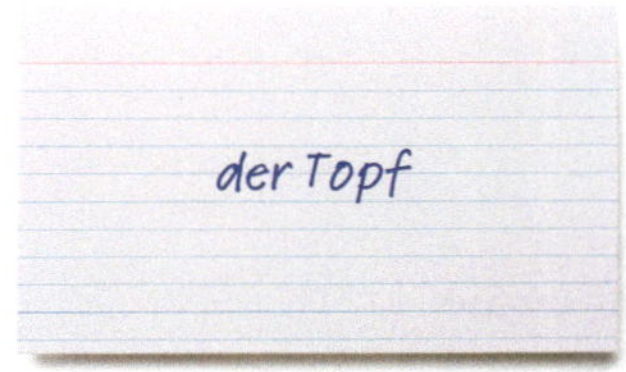

4 Alles klar? Wollen Sie mehr üben?

a **Was hat Ihnen gefallen? War es schwer? War es leicht? Sprechen Sie im Kurs.**

b **Wiederholen Sie und üben Sie in der App. Wählen Sie A (leichte Übungen) oder B (schwere Übungen).**

4 Familie

1 ich & Peter

2 Opa Georg

_______ *Freund von Mama* _______

3 Steffi ♥ Christian

4 Sven Hannah Timo

_______ _______ _______ *Cousine*

A Das ist meine Familie.

1 Wer ist das?

a Was denken Sie: Wer ist das? Sprechen Sie im Kurs. Die Bildleiste hilft.

Wer ist das? — Ich denke, Georg ist der Vater von Martina.

der Vater **von** Martina

1.20 **b Was sagt Felix? Wer ist das? Hören Sie zweimal. Schreiben Sie oben.**

1.21 **c Phonetik: *-er*. Hören Sie. Markieren Sie den Wortakzent.**

die Mutter – der Vater – die Schwester – der Bruder – die Tochter

1.21 **d Hören Sie *-er* am Ende? Hören Sie noch einmal. Sprechen Sie nach.**

e Wortpaare. Sprechen Sie zu zweit wie im Beispiel.

Vater und ... — ... Mutter. Bruder und ...

f Wie heißen die Wörter in Ihren Sprachen? Sammeln Sie im Kurs. Vergleichen Sie.

deutsch	*die Mutter*	*der Vater*	*die Tante*	*der Onkel*
englisch	*mother*	*father*	*aunt*	*uncle*
...				

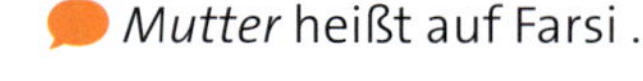
Mutter heißt auf Farsi ...

die Familie

die Mutter der Vater

der Bruder die Schwester

der Großvater die Großmutter

Lernziele: über die Familie sprechen • Wortschatz zur Familie in verschiedenen Sprachen vergleichen • Wortfeld: Familie •

2 Wie viele ... sind das?

a Wie groß ist die Familie von Karim? Lesen Sie. Sprechen Sie im Kurs.

Felix, schau, das ist meine Familie. Hier sind meine Eltern: mein Vater Laith und meine Mutter Ashtar. Mein Vater ist Friseur und meine Mutter ist Näherin. Und das sind meine Geschwister: drei Brüder und fünf Schwestern. Meine Familie ist sehr groß. Ich habe zwölf Onkel und vierzehn Tanten. Und das sind meine 25 Cousinen und 32 Cousins!

Wie? 25 Cousinen und 32 Cousins? Cool!

b Wie viele ...? Lesen Sie noch einmal. Ergänzen Sie.

3 *Brüder*, 5 ______, 12 ______,
14 ______, 25 ______, 32 ______

Singular	Plural
(= ein/eine)	(= zwei und mehr)
eine Tante	zwei Tanten
ein Bruder	zwei Brüder

c Wie ist der Plural? Ergänzen Sie in der Bildleiste. Arbeiten Sie mit der Wortliste im Übungsbuch. Lernen Sie den Plural auswendig.

d Plural-Spiel. Arbeiten Sie zu dritt. Schreiben Sie die Wörter aus der Bildleiste auf Karten. Ziehen Sie eine Karte. Die anderen sagen den Plural. Wer ist schneller?

- Der Bruder.
- Zwei Bruder.
- Nein. Zwei Brüder.
- Richtig.

der Bruder

3 Samira erzählt: Das ist meine Familie.

a Arbeiten Sie zu zweit. Wählen Sie einen Text in der App (A oder B). Ihre Partnerin / Ihr Partner wählt den anderen Text. Lesen Sie. Ergänzen Sie. Sie haben nicht alle Informationen.

	Name	Alter	Wohnort	Beruf
	Samira			
Mutter				
Vater				
Schwester				
Schwester				

b Welche Informationen fehlen noch? Fragen Sie und antworten Sie. Ergänzen Sie in a.

- Wie heißt die Mutter von Samira?

c Schreiben Sie einen Text über Samira. Die App hilft. Vergleichen Sie dann zu zweit.

die Tante der Onkel

der Cousin die Cousine

die Eltern (Pl.) die Großeltern (Pl.)

der Sohn die Tochter

B Ich habe später ein Haus und zwei Kinder.

1 Ich bin ledig.

10

a Über welche Themen sprechen die Personen? Sehen Sie das Video (Teil 1). Kreuzen Sie an.

1. ☐ Familie
2. ☐ Berufe
3. ☐ Familienstand

Wie ist dein Familienstand?

Ich bin ledig. Ich bin verheiratet. Ich bin geschieden.

10

b Was passt? Sehen Sie das Video noch einmal. Verbinden Sie.

1. Helen	a ist geschieden und hat einen Freund.
2. Karim	b hat keine Geschwister.
3. Martina	c ist nicht verheiratet.
4. Felix	d hat viele Tanten und Onkel.

10

c Was ist für Karim neu? Sehen Sie das Video noch einmal. Sprechen Sie im Kurs.

2 Wir haben sechs Brüder.

a Lesen Sie in 1b noch einmal. Ergänzen Sie.

Verb: *haben*

ich	habe	wir	haben
du	**hast**	ihr	habt
er/es/sie	______	sie/Sie	haben

b Wie viele ... haben wir zusammen? Arbeiten Sie zu viert. Sprechen Sie wie im Beispiel.

eine Schwester / ... Schwestern • einen Bruder / ... Brüder •
eine Tante / ... Tanten • einen Onkel / ... Onkel •
eine Cousine / ... Cousinen • einen Cousin / ... Cousins

- Ich habe einen Bruder. Wie viele Brüder hast du?
- Ich habe drei Brüder. Wir haben zusammen vier Brüder.
- Und ich habe zwei Brüder. Das sind zusammen ...

6 Brüder
7 Schwestern
14 ...

c Erzählen Sie.

- Wir haben zusammen sechs Brüder. Und ihr? Wie viele Brüder habt ihr?
- Wir haben ...

Lernziele: über Familienpläne sprechen • Familienmodelle vergleichen • sagen, was man (nicht) hat und was man braucht •

3 Martina hat einen Sohn.

a Richtig oder falsch? Lesen Sie. Kreuzen Sie an.

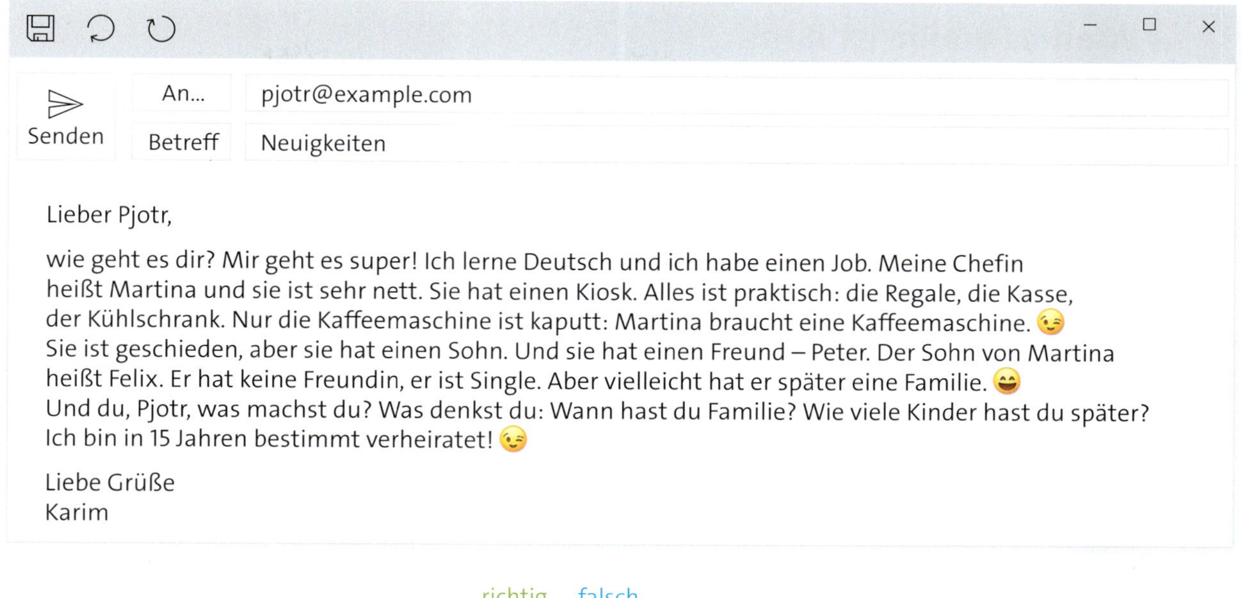

Senden | An... pjotr@example.com
Betreff: Neuigkeiten

Lieber Pjotr,

wie geht es dir? Mir geht es super! Ich lerne Deutsch und ich habe einen Job. Meine Chefin heißt Martina und sie ist sehr nett. Sie hat einen Kiosk. Alles ist praktisch: die Regale, die Kasse, der Kühlschrank. Nur die Kaffeemaschine ist kaputt: Martina braucht eine Kaffeemaschine. 😉
Sie ist geschieden, aber sie hat einen Sohn. Und sie hat einen Freund – Peter. Der Sohn von Martina heißt Felix. Er hat keine Freundin, er ist Single. Aber vielleicht hat er später eine Familie. 😄
Und du, Pjotr, was machst du? Was denkst du: Wann hast du Familie? Wie viele Kinder hast du später? Ich bin in 15 Jahren bestimmt verheiratet! 😉

Liebe Grüße
Karim

	richtig	falsch
1. Karim hat einen Kiosk.	☐	☐
2. Die Chefin hat einen Ehemann.	☐	☐
3. Der Sohn ist nicht verheiratet.	☐	☐

11 **b Was hat Martina? Sehen Sie das Grammatik-Video. Ergänzen Sie.**

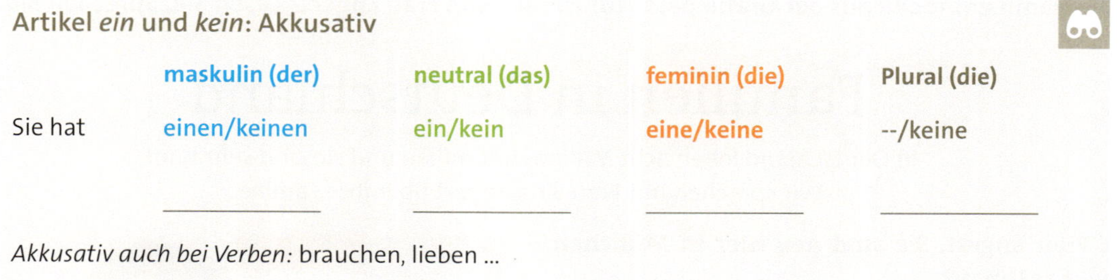

Artikel *ein* und *kein*: Akkusativ

	maskulin (der)	neutral (das)	feminin (die)	Plural (die)
Sie hat	einen/keinen	ein/kein	eine/keine	--/keine
	______	______	______	______

Akkusativ auch bei Verben: brauchen, lieben ...

c Was denken Sie: Was haben Martina, Karim und Helen in 15 Jahren? Schreiben Sie.

das Haus • der Kiosk • das Kind • der Ehemann • die Ehefrau • die Enkel (Pl.) • der Freund • die Freundin • der Garten • das Auto

Karim hat in 15 Jahren vielleicht eine Ehefrau und drei Kinder: einen Sohn und ... Er hat kein ...

12 **d Alles richtig? Sehen Sie das Video (Teil 2). Kontrollieren Sie in b.**

4 Ich habe in 15 Jahren ein Haus.

a Was haben Sie heute? Was haben Sie nicht? Was brauchen Sie? Schreiben Sie.

b Was haben Sie in 15 Jahren? Zeichnen Sie ein Bild. Zeigen Sie das Bild. Erzählen Sie.

Ich habe in 15 Jahren vielleicht ...

C Das ist meine Privatsache.

1 Meine Familie ist bunt.

a Wie ist es richtig? Sehen Sie die Grafik an. Korrigieren Sie die Sätze.

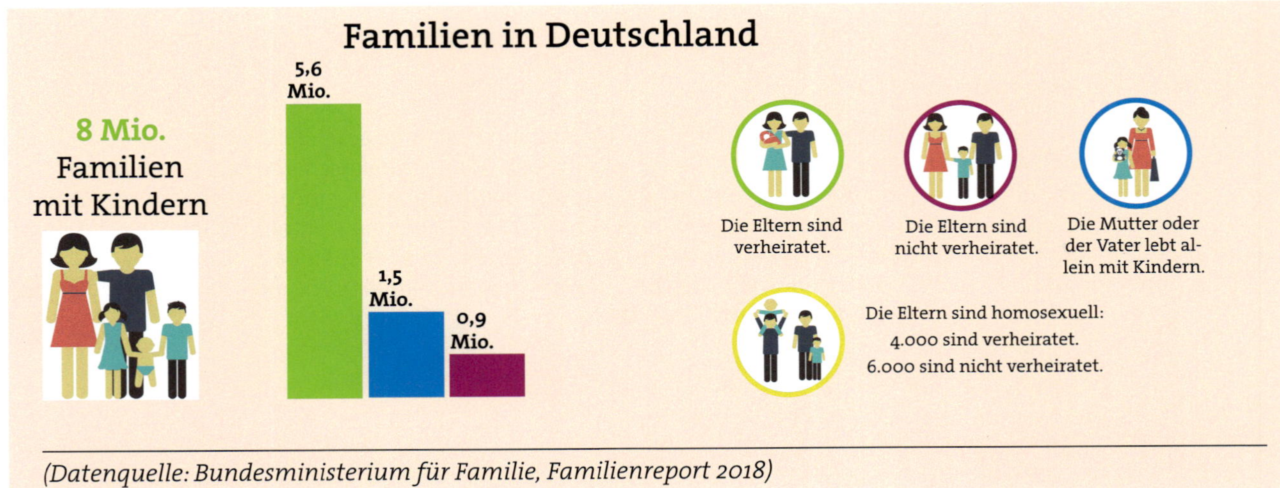

1. Die Eltern sind in 0,9 Millionen Familien verheiratet.
2. Die Eltern sind in 5,6 Millionen Familien geschieden.
3. Die Eltern leben in 1,5 Millionen Familien zusammen.

5,6 Mio.
= 5 Komma 6 Millionen

b Welches Familienmodell aus der Grafik passt zur Familie von Frau Engert? Lesen Sie. Sprechen Sie im Kurs.

Familien in Deutschland

In Deutschland leben acht Millionen Familien und sie sind sehr bunt.
Wir sprechen mit Frau Sina Engert über ihre Familie.

Hallo, Frau Engert. Sie sind neu hier in München. Wie geht es Ihnen?
Gut, danke. München ist toll. Ich kenne auch schon meine Nachbarn. Sie sind sehr nett!

Das ist schön! Frau Engert, was machen Sie in München? Was sind Sie von Beruf?
Ich bin Übersetzerin für Deutsch und Italienisch. Ich arbeite oft zu Hause. Hier sind meine Wörterbücher und mein Laptop. Ich brauche auch oft mein Handy.

Sie wohnen allein?
Nein, ich habe einen Sohn und eine Tochter. Wir wohnen zusammen.

Wie alt sind Ihre Kinder?
Mein Sohn Jannis ist 12 Jahre alt, meine Tochter Lea ist 10. Ich bin geschieden. Die Kinder besuchen oft meinen Ex-Mann. Er wohnt in Stuttgart.

Aha, Sie sind jetzt Single.
Oh nein, ich habe einen Freund – Tom. Er ist auch geschieden. Sein Sohn und seine Ex-Frau wohnen in Augsburg.

Und wo wohnt Ihr Freund?
Entschuldigung, das möchte ich nicht sagen. Das ist meine Privatsache.

Ich verstehe. Frau Engert, wie viele Geschwister haben Sie?
Ich habe eine Schwester. Meine Schwester Naima ist verheiratet. Sie, ihr Mann und ihre Tochter wohnen in Österreich, in Salzburg. Ich besuche meine Schwester gerne.

Interessant! Und was machen Ihre Eltern?
Meine Eltern wohnen in Italien, mein Vater ist Italiener. Meine Eltern haben dort ein Café.

Frau Engert, vielen Dank für das Gespräch.

Lernziele: Informationen über Familienformen in Deutschland verstehen • eine Antwort höflich verweigern • ein Interview über die

c Richtig oder falsch? Lesen Sie in 1b noch einmal. Kreuzen Sie an.

	richtig	falsch
1. Ihre Nachbarn sind nett.	☐	☐
2. Ihr Freund heißt Jannis.	☐	☐
3. Ihre Schwester hat ein Kind.	☐	☐
4. Ihre Eltern kommen aus Österreich.	☐	☐

13

d Was passt? Sehen Sie das Grammatik-Video. Ergänzen Sie.

Der Mann und ________ Vater, ________ Mutter,
________ Kind, ________ Eltern.

Die Frau und ________ Vater, ________ Mutter,
________ Kind, ________ Eltern.

Possessivartikel

ich	mein		
du	dein		
er	sein	sie (Pl.)	ihr
sie	ihr	Sie	Ihr

e Das ist sein Handy. Arbeiten Sie in Gruppen. Sprechen Sie wie im Beispiel.

Ist das dein Stift?

Nein, das ist nicht mein Stift. Das ist sein Stift.

2 Ich besuche meine Eltern gerne.

a Was passt? Lesen Sie in 1b noch einmal. Ergänzen Sie.

Possessivartikel: Nominativ und Akkusativ

	maskulin (der)	neutral (das)	feminin (die)	Plural (die)
Nominativ	mein Mann	mein Handy	meine Schwester	meine Nachbarn
Akkusativ	meinen Mann	______ Handy	______ Schwester	______ Nachbarn

▶ *auch:* dein, sein, ihr, ihr (Pl.), Ihr

b Gleich oder anders? Vergleichen Sie *mein* und *ein/kein* auf Seite 37. Sprechen Sie im Kurs.

1.22

c Phonetik: *-e* und *-en*. Hören Sie. Sprechen Sie nach.

1. ein – eine – einen
2. mein – meine – meinen
3. sein – seine – seinen
4. ihr – ihre – ihren
5. meine Tanten – meine Cousinen
6. Ich besuche oft meine Tanten und Cousinen.

d Wählen Sie eine Aufgabe (A oder B). Schreiben Sie Antworten. Bei Aufgabe A hören Sie.

1.23

A Familie von Martina Schmittke

1. Wie groß ist Ihre Familie?
2. Wie ist Ihr Familienstand?
3. Wie viele Kinder haben Sie?

B Meine Familie

4. Wie viele Geschwister haben Sie?
5. Wo wohnt Ihre Familie?
6. Wen besuchen Sie oft?

e Machen Sie ein Interview. Fragen Sie und antworten Sie. Arbeiten Sie mit den Informationen aus d.

Wie groß ist Ihre Familie?

Meine Familie ist ... Ich habe ...

Entschuldigung, das ist privat. Das möchte ich nicht sagen.

Bitte, das ist meine Privatsache.

D Das Elfchen ist schön!

1 Wörter, Sätze, Gedichte.

a Welche Wörter finden Sie? Markieren Sie. Schreiben Sie.

einen|teuergeschiedenschwesterverheiratetbraucheregalseinzusammen

einen, ______________________________

____

b Welche Wörter aus a passen? Lesen Sie. Ergänzen Sie.

 1.24

c Hören Sie. Kontrollieren Sie in b.

Lernziele: ein Gedicht (Elfchen) verstehen und schreiben • Strategie: Wörter in Wortfeldern lernen

2 Wörter in Wortfeldern lernen

a **Welche Wörter in 1b passen? Arbeiten Sie in drei Gruppen. Wählen Sie ein Thema. Machen Sie ein Plakat mit den Wörtern in 1b. Manche Wörter passen mehrmals.**

Familie	Beruf	Dinge
die Mutter	kochen	der Tisch
…	…	…

b **Welche Wörter kennen Sie noch? Sammeln Sie in Gruppen.**

c **Welche Wörter sind für Sie noch wichtig? Hängen Sie die Plakate auf. Ergänzen Sie eigene Wörter. Arbeiten Sie mit dem Wörterbuch.**

3 Das ist mein Elfchen.

a **Wie schreibt man ein Elfchen? Lesen Sie in 1b noch einmal. Ergänzen Sie.**

Zeile 1: ein Wort

Zeile 2: zwei Wörter

Zeile 3: ____________________

Zeile 4: ____________________

Zeile 5: ____________________

elf Wörter = Elfchen

b **Wählen Sie ein Foto (A, B oder C). Schreiben Sie ein Elfchen. Die Wörter aus 2 helfen.**

A

B

C

c **Alles richtig? Arbeiten Sie zu viert. Lesen Sie Ihre Elfchen vor. Kontrollieren Sie gemeinsam.**

- Das Elfchen ist super. Alles richtig.
- Das Elfchen ist schön. Aber richtig ist: Ich habe *einen* Bruder, nicht *ein* Bruder.

d **Lernen Sie Ihr Elfchen auswendig. Tragen Sie es im Kurs vor.**

4 Alles klar? Wollen Sie mehr üben?

a **Was hat Ihnen gefallen? War es schwer? War es leicht? Sprechen Sie im Kurs.**

b **Wiederholen Sie und üben Sie in der App. Wählen Sie A (leichte Übungen) oder B (schwere Übungen).**

TREFFPUNKT

Sarah Connor:

Leben mit Familie & Musik

Ein Gespräch mit Teresa Wald-Sanchez, Musikexpertin

Viele Menschen finden Sarah Connor toll. Frau Wald-Sanchez, was sagen Sie?

Ich finde ihre Musik super! Sarah singt und sie schreibt auch Lieder. Ich höre ihre Musik sehr gern.

Sie singt auf Deutsch und auf Englisch.

Ja, das ist richtig. Der Vater von Sarah kommt aus den USA, ihre Mutter kommt aus Deutschland. Sarah spricht Deutsch und sehr gut Englisch. Die Familie von Sarah ist interessant.

Ah, warum?

Na ja, sie hat viele Geschwister: Sie hat vier Schwestern und drei Brüder. Und sie hat auch Kinder.

Wie viele Kinder hat sie?

Sarah hat vier Kinder. Sie hat mit Marc Terenci zwei Kinder. Er ist ihr Ex-Mann. Sie ist jetzt mit Florian Fischer verheiratet. Er arbeitet als Musikproduzent. Sarah und ihr Mann Florian haben auch zwei Kinder. Sie leben zusammen in Berlin.

Vielen Dank.

1 Sarah Connor: Leben mit Familie & Musik

a Was macht Sarah Connor? Was ist sie von Beruf? Sprechen Sie im Kurs.

b Richtig oder falsch? Lesen Sie. Kreuzen Sie an.

	richtig	falsch
1. Sarah Connor spricht Deutsch und Englisch.	☐	☐
2. Ihre Mutter kommt aus den USA.	☐	☐
3. Sarah Connor hat sieben Geschwister.	☐	☐
4. Sarah Connor hat vier Kinder.	☐	☐

c Kennen Sie ein Lied von Sarah Connor? Hören Sie ein Lied im Internet. Wie finden Sie das Lied? Sprechen Sie.

Das Lied heißt ... Ich finde das Lied ...

Freizeittipp:

Museum der Dinge

Welche Dinge sind wichtig und welche sind nicht so wichtig? Das *Museum der Dinge* hat viele Dinge: 50.000! Man findet hier Tassen, Stühle, Sofas, Taschen, Postkarten und viele andere Objekte. Viele Objekte sind sehr alt (200 Jahre), andere neu. Und die Menschen diskutieren hier oft: Sind die Dinge schön? Oder nicht so schön? Die Antworten sind unterschiedlich – wie die Menschen auch.

Werkbundarchiv – Museum der Dinge

Oranienstraße 25
10999 Berlin
6 € / ermäßigt 4 € / Kinder bis 18 Jahre kostenlos

Wir fragen: Was ist Ihr Lieblingsding?

Max, 38 Jahre
Das Handy ist wichtig für mich. Ich brauche das Handy sehr oft: Ich telefoniere oft und ich fotografiere meine Frau, meine Kinder und meine Freunde. Viele Fotos sind lustig, aber sie sind privat – nur für meine Familie. Die Kinder haben in zwanzig Jahren vielleicht auch Familie. Dann sind die Fotos interessant für meine Kinder und für meine Enkel.

Niza, 29 Jahre
Mein Lieblingsding ist eine Postkarte aus Georgien. Auf der Postkarte ist meine Stadt in Georgien: Tiflis. Ich komme aus Tiflis. Ich habe die Postkarte von Anna. Sie ist meine Freundin und sie wohnt auch in Tiflis. Wir telefonieren und chatten oft. Ich finde die Postkarte sehr schön, sie steht in meinem Regal.

2 Museum der Dinge

a Was wissen Sie über das Museum? Lesen Sie. Markieren Sie im Text.

1. Wie viele Dinge hat das Museum?
2. Wo ist das Museum?
3. Wie viel kostet eine Karte?

b Wie finden Sie das Museum? Sprechen Sie im Kurs.

3 Was ist Ihr Lieblingsding?

1.25 **a Max oder Niza? Lesen Sie und hören Sie. Ergänzen Sie.**

1. ___________ chattet oft.
2. ___________ fotografiert gern.
3. ___________ braucht das Lieblingsding sehr oft.
4. ___________ hat das Lieblingsding im Zimmer.

b Projekt. Was ist Ihr Lieblingsding? Machen Sie ein Foto. Zeigen Sie das Foto. Erzählen Sie.

5 Alltag und Freizeit

______ *am Vormittag* ______ ______ ______ *in der Nacht*

A Hast du Zeit?

1 Ich spiele gern Tischtennis.

a Was machen Helen und Todor? Sprechen Sie im Kurs. Die Bildleiste hilft.

b Was machen Sie gern? Was machen Sie nicht gern? Sprechen Sie im Kurs. Die Bildleiste hilft.

Ich spiele gern Tischtennis. Ich putze nicht gern.

c Wann? Ordnen Sie oben zu.

am Abend • am Mittag • am Nachmittag • am Morgen • ~~am Vormittag~~

Wann?
am Morgen in der Nacht

d Was machen Sie jeden Tag? Schreiben Sie. Fragen Sie und antworten Sie.

Mein Tag: am Morgen duschen und frühstücken

Was machst du am Morgen?
Ich dusche und frühstücke. Und du?

2 Was machst du heute?

1.26

a Was macht Helen? Hören Sie. Verbinden Sie.

1. Am Morgen: a Sie arbeitet.
2. Am Vormittag: b Sie trinkt einen Kaffee.
3. Am Nachmittag: c Sie repariert den Kühlschrank.
4. Am Abend: d Sie hat frei. Sie kauft Lebensmittel und telefoniert.

Tischtennis spielen

zur Arbeit gehen

ins Bett gehen

frühstücken

duschen

Lebensmittel kaufen

Lernziele: über Alltagsaktivitäten sprechen • sagen, was man (nicht) gern macht • sich verabreden • Wortfeld: Alltagsaktivitäten, Tageszeiten •

1.26

b ***Ja* oder *nein*? Was antworten Helen und Todor? Hören Sie noch einmal. Ergänzen Sie.**

1. Arbeitest du heute am Nachmittag? ______
2. Hast du am Nachmittag Zeit? Ja.
3. Braucht Martina Hilfe? ______
4. Spielen wir am Nachmittag Tischtennis? ______

14

c **Sehen Sie das Grammatik-Video. Ergänzen Sie.**

Ja-/Nein-Fragen

______	du	am Nachmittag Zeit?	Ja.
______	du	heute?	Nein.
______	______	______	______

d **Was machen Sie heute? Schreiben Sie drei Ja-/Nein-Fragen mit den Verben in der Bildleiste.**

e **Kursspaziergang. Fragen Sie und antworten Sie. Antwortet Ihre Partnerin / Ihr Partner *Ja*? Dann unterschreibt sie/er. Antwortet sie/er *Nein*? Dann fragen Sie eine weitere Person.**

f **Wer macht heute was? Berichten Sie im Kurs.**

Ahmad kauft am Nachmittag Lebensmittel.

3 Ich habe heute keine Zeit.

a **Was macht Karim am Nachmittag? Lesen Sie. Sprechen Sie im Kurs.**

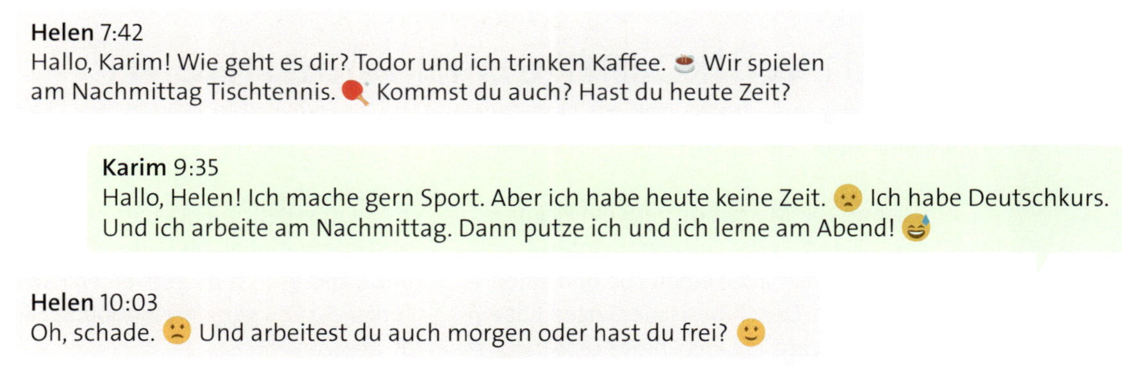

Helen 7:42
Hallo, Karim! Wie geht es dir? Todor und ich trinken Kaffee. Wir spielen am Nachmittag Tischtennis. Kommst du auch? Hast du heute Zeit?

Karim 9:35
Hallo, Helen! Ich mache gern Sport. Aber ich habe heute keine Zeit. Ich habe Deutschkurs. Und ich arbeite am Nachmittag. Dann putze ich und ich lerne am Abend!

Helen 10:03
Oh, schade. Und arbeitest du auch morgen oder hast du frei?

b **Hast du Zeit? Arbeiten Sie zu zweit. Schreiben Sie eine Nachricht wie in a an Ihre Partnerin / Ihren Partner. Die App hilft.**

c **Tauschen Sie die Texte. Schreiben Sie eine Antwort.**

Ja, ich komme gern. Ich habe Zeit.

Nein, ich komme leider nicht. Ich habe keine Zeit.
Ich arbeite ... / Ich habe ... / ...

telefonieren

putzen

im Internet surfen

Musik hören

kochen

schlafen

B Das sind meine Tipps.

1 Die Stadt ist toll.

a Was machen Sie hier? Schreiben Sie zu zweit. Die Bildleiste hilft.

1

2

3

4

5

6

1. Musik hören, Fahrrad fahren, laufen ...

b Welches Foto in a passt? Lesen Sie. Ordnen Sie zu.

Mein Mannheim ×   +

Wer bin ich? | Freizeit in Mannheim | Arbeiten in Mannheim

Herzlich willkommen in Mannheim!

Mannheim ist toll und nie langweilig! Die Stadt ist sehr bunt: Hier wohnen Leute aus 166 Ländern. Das sind meine Tipps. Viel Spaß!

☐ Der Luisenpark: Machst du gern ein Picknick? Grillst du gern? Dann ist der Luisenpark interessant für dich. Du findest hier auch einen Zoo und einen chinesischen Garten. Der chinesische Garten hat ein Teehaus. Trinkst du gern Tee aus China? Lecker! 😋 ☕

☐ Das Herschelbad: Ist Schwimmen dein Hobby? Das Schwimmbad ist 100 Jahre alt und sehr schön. Der Eintritt kostet am Abend nur 2 Euro.

☐ Der Waldpark: Fährst du gern Fahrrad? Oder läufst du gern? Spielst du gern Fußball? Viele Leute machen hier einen Spaziergang. Schläfst du nicht sehr lang? Der Waldpark ist am Morgen sehr schön. 😉

☐ Little Istanbul: Die Straßen in Little Istanbul sind international. Du findest hier viele Friseure und Cafés. Trinkst du gern einen Kaffee aus der Türkei? Isst du gern international? Hier findest du alles.

☐ Das Cineplex: Siehst du gern Filme? Das Kino ist sehr groß und modern. Die Filme sind oft auf Englisch. Ich lerne Englisch im Kino! 😀

☐ Die Stadtbibliothek: Liest du gern? Brauchst du ein Buch? Perfekt! Die Bibliothek hat zwei Millionen Bücher. Triffst du gern Leute? Sprichst du viele Sprachen? Im Sprachcafé hörst du alles: Deutsch, Kurdisch, Englisch, Polnisch, Arabisch ...

einen Film sehen

Fahrrad fahren

laufen

essen

Leute treffen

ein Buch lesen

 Lernziele: über Freizeitaktivitäten sprechen • Informationen zu einer Stadt verstehen • Tipps geben • Wortfeld: Freizeitaktivitäten •

c Lesen Sie noch einmal in b. Ergänzen Sie.

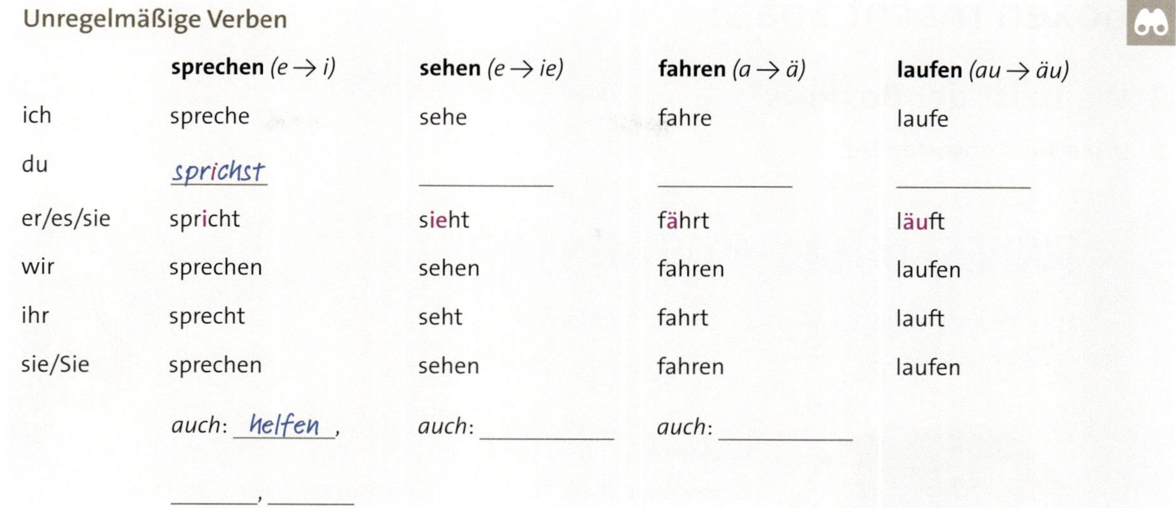

Unregelmäßige Verben

	sprechen *(e → i)*	**sehen** *(e → ie)*	**fahren** *(a → ä)*	**laufen** *(au → äu)*
ich	spreche	sehe	fahre	laufe
du	*sprichst*	______	______	______
er/es/sie	spricht	sieht	fährt	läuft
wir	sprechen	sehen	fahren	laufen
ihr	sprecht	seht	fahrt	lauft
sie/Sie	sprechen	sehen	fahren	laufen
	auch: *helfen*, ______, ______	*auch:* ______	*auch:* ______	

d Welche Verben passen? Ergänzen Sie in c. ~~helfen~~ • essen • lesen • treffen • schlafen

e Wer macht was gern? Lesen Sie. Schreiben Sie.

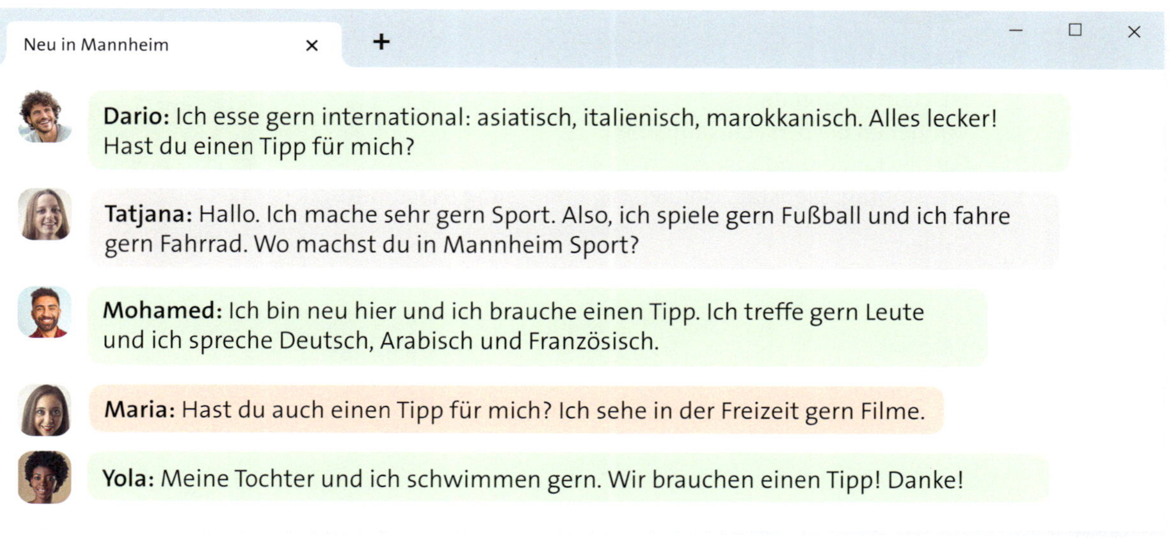

Neu in Mannheim

Dario: Ich esse gern international: asiatisch, italienisch, marokkanisch. Alles lecker! Hast du einen Tipp für mich?

Tatjana: Hallo. Ich mache sehr gern Sport. Also, ich spiele gern Fußball und ich fahre gern Fahrrad. Wo machst du in Mannheim Sport?

Mohamed: Ich bin neu hier und ich brauche einen Tipp. Ich treffe gern Leute und ich spreche Deutsch, Arabisch und Französisch.

Maria: Hast du auch einen Tipp für mich? Ich sehe in der Freizeit gern Filme.

Yola: Meine Tochter und ich schwimmen gern. Wir brauchen einen Tipp! Danke!

Dario isst gern international.

1.27

f Phonetik: *a, ä, e, i.* Hören Sie. Sprechen Sie nach.

1. aaaa – ääää   ich schlafe – er schläft   ich fahre – sie fährt
2. eeee – iiii   ich sehe – er sieht   ich treffe – sie trifft   ich esse – er isst

g Welcher Ort in b passt? Was ist interessant für die Personen in e? Sprechen Sie zu zweit.

Was ist für Dario interessant?   Little Istanbul. Dario isst gern international.

2 Hast du einen Tipp?

Was macht Ihre Partnerin / Ihr Partner gern in der Freizeit? Fragen Sie. Geben Sie einen Tipp.

Was machst du gern?   Ich lese gern.   Gut. Die Bibliothek ist interessant für dich.

mit Freunden sprechen

schwimmen

einen Spaziergang machen

ein Picknick machen

Fußball spielen

grillen

C Boxen macht Spaß!

1 Wann ist der Boxkurs?

a Lesen Sie. Antworten Sie.

FINDEST DU BOXEN INTERESSANT?

Hier lernen alle boxen: Kinder, Frauen und Männer.
Boxen macht Spaß!

Boxkurse

Kinderkurse (6 bis 16 Jahre): am Montag, Dienstag, Donnerstag, Freitag (Nachmittag)
Frauenkurse: am Dienstag und Donnerstag (Abend)
Männerkurse: am Mittwoch und Freitag (Abend)
Kurse für Frauen und Männer: am Wochenende (Vormittag)

Was noch?

Hausaufgabenhilfe
Wir helfen bei den Hausaufgaben.
Für alle Kinder und Jugendlichen:
am Montag, Dienstag, Donnerstag und Freitag (Nachmittag)

Grillen
Wir grillen zusammen am Samstagabend.

Preise im Monat
8 € für Kinder und Jugendliche
10 € für Frauen und Männer

Anmeldung:
info.boxverein@example.net
Boxverein Kreuzberg, Ringstraße 61, 10961 Berlin

1. Welche Kurse hat der Boxverein?
2. Wie viel kosten die Boxkurse?
3. Wo ist der Boxverein?
4. Was macht der Boxverein noch?

b Ist Boxen für Sie interessant? Sprechen Sie im Kurs.

Ich finde Boxen interessant.

Ich finde Boxen nicht interessant. Ich spiele gern Fußball.

c Die Woche im Boxverein. Wann ist was? Lesen Sie noch einmal in a. Ergänzen Sie.

	Montag	Dienstag	Mittwoch	Donnerstag	Freitag	Samstag	Sonntag
Vormittag							
Nachmittag	*Kinderkurs, ...*						
Abend							

Mädchen und Jungen trainieren am Montagnachmittag.

Kinder machen am ... Hausaufgaben.

Wann?
am Montag/Dienstag/...
am Wochenende
am Dienstagabend (am Dienstag + am Abend)

Lernziele: über Freizeitaktivitäten sprechen • einen Werbeflyer verstehen • Informationen weitergeben •

d Kursspaziergang. Was machen Sie am …? Fragen Sie fünf Personen. Schreiben Sie.

Was machst du am Montagvormittag?

Ich arbeite.

	Mo	Di	Mi	Do	Fr	Sa	So
Vormittag	Ian: arbeiten						
…							

e Berichten Sie im Kurs.

Ian arbeitet am Montagvormittag. Er …

2 Ich komme auch.

15

a Was ist richtig? Sehen Sie das Video. Kreuzen Sie an.

1. ☐ Helen und Todor spielen Tischtennis und alle boxen.
2. ☐ Helen und Todor spielen Tischtennis. Karim und Todor boxen.
3. ☐ Alle spielen Tischtennis. Helen und Karim boxen.

b Wer sagt was? Ordnen Sie zu.

Nein, nicht so gern. • Das ist langweilig. • Das ist interessant. • Das macht Spaß. • Ich weiß nicht.

____

____

____

____

____

15

c Sehen Sie das Video noch einmal. Kontrollieren Sie in b.

d Welche Gestik und Mimik machen Sie in den Situationen in b? Zeigen Sie im Kurs.

e Arbeiten Sie zu viert. Wählen Sie eine Rolle in der App (A, B, C oder D). Spielen Sie Dialoge.

Ich spiele heute Nachmittag Fußball. Kommt ihr auch?

Fußball? Nein, nicht so gern. Das ist langweilig.

Oh, schade.

Fußball macht Spaß. Ich komme.

Hm, ich weiß nicht.

Ach nein, nicht so gern.	Das ist interessant.
Das ist langweilig.	Ich komme auch.
Ich weiß nicht.	Das macht Spaß.

D Mein Hobby ist auch mein Beruf.

1 Mein Hobby? Meine Arbeit!

a Welche Frage passt? Lesen Sie. Ordnen Sie zu.

Wann sind Ihre Kurse? • Was unterrichten Sie? • Was machen Sie in Ihrer Freizeit? • Haben Sie noch einen Beruf?

Mein Hobby? Meine Arbeit!

Elena Petridis arbeitet als Tanzlehrerin. Für sie ist Tanzen ein Beruf und auch ein Hobby. Wir sprechen mit Frau Petridis über ihre Arbeit.

Hallo, Frau Petridis! Tanzen ist für mich ein Hobby. Sie tanzen aber in Ihrer Freizeit und beruflich.
Stimmt. Mein Hobby ist auch mein Beruf: Ich arbeite auch als Tanzlehrerin.

____

Ich unterrichte Tänze aus Griechenland. Ich komme aus Griechenland. Meine Eltern und mein Bruder tanzen auch sehr gern. In Griechenland haben wir 150 Tänze! Ich finde zwei Tänze toll: Sirtaki und Tsamikos.

____

Am Mittwoch und am Freitag, am Abend.

Frau Petridis und ihr Mann tanzen gern.

Frau Petridis tanzt auch beruflich.

____

Ja, ich arbeite auch als Programmiererin. Die Arbeit macht Spaß, aber ich arbeite viel am Computer. Als Tanzlehrerin treffe ich am Abend Leute und tanze. Und ich höre Musik aus Griechenland. Das finde ich toll!

____

Ach, ich habe viele Hobbys: Ich mache sehr gern Sport. Ich laufe jeden Tag und ich fahre Fahrrad. Ich sehe auch gern Filme. Am Wochenende schlafe ich gern lange. Und ich tanze natürlich gern! Mein Mann auch. Wir finden Tänze aus Kolumbien und Argentinien sehr schön.

Vielen Dank!

b Was macht Elena Petridis? Machen Sie Notizen.

beruflich	in der Freizeit
als ... arbeiten	...
Tänze aus Griechenland unterrichten	
...	

Lernziele: über Freizeitaktivitäten und Berufe sprechen • ein Interview verstehen • Strategie: mit Verblisten arbeiten

c **Sind die Verben regelmäßig oder unregelmäßig? Markieren Sie in b. Arbeiten Sie mit der Verbliste im Anhang.**

d **Arbeiten Sie in vier Gruppen. Machen Sie vier Plakate. Sammeln Sie unregelmäßige Verben.**

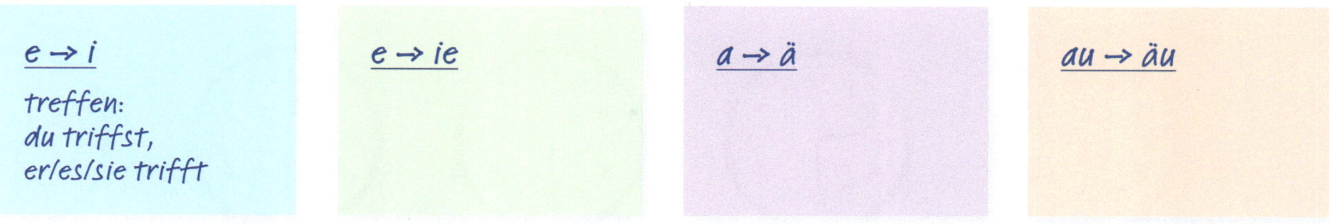

e **Was macht Frau Petridis gern? Arbeiten Sie mit Ihren Notizen aus b. Sprechen Sie zu zweit.**

Eleni Petridis tanzt gern.

Sie tanzt gern und sie ...

f **Was mache ich? Arbeiten Sie mit den Verben aus d. Spielen Sie Pantomime. Raten Sie.**

Du liest ein Buch!

Nein, leider falsch.

Du siehst einen Film.

Ja, richtig.

2 Was unterrichtet ...?

a **Arbeiten Sie zu zweit. Wählen Sie eine Person (A oder B). Ihre Partnerin / Ihr Partner wählt die andere Person. Hören Sie oder lesen Sie in der App. Schreiben Sie Antworten.**

1.28

Arif Schöneberg
Musiklehrer **A**

Alexa Makeeva
Schwimmlehrerin **B**

1. Was unterrichtet ...?
2. Wann sind die Kurse?
3. Ist das ihr/sein Beruf?
4. Was macht sie/er in der Freizeit?

b **Fragen Sie und antworten Sie.**

Was unterrichtet Frau Makeeva?

Sie unterrichtet ...

3 Alles klar? Wollen Sie mehr üben?

a **Was hat Ihnen gefallen? War es schwer? War es leicht? Sprechen Sie im Kurs.**

b **Wiederholen Sie und üben Sie in der App. Wählen Sie A (leichte Übungen) oder B (schwere Übungen).**

6 Arbeitszeiten

A Ich habe um zehn Uhr Feierabend.

1 Wie viel Uhr ist es?

a Wie viel Uhr ist es in …? Welche Uhr passt? Sprechen Sie im Kurs. Die Bildleiste hilft.

Es ist halb zwölf. Das ist in …

1.29

b Hören Sie die Uhrzeiten in der Bildleiste. Sprechen Sie nach.

c Zeigen Sie unten auf eine Uhr. Fragen Sie und antworten Sie.

Wie viel Uhr ist es?

Es ist Viertel vor zehn.

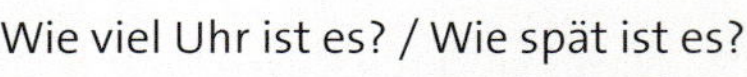
Wie viel Uhr ist es? / Wie spät ist es?

Es ist neun Uhr. / Es ist neun.

Es ist ein Uhr. / Es ist eins.

d Kursspaziergang. Malen Sie eine Uhr auf einen Zettel. Fragen Sie und antworten Sie wie in c. Tauschen Sie immer Ihre Zettel.

e Wie viel Uhr ist es jetzt in Ihrem Land? Sprechen Sie im Kurs.

Ich komme aus … Es ist dort jetzt …

neun Uhr

fünf nach neun

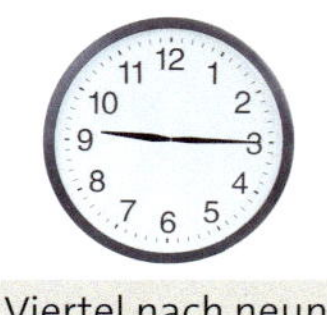
Viertel nach neun

fünf vor halb zehn

halb zehn

Lernziele: den Tagesablauf beschreiben • nach der Uhrzeit fragen • die Uhrzeit nennen • Wortfeld: Tätigkeiten am Arbeitsplatz •

2 Wann? Um halb zehn.

a Was macht Felix? Schreiben Sie zu jedem Foto zwei Sätze.

das Essen kochen • arbeiten (2x) • die Küche putzen • im Internet surfen • mit Kollegen Kaffee trinken • Pause haben (2x)

1. Felix arbeitet. Er ...

1.30

b Was macht Felix wann? Hören Sie. Ordnen Sie die Bilder in a zu.

am Vormittag: *1*, ___ am Nachmittag: ___ am Abend: *1*, ___, ___

1.30

c Was passt? Hören Sie noch einmal. Kreuzen Sie an.

1. Die Arbeit beginnt um ...

2. Felix hat Pause um ...

3. Er geht nach Hause um ...

4. Die Arbeit beginnt am Abend um ...

5. Er hat Pause am Abend um ...

6. Er hat Feierabend um ...

d Wann? Fragen Sie und antworten Sie. Arbeiten Sie mit den Informationen in c.

Wann beginnt die Arbeit von Felix?

Am Morgen um ...

Wann?

um zehn Uhr

3 Die Arbeit von Lea Okray beginnt um ...

a Arbeiten Sie zu zweit. Wählen Sie einen Text in der App (A oder B). Ihre Partnerin / Ihr Partner wählt den anderen Text. Lesen Sie. Schreiben Sie Antworten.

1. Wann beginnt die Arbeit von Lea Okray?
2. Was macht sie?
3. Wann beginnt die Pause am Vormittag?
4. Wann beginnt die Mittagspause?
5. Wann hat sie Feierabend?
6. Was macht sie am Abend?

b Welche Informationen fehlen in Ihrem Text? Fragen Sie und antworten Sie.

c Schreiben Sie zu zweit einen Text über Lea. Vergleichen Sie dann zu viert.

fünf nach halb zehn

zwanzig vor zehn

Viertel vor zehn

fünf vor zehn

zehn Uhr

Präposition *um* (+ Uhrzeit)

B Karim macht das Licht an.

1 Wo ist Martina?!

16

a Was macht Karim? Sehen Sie das Video (Teil 1). Kreuzen Sie in der Bildleiste an.

b Was passt zusammen? Verbinden Sie.

1. Karim macht — b
2. Er macht
3. Er zieht
4. Er räumt
5. Er bereitet
6. Er ruft

a die Arbeitskleidung an.
b die Tür auf.
c das Essen vor.
d Martina an.
e das Licht an.
f im Kiosk auf.

c Sehen Sie die Fotos in der App an. Sprechen Sie die Sätze in b dazu.

Karim macht die Tür auf.

2 Karim macht die Tür auf.

17

a Was fehlt hier? Sehen Sie das Grammatik-Video. Ergänzen Sie.

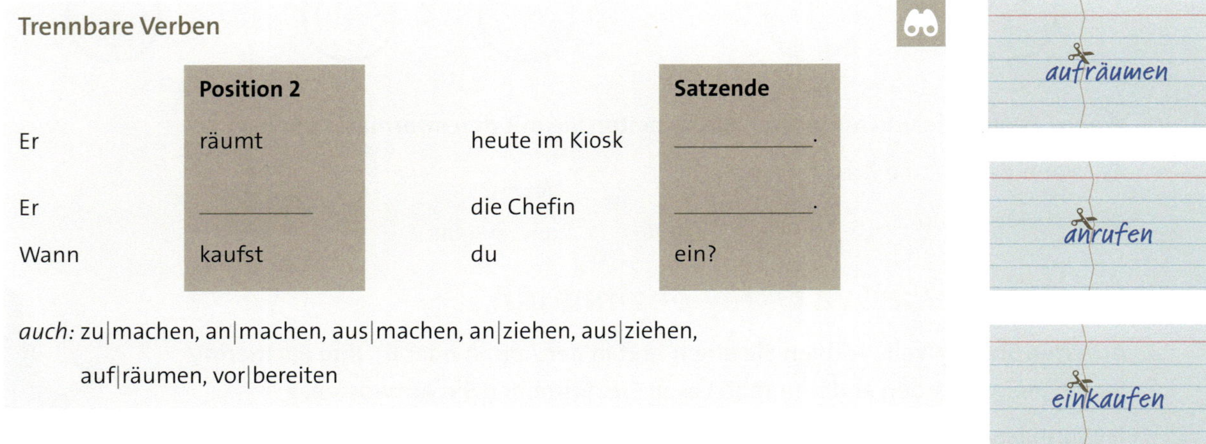

Trennbare Verben

	Position 2		Satzende
Er	räumt	heute im Kiosk	________.
Er	________	die Chefin	________.
Wann	kaufst	du	ein?

auch: zu|machen, an|machen, aus|machen, an|ziehen, aus|ziehen, auf|räumen, vor|bereiten

1.31

b Phonetik: Wortakzent. Hören Sie die Verben in der Bildleiste. Sprechen Sie nach.

aufmachen – er macht auf

☐ auf|machen

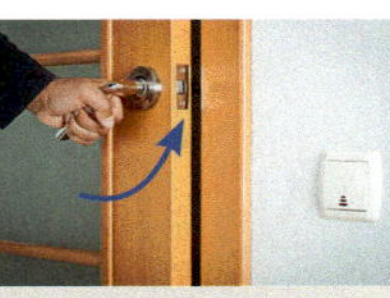
☐ zu|machen

☐ ein|kaufen

☐ an|machen

☐ aus|machen

Lernziele: Tätigkeiten am Arbeitsplatz beschreiben • Öffnungszeiten in verschiedenen Ländern vergleichen •

c **Arbeiten Sie zu viert. Schreiben Sie einen Satz mit einem Verb aus der Bildleiste auf Karten.**

d **Bewegte Sätze. Tauschen Sie Ihre Karten mit einer anderen Gruppe. Bilden Sie den Satz.**

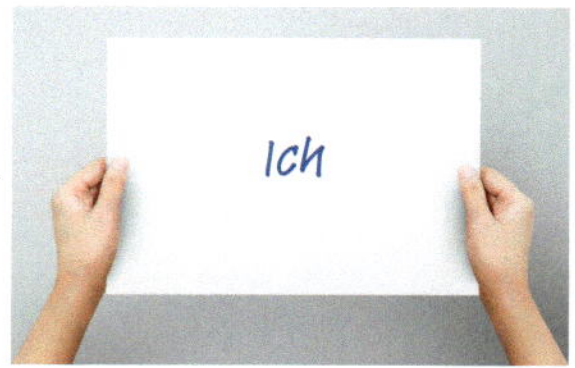

3 Was macht Martina?

a **Was denken Sie: Warum ist Martina nicht im Kiosk? Schreiben Sie vier Sätze.**

1. im Supermarkt ein|kaufen

2. ein Paket ab|holen

3. spät auf|stehen

4. zu Hause auf|räumen

1. *Martina* ____________________

2. ____________________

3. ____________________

4. ____________________

b **Lesen Sie die Sätze zu zweit laut.**

Martina kauft im Supermarkt ... — ... ein.

18

c **Warum ist Martina nicht im Kiosk? Sehen Sie das Video (Teil 2). Sprechen Sie im Kurs.**

d **Wann haben Geschäfte in Deutschland und in anderen Ländern geschlossen? Sprechen Sie zu viert.**

Viele Geschäfte in Deutschland haben am ... geschlossen.

Stimmt. Und der Friseur hat oft am ... geschlossen.

Bei uns haben die Supermärkte nie geschlossen.

e **Was macht Karim? Schreiben Sie.**

1. *Karim räumt ...* ____________________

2. ____________________

3. ____________________

4. ____________________

das Essen aufräumen • die Arbeitskleidung ausziehen • das Licht ausmachen • die Tür zumachen

18

f **Sehen Sie das Video (Teil 2) noch einmal. Sprechen Sie die Sätze zum Video.**

☐ an|ziehen

☐ aus|ziehen

☐ auf|räumen

☐ vor|bereiten

☐ an|rufen

C Wann fängt die Frühschicht an?

1 Ich habe am Montag Frühschicht.

a Was denken Sie: Wann arbeiten die Personen? Sammeln Sie im Kurs.

Andri Gega (Sicherheitskraft)

Camila Silva (Sängerin)

Folami Alabi (Ärztin)

Luca Süß (Paketbote)

Ich glaube, die Sängerin arbeitet am Abend und in der Nacht.

b Wann arbeitet Andri Gega? Lesen Sie. Fragen Sie und antworten Sie.

Sicherheitsservice Secure				Dienstplan			
	Mo	Di	Mi	Do	Fr	Sa	So
Frühschicht	J. Dahoud	J. Dahoud	J. Dahoud	M. Rebić	M. Rebić	C. Bauer	C. Bauer
5:30–13:45	A. Gega	A. Gega	I. Almoza	I. Almoza	I. Almoza		
Spätschicht	M. Rebić	M. Rebić	M. Rebić	R. Iwobi	R. Iwobi	S. Tilla	S. Tilla
13:30–21:45	C. Bauer	C. Bauer	P. Schulze	A. Gega	S. Tilla		
Nachtschicht	I. Almoza	I. Almoza	R. Iwobi	C. Bauer	A. Gega	A. Gega	R. Iwobi
21:30–5:45	P. Schulze	S. Tilla	S. Tilla	J. Dahoud	J. Dahoud		
Urlaub	R. Iwobi	R. Iwobi		P. Schulze	P. Schulze	P. Schulze	P. Schulze

1. Wann hat Andri Gega Frühschicht?
2. Wann hat er Spätschicht?
3. Wann hat er Nachtschicht?
4. Wann hat er frei? Hat er Urlaub?

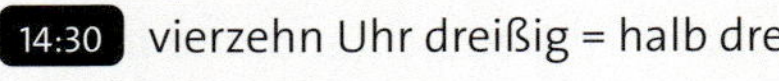

14:00 vierzehn Uhr = zwei Uhr

14:30 vierzehn Uhr dreißig = halb drei

20:00 zwanzig Uhr = acht Uhr

20:45 zwanzig Uhr fünfundvierzig = Viertel vor neun

Wann hat Andri Gega Frühschicht?

Andri Gega hat am Montag und am Dienstag Frühschicht.

c Von wann bis wann? Fragen Sie und antworten Sie.

Von wann bis wann geht die Frühschicht?

Von fünf Uhr dreißig bis ...

Von wann bis wann?

Von halb 6 **bis** 13:45 Uhr.

Von Montag **bis** Mittwoch.

d Arbeiten Sie zu zweit. Wählen Sie eine Rolle (A oder B). Ihre Partnerin / Ihr Partner wählt die andere Rolle. Spielen Sie einen Dialog.

A

Carla Bauer

Sie sind neu in der Firma. Sie verstehen den Dienstplan nicht. Sie fragen:
Wann arbeite ich am ...?

B

Andri Gega

Sie helfen Carla Bauer.
Wann arbeitet sie?
Sie erklären den Dienstplan.

Lernziele: über Arbeitszeiten sprechen • einen Dienstplan erklären • Informationen weitergeben • die Uhrzeit (offiziell) nennen •

2 Wir suchen Sicherheitskräfte.

a Welche Überschrift passt? Lesen Sie. Ordnen Sie zu.

Das sind Ihre Arbeitstage: • Das sind Ihre Aufgaben: • Das sind Ihre Arbeitszeiten:

Wir suchen Sicherheitskräfte!

____

Wir brauchen Sicherheitskräfte von Montag bis Sonntag. Sie arbeiten fünf Tage pro Woche und haben immer zwei Tage frei.

____

Sie arbeiten im Schichtdienst. Die Frühschicht fängt um 5:30 Uhr an und geht bis 13:45 Uhr. Die Spätschicht beginnt um 13:30 Uhr und geht bis 21:45 Uhr. Die Nachtschicht geht von 21:30 Uhr bis 5:45 Uhr am Morgen.

____

Sie arbeiten an der Rezeption und kontrollieren die Ausweise. Sie machen Telefondienst. Sie schließen am Abend Türen und Fenster und Sie kontrollieren das Haus.

Haben Sie Interesse? Dann schreiben Sie uns:
secure@example.net

b Richtig oder falsch? Lesen Sie noch einmal. Kreuzen Sie an.

	richtig	falsch
1. Die Sicherheitskräfte arbeiten manchmal am Wochenende.	☐	☐
2. Die Sicherheitskräfte beginnen immer um 5:30 Uhr.	☐	☐
3. Die Sicherheitskräfte brauchen einen Ausweis.	☐	☐
4. Die Sicherheitskräfte machen am Abend die Türen und Fenster zu.	☐	☐

3 Wie arbeiten Sie?

a Wählen Sie eine Aufgabe (A oder B). Die App hilft.

1.32

A
Biologielehrer
Hören Sie zweimal. Schreiben Sie zu den Fragen 1 bis 6 Notizen. Schreiben Sie einen Text.

B
Ihr Beruf
Beantworten Sie die Fragen 1 bis 6. Schreiben Sie einen Text über Ihren Beruf.

1. Was sind Sie von Beruf?
2. Was machen Sie?
3. Wann fangen Sie an?
4. Von wann bis wann haben Sie Pause?
5. Wann haben Sie Feierabend?
6. Arbeiten Sie auch am Wochenende?

b Tauschen Sie Ihre Texte zu zweit. Unterstreichen Sie alle Verben. Kontrollieren Sie.

1. Ist die Endung vom Verb richtig?
2. Ist die Position im Satz richtig?

c Welchen Beruf finden Sie interessant? Hängen Sie die Texte auf. Lesen Sie die Texte. Sprechen Sie im Kurs.

D Ich komme nach Hause.

1 Die Geschichte von Sara und Mario

a Was ist richtig? Lesen Sie. Kreuzen Sie rechts an.

Mario 5:15
Feierabend! Ich komme nach Hause. 

Sara 5:20
Guten Morgen! Ich stehe auf ...
Sara 5:30
Ich frühstücke. Ich gehe heute um Viertel vor sechs zur Arbeit.
Für dich auch einen Tee?

Mario 5:32

Sara 13:00
Alles okay? Küsschen!

Mario 13:20
Ja, ich stehe auf. Dann kaufe ich ein.

Sara 13:25
Machst du bitte den Kühlschrank zu?

Mario 13:26 Uhr
Oh, Entschuldigung!!!! Ja, ich mache den Kühlschrank zu.

Sara 13:26
Machst du bitte auch die Waschmaschine an?

Mario 14:20
Ja, ich mache die Waschmaschine an. Und ich bereite das Abendessen vor!

Sara 14:21
Super, danke!!!
Sara 15:00
Feierabend! Ich komme heute schon um halb vier!

Mario 15:05
Und meine Arbeit fängt erst um 20 Uhr an.
Mario 21:30
Gute Nacht!

Sara 21:34
Bis morgen!

Lernziele: einen Chat verstehen • den Tagesablauf beschreiben • Strategie: Wörter mit Gegensätzen lernen • trennbare Verben

1. Mario hat ...
   a ☐ Frühschicht.
   b ☐ Spätschicht.
   c ☐ Nachtschicht.

2. Sara hat ...
   a ☐ Frühschicht.
   b ☐ Spätschicht.
   c ☐ Nachtschicht.

b Was ist falsch? Lesen Sie noch einmal. Korrigieren Sie.

1. Die Arbeit von Mario fängt um 5:15 Uhr an.
   Die Arbeit von Mario hört um 5:15 Uhr auf.
2. Sara kommt am Morgen um Viertel vor sechs nach Hause.
   ____
3. Mario schläft um 13:20 Uhr.
   ____
4. Mario macht um 13:26 Uhr den Kühlschrank auf.
   ____
5. Mario macht um 14:20 Uhr die Waschmaschine aus.
   ____

2 Wörter mit Gegensätzen lernen

a Unterstreichen Sie die Verben in 1b. Schreiben Sie die Infinitive auf Wortkarten.

b Gegensatz-Spiel. Spielen Sie zu dritt. Suchen Sie Paare.

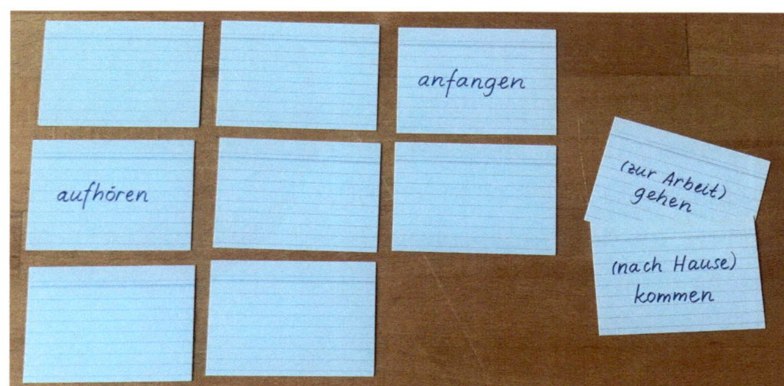

c Was ist der Gegensatz? Arbeiten Sie zu zweit. Ziehen Sie eine Karte. Sagen Sie den Gegensatz. Richtig? Behalten Sie die Karte. Falsch? Legen Sie die Karte zurück.

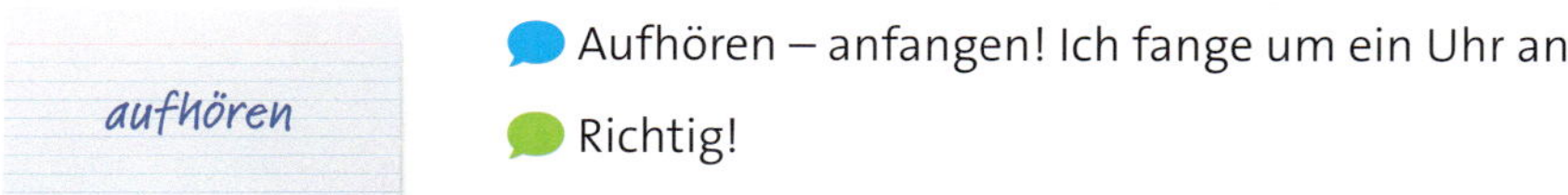

3 Der Tag von Sara und Mario

Was macht Sara? Was macht Mario? Wählen Sie eine Person (Sara oder Mario). Erzählen Sie.

Sara steht um ...

4 Alles klar? Wollen Sie mehr üben?

a Was hat Ihnen gefallen? War es schwer? War es leicht? Sprechen Sie im Kurs.

b Wiederholen Sie und üben Sie in der App. Wählen Sie A (leichte Übungen) oder B (schwere Übungen).

3 Magazin

TREFFPUNKT

Monatsgrafik:

Was machen die Deutschen in ihrer Freizeit gern?

Aktivität	%
surfen und chatten	96
fernsehen	86
etwas am Computer machen	83
E-Mails lesen und schreiben	82
Musik hören	80
Radio hören	75
telefonieren	61
nichts machen	60
lange schlafen	57
Kaffee trinken	57
spazieren gehen	55

■ Angaben in Prozent (%)

(Datenquelle: statista.com)

Lieblingsorte

Ich bin Andrei und ich komme aus Erfurt. Erfurt ist toll! Das sind meine Lieblingsorte:

Die Altstadt: Hier stehen viele alte Häuser. Sie sind sehr schön! Ich treffe hier immer Freunde und Kollegen und wir essen und trinken zusammen.

egapark Erfurt: Ich gehe hier sehr gerne spazieren oder ich mache hier Sport. Ich laufe gern. Und der japanische Garten im Park ist sehr schön.

Der Petersberg: Ich finde den Petersberg super! Du siehst hier die ganze Stadt! Ich sitze hier oft, ich lese, ich höre Musik oder ich mache nichts.

1 Was machen die Deutschen in ihrer Freizeit gern?

a **Was machen die Deutschen gern? Sehen Sie die Grafik an. Sprechen Sie im Kurs.**

Auf Platz 5 steht: Musik hören. Ich finde das interessant.

Viele Deutsche sehen gern fern. Ich auch.

b **Was machen Sie gern? Sprechen Sie im Kurs. Machen Sie eine Kursgrafik.**

2 Lieblingsorte

1.33 a **Was macht Andrei? Lesen Sie und hören Sie. Schreiben Sie.**

Foto 1: Freunde treffen,

b **Was ist Ihr Lieblingsort in Ihrer Stadt? Was machen Sie dort? Sprechen Sie.**

Freizeittipps:

Kurse für Kinder, Jugendliche und Erwachsene

Nähen

Sind Sie Anfänger?
Hier lernen Sie nähen!
Immer am Freitag
9.00–12.00 Uhr
(Kursnummer: 1)

Sind Sie Profi?
Hier bekommen Sie viele Tipps!
Immer am Dienstag
18.00–21.00 Uhr
(Kursnummer: 2)

4 Termine: 30 €

Adresse:
Näh-Café
Sonnenstr. 1

Eltern-Kind-Sport

für Kinder (1 bis 3 Jahre) und ihre Mütter oder Väter

Immer am Samstag
10.00–11.00 Uhr

(Kursnummer: 28)

15 € pro Monat

Adresse:
Sportzentrum
Lange Straße 41

Fahrrad-Kurse

Immer am Sonntag

Kinder und Jugendliche:
9.00–10.00 Uhr
(Kursnummer: 10)

12.00–13.00 Uhr
(Kursnummer: 20)

Erwachsene:
15.00–16.00 Uhr
(Kursnummer: 30)

10 € pro Monat

Adresse:
Fahrradschule
Heroldstr. 1

3 Freizeittipps

a Welcher Kurs ist für Sie interessant? Wählen Sie einen Kurs. Ergänzen Sie.

Anmeldeformular

Name	______	Vorname	______
Straße, Nr.	______	PLZ, Stadt	______
E-Mail	______	Telefon	______

Kurse

Kursname	______	Kursnummer	______

b Projekt. Welche Kurse finden Sie in Ihrer Stadt? Suchen Sie Kurse an Ihrem Wohnort. Bringen Sie Flyer in den Kurs mit. Hängen Sie sie im Kursraum auf. Welche Kurse sind für Sie interessant? Sprechen Sie.

7 Essen

A Ich esse gern Fisch.

1 Was isst du gern?

a **Was denken Sie: Wer isst was? Und was trinken Helen, Felix und Karim? Sprechen Sie im Kurs. Die Bildleiste hilft.**

Felix isst Salat und ...

1.34

b **Was essen und trinken Helen, Felix und Karim gern? Hören Sie. Kreuzen Sie an.**

1. Felix: ☐ Salat ☐ Fleisch ☐ Fisch ☐ Wein
2. Helen: ☐ Fisch ☐ Reis ☐ Tee ☐ Wasser
3. Karim: ☐ Fisch ☐ Fleisch ☐ Tee ☐ Wein

c **Was essen und trinken Sie gern? Fragen Sie und antworten Sie. Arbeiten Sie mit der Bildleiste.**

Was isst du gern?

Ich esse (sehr) gern Äpfel und ...

Was trinkst du gern?

Ich ...

Nullartikel

(= kein Artikel)

Ich trinke gern – Wasser.

Ich esse gern – Fisch.

der Apfel

die Birne

die Tomate

der Salat

das Fleisch

das Hähnchen

der Fisch

Lernziele: sagen, was man gern isst und trinkt • Vorlieben nennen und vergleichen • Wortfeld: Lebensmittel • Nullartikel, Verb: *mögen*

2 In Mexiko essen wir gern Fleisch mit Reis.

a Welche Lebensmittel aus dem Text passen? Lesen Sie. Ordnen Sie zu.

Essen international

Amira/Marokko: Hallo, ich komme aus Marrakesch. In Marokko essen wir sehr gern Fleisch, oft Lammfleisch und Hähnchen, aber kein Schweinefleisch. Dazu essen wir Gemüse: Tomaten und Paprika. Ich esse aber keine Tomaten. Und wir trinken sehr viel Tee.

Juan/Mexiko: In Mexiko essen wir gern Fleisch mit Reis. Ich esse sehr gern Rindfleisch! Die Mexikaner trinken auch sehr gerne Bier, aber ich mag kein Bier. Ich trinke gern Wasser.

Lukas/Deutschland: In Deutschland essen wir viel Fleisch und auch Brot mit Wurst und Käse. Ich esse aber auch sehr gerne Nudeln und Obst. Ich mag Äpfel und Birnen. Und was trinken die Deutschen? Wir trinken viel Bier und Kaffee. Aber ich mag keinen Kaffee. Ich trinke gerne Tee.

Hanifa/Malaysia: In Malaysia trinken wir viel Tee, aber ich mag keinen Tee. Ich trinke gern Saft – zum Beispiel Ananassaft. Ich mag Ananas sehr gern. Wir essen viel Fisch, Reis und Nudeln. Fisch ist lecker. Wir essen auch oft Eier. Ich esse aber keine Eier.

Fleisch

Obst

Gemüse

Getränke

Anderes

Fleisch: Wurst, ...

b Was mögen die Personen nicht? Lesen Sie noch einmal. Sprechen Sie im Kurs.

Lukas mag keinen ...

Verb: *mögen*

ich	mag	wir	mögen
du	magst	ihr	mögt
er/es/sie	mag	sie/Sie	mögen

c Kurskette: Was mögen Sie, was mögen Sie nicht? Sprechen Sie.

Ich esse gern Fisch, aber ich mag kein Fleisch.

Aha, du magst kein Fleisch. Ich esse gern ..., aber ...

d Was essen und trinken Sie und die Menschen in Ihrem Land gern? Schreiben Sie einen Text wie in a. Arbeiten Sie mit dem Wörterbuch. Die App hilft.

e Was ist neu oder interessant für Sie? Was kennen Sie (nicht)? Hängen Sie Ihre Texte auf. Lesen Sie die Texte. Sprechen Sie im Kurs.

Die Menschen in Vietnam essen ... Das kenne ich (nicht). Das finde ich interessant.

der Reis

die Nudeln (Pl.)

das Brot

das Wasser

der Saft

der Wein

das Bier

B Was essen wir gern?

1 Was isst man in Deutschland gern?

a Wie viel? Lesen Sie. Ergänzen Sie die Zahlen.

Magazin

Vegan? Vegetarisch? Oder doch mit Fleisch?

Was und wie viel isst man in Deutschland?

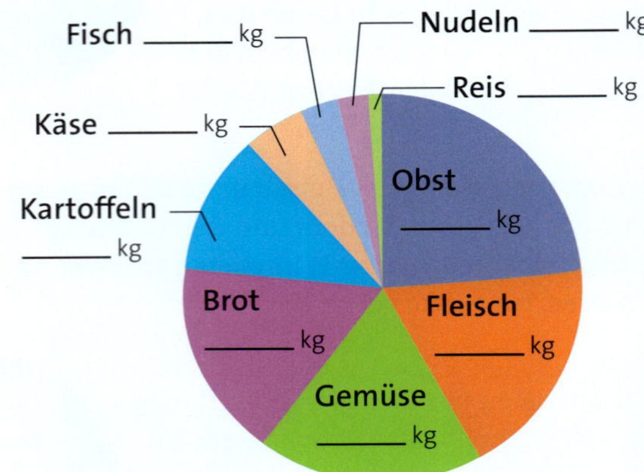

Menschen in Deutschland mögen Gemüse und Obst: Sie essen sehr gern Gemüse: 84 kg im Jahr. Und noch lieber essen sie Obst: 122 kg im Jahr. Das ist sehr gesund.

Aber: Vegan oder vegetarisch isst man in Deutschland nicht sehr oft. Man isst gern Käse (22 kg) und Fisch (15,5 kg), aber noch lieber Fleisch und Wurst: 90 kg im Jahr. Und was isst man zum Fleisch? Man isst in Deutschland nicht so gern Reis (5,4 kg) oder Nudeln (7,4 kg). Man kauft lieber Kartoffeln (63 kg). Und Brot: Brot und Brötchen sind sehr beliebt. Die Deutschen kaufen 84 kg im Jahr.

(Datenquelle: https://www.worldsoffood.de/specials/was-isst-deutschland.item/1296-die-10-beliebtesten-lebensmittel-der-deutschen.html)

Man isst in Deutschland 15,5 kg Fisch im Jahr.

man = *viele Personen* 

b Was essen die Deutschen gern (+)? Was noch lieber (++)? Sehen Sie die Grafik an. Ergänzen Sie.

1. Fleisch	++	Fisch	+
2. Nudeln	______	Kartoffeln	______
3. Obst	______	Gemüse	______
4. Reis	______	Nudeln	______

Die Menschen in Deutschland essen gern Fisch.

Sie essen aber noch lieber Fleisch: ... Kilo.

c Was essen Sie gern? Sprechen Sie zu zweit.

Ich esse gern Reis.

Ich esse lieber Nudeln.

2 Und was isst man in Österreich und in der Schweiz?

a Wählen Sie eine Grafik in der App (A oder B). Ihre Partnerin / Ihr Partner wählt die andere Grafik. Fragen Sie und antworten Sie. Schreiben Sie.

Österreich A | Schweiz B

Obst • Gemüse • Fleisch • Fisch • Kartoffeln

Wie viel Obst isst man in Österreich?

Man isst ... Kilogramm im Jahr. Und in der Schweiz?

Österreich
Obst: ... kg

b Alles richtig? Kontrollieren Sie mit der Grafik in der App.

Lernziele: eine Grafik verstehen • sagen, was man gern isst • Notizen machen • einen Einkaufszettel schreiben • Preise im Internet

3 Wir brauchen Fisch.

1.35

a Was hat Karim schon? Hören Sie. Kreuzen Sie an.

 ☒ das Salz
 ☐ der Pfeffer
 ☐ die Butter
 ☐ das Öl
 ☐ der Tee
 ☐ der Wein
 ☐ das Wasser

Karim hat schon Salz und ...

1.35

b Wie viel braucht man? Hören Sie noch einmal. Ergänzen Sie.

1 kg	Fisch	14,59 €
______	Butter	______
______	Reis	______
______	Salat	______
______	Tomaten	______
______	Wasser	______
______	Wein	______

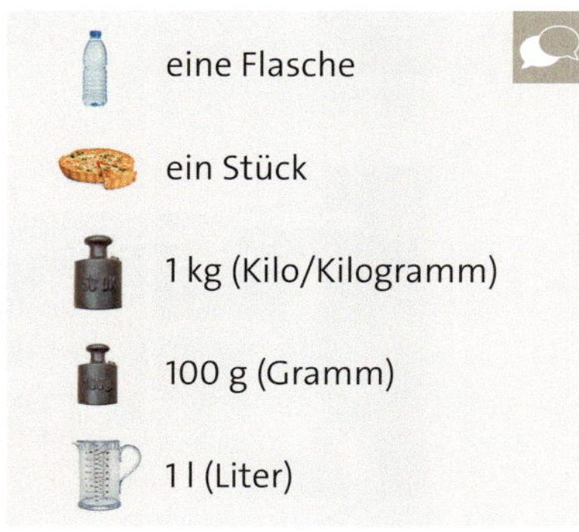

eine Flasche

ein Stück

1 kg (Kilo/Kilogramm)

100 g (Gramm)

1 l (Liter)

c Was kostet das? Suchen Sie Preise im Internet. Schreiben Sie in b. Vergleichen Sie im Kurs.

Ein Kilo Fisch kostet 14,59 Euro.

Wie viel / Was kostet das?

3,50 €. = Drei (Euro) fünfzig (Cent).

1.36

d Phonetik: lang und kurz. Hören Sie. Sprechen Sie nach.

1. lang: Tomaten – Tee – Kilo – Brot – Nudeln
2. kurz: Wasser – Pfeffer – Fisch – Kartoffeln – Butter

1.37

e Hören Sie. Sprechen Sie nach.

f Arbeiten Sie zu zweit. Wählen Sie eine Rolle in der App (A oder B). Ihre Partnerin / Ihr Partner wählt die andere Rolle. Fragen Sie und antworten Sie. Schreiben Sie zusammen einen Einkaufszettel.

Was brauchen wir?

Wir brauchen eine Flasche Wasser.

Gut, eine Flasche Wasser. Und ...

4 Das mag ich auch.

a Was essen Sie gern? Was brauchen Sie? Suchen Sie ein Foto im Internet. Schreiben Sie.

b Arbeiten Sie zu viert. Zeigen Sie Ihr Foto. Erzählen Sie.

Das ist ... Ich brauche Tomaten ...

Das kenne ich! Das mag ich auch. Das esse ich auch gern.

Das kenne ich nicht. Das sieht aber lecker aus.

C Ich hätte gern einen Kaffee.

1 Ich hätte gern ...

a Was kaufen Sie wo? Sprechen Sie im Kurs.

im Supermarkt

am Kiosk

auf dem Markt

im Gemüseladen

in der Bäckerei

- Ich kaufe Gemüse im Supermarkt.
- Ich kaufe Gemüse lieber auf dem Markt.

19

b Was kaufen die Personen? Sehen Sie das Video. Kreuzen Sie an.

Kunde:	einen Kaffee	☐ ohne Milch	☐ mit Milch
		☐ ohne Zucker	☐ mit Zucker
	ein Brötchen	☐ mit Käse	☐ mit Wurst
Helen:	einen Kaffee	☐ ohne Zucker	☐ mit Zucker
	ein Brötchen	☐ mit Käse	☐ mit Wurst

Kaffee **mit** Milch
ohne Milch

c Mit oder ohne? Eine Person sagt, wie sie etwas mag. Wer mag es auch so? Die Personen stehen auf.

1. Kaffee: Milch? Zucker?
2. Tee: Milch? Zucker?
3. Brötchen: Käse? Wurst?
4. Pizza: Tomaten? Käse? Schinken?

- Ich trinke gern Kaffee mit Milch, aber ohne Zucker.
- Ich auch!
- Und ich auch!

19

d Was geht nicht? Sehen Sie das Video noch einmal. Kreuzen Sie an.

1. ☐ Der Preis ist 3,25 Euro. Karim nimmt nur 3 Euro.
2. ☐ Der Preis ist 3,10 Euro. Martina nimmt nur 3 Euro.

e Warum findet Martina das nicht gut? Kreuzen Sie an.

Karim ist nicht ...

1. ☐ der Verkäufer.
2. ☐ der Kunde.
3. ☐ der Chef.

f Wie ist es in anderen Ländern? Wo sagen die Verkäuferinnen und Verkäufer manchmal andere Preise? Sprechen Sie im Kurs.

- Die Verkäufer in Indien sagen manchmal im Gemüseladen andere Preise.

Lernziele: Einkaufsgespräche führen • Wortfeld: Einkaufen • Verb *möchte-*, Präpositionen *mit* und *ohne*

2 Was möchten Sie?

a Wer sagt was? Ordnen Sie zu.

Ich hätte gern ... • Guten Tag, was möchten Sie? • Bitte schön. Noch etwas? • Ja, ich möchte noch ... • Nein, das ist alles. • Haben Sie noch einen Wunsch? • Das macht dann ...

19

b Sehen Sie das Video noch einmal. Kontrollieren Sie in a.

c Lesen Sie zu zweit. Ergänzen Sie.

- Guten Tag, was möchten Sie?
- Ich hätte gern einen Kaffee.
- Gern. Bitte schön. Noch etwas?
- Ja, ich möchte noch ein Brötchen mit Käse.
- Bitte sehr. Haben Sie noch einen Wunsch?
- Nein, das ist alles.
- Das macht dann 3,55 Euro.
- Hier, bitte.
- Haben Sie 5 Cent?
- Moment ... Ja, hier.
- Vielen Dank. Und 50 Cent zurück.

Verb: *möchte-*

ich	______	wir	möchten
du	möchtest	ihr	möchtet
er/es/sie	möchte	sie/Sie	______

1.38

d Phonetik: *e* und *ö*. Hören Sie. Sprechen Sie nach.

1. e: Tee – sehr – Cent
2. ö: schön – ich möchte – Brötchen

1.39

e Hören Sie. Sprechen Sie nach.

- Was möchten Sie?
- Ich möchte ein Brötchen.
- Bitte schön.

3 Was und wo kaufen Sie ein?

a Arbeiten Sie zu zweit. Wählen Sie ein Foto in 1a. Schreiben Sie zwei Lebensmittel.

b Wo ist das? Variieren Sie den Dialog in 2c. Spielen Sie den Dialog im Kurs. Die anderen raten.

- Ich glaube, das ist im Supermarkt!
- Richtig! / Leider nein, das ist ...

D Ich brauche Obst: Bananen und Äpfel.

1 Auf dem Wochenmarkt

a Wie heißen die Gerichte? Lesen Sie. Ordnen Sie zu.

☐

☐

☐

1. Paella

für 20 Personen

1 kg Reis
750 g Wurst
2 kg Hähnchenfleisch
2 kg Fisch
5 Zwiebeln
2 kg Tomaten
5 Paprika
5 Zitronen

2. Gulasch

für 20 Personen

4 kg Rindfleisch
5 kg Kartoffeln
750 g Tomaten
10 Paprika
10 Zwiebeln
Öl
Salz, Pfeffer

3. Obstsalat

für 20 Personen

2 kg Äpfel
2 kg Birnen
1 kg Bananen
1 kg Orangen
1 Zitrone
50 g Zucker

b Richtig oder falsch? Lesen Sie noch einmal. Kreuzen Sie an.

	richtig	falsch
1. Zwei Rezepte sind mit Fleisch.	☐	☐
2. Alle Rezepte sind mit Gemüse.	☐	☐
3. Ein Rezept ist mit Fisch.	☐	☐
4. Drei Rezepte sind mit Zwiebeln.	☐	☐
5. Ein Rezept ist mit Obst.	☐	☐

1.40

c Was kauft Felix? Hören Sie. Streichen Sie in a durch.

d Was kauft Felix nicht? Was braucht er noch? Sprechen Sie im Kurs.

Felix braucht noch ...

e Arbeiten Sie zu zweit. Spielen Sie Einkaufsgespräche. Kaufen Sie die Sachen für Felix.

Guten Tag. Was möchten Sie?

Guten Tag. Ich hätte gern ...

Lernziele: Zutatenlisten von Rezepten verstehen • Einkaufsgespräche führen • sagen, was man (nicht) gern isst •

2 Wörter mit Bildern lernen

a **Arbeiten Sie in Gruppen. Schreiben Sie Lebensmittel auf Karten. Schreiben Sie die Wörter blau (maskulin), orange (feminin) und grün (neutral). Zeichnen Sie Bildkarten dazu.**

b **Was ist das? Mischen Sie die Bildkarten. Ziehen Sie eine Karte. Ordnen Sie die Wortkarte zu.**

- Fisch.
- Nein, Fleisch!
- Ja, stimmt.

c **Obst, Gemüse, Getränke oder Fleisch? Ziehen Sie eine Wortkarte. Gehen Sie zum passenden Wort. Passt kein Wort? Dann bleiben Sie im Raum stehen.**

- Birne passt zu Obst.
- Ja. Und Butter? Butter passt nicht.

d **Schmeckt das zusammen? Arbeiten Sie zu viert. Ziehen Sie eine Wortkarte. Sprechen Sie wie im Beispiel.**

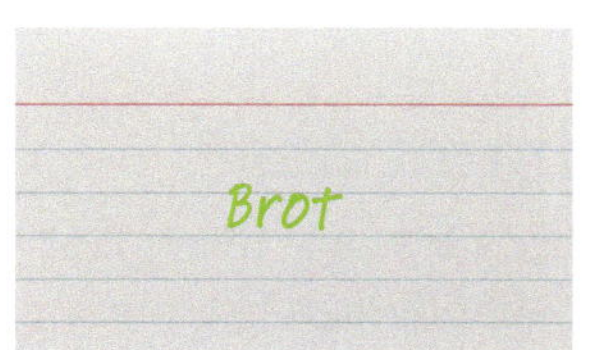

- Brot und Käse. Das passt zusammen. Das ist lecker.
- Fisch und Birne. Igitt, das passt nicht.
- Käse und Birne. Das passt auch. Das mag ich.
- Käse und Birne? Oh, nein! Das mag ich nicht.

e **Lebensmittel-Alphabet. Ziehen Sie eine Bildkarte. Bilden Sie eine Reihe nach dem Alphabet.**

3 Alles klar? Wollen Sie mehr üben?

a **Was hat Ihnen gefallen? War es schwer? War es leicht? Sprechen Sie im Kurs.**

b **Wiederholen Sie und üben Sie in der App. Wählen Sie A (leichte Übungen) oder B (schwere Übungen).**

8 Eine Party

1

2

3

4

A Guten Appetit!

1 Das Mittagessen ist pünktlich um zwölf Uhr.

a **Was essen die Personen? Was denken Sie: Wie viel Uhr ist es? Sprechen Sie im Kurs. Die Bildleiste hilft.**

b **Wann und was essen Sie und trinken Sie zum Frühstück, zu Mittag und zu Abend? Erzählen Sie.**

Ich frühstücke immer um ... Ich esse ... und ich trinke ...

c **Richtig oder falsch? Lesen Sie. Kreuzen Sie an.**

Das Mittagessen ist pünktlich um zwölf Uhr. Stimmt das?

Man sagt über Menschen in Deutschland oft: Sie frühstücken viel. Und das oft schon um sechs oder sieben Uhr. Ein zweites Frühstück folgt dann um 10 Uhr. Sie essen pünktlich um 12 Uhr zu Mittag – sehr oft warm, in der Kantine, im Restaurant oder im Café. Aber das ist nicht alles: 15 Uhr? Zeit für eine Kaffeepause! Das Abendessen ist auch sehr früh: Man isst schon um 18 Uhr und meistens kalt. Aber stimmt das wirklich?

	richtig	falsch
1. Viele Deutsche frühstücken früh am Morgen.	☐	☐
2. Sie essen gern kalt zu Mittag.	☐	☐
3. Sie essen nicht spät zu Abend.	☐	☐

d **Stimmt das? Wie kennen Sie es? Was und wann essen Menschen in Deutschland? Sprechen Sie im Kurs.**

das Frühstück

frühstücken

das zweite Frühstück

ein zweites Frühstück essen

das Mittagessen

Lernziele: über Essgewohnheiten sprechen • Essgewohnheiten vergleichen • *Guten Appetit* in verschiedenen Sprachen vergleichen •

2 Ich esse gern Tomatensuppe zu Mittag.

1.41 **a Wo sind die Personen? Was machen sie? Hören Sie. Sprechen Sie im Kurs.**

1.41 **b Arbeiten Sie in zwei Gruppen. Wählen Sie eine Aufgabe (A oder B). Die zweite Gruppe wählt die andere Aufgabe. Hören Sie noch einmal.**

A **Wann** essen die Personen? Ergänzen Sie.

B **Was** essen und trinken sie? Kreuzen Sie an.

Frühstück	Mittagessen	Abendessen
um ______	um 12:15, ______	um ______
☐ Obstsalat mit Joghurt	☐ Salat ☐ Tomatensuppe	☐ Fleisch mit Gemüse
☐ nichts ☐ Brötchen	☐ Fisch mit Reis	☐ Wurstbrot
☐ Milchkaffee	☐ Fleisch mit Kartoffeln	☐ Salat und Käsebrot
☐ Tee ☐ Saft	☐ Brötchen	☐ Wasser ☐ Bier ☐ Wein

c Fragen Sie und antworten Sie zu zweit (A + B). Ergänzen Sie in b.

Wann essen die Personen zu Mittag?

Um ... oder um ... Uhr. Und was essen sie zu Mittag?

d Was passt: *der*, *das* oder *die*? Lesen Sie. Ergänzen Sie.

Nomen + Nomen (Komposita)

der Milch**kaffee** das Mittag**essen** die Tomaten**suppe**

1. ______ Tomatensuppe
   ______ Fischsuppe
2. ______ Kartoffelsalat
   ______ Obstsalat
3. ______ Käsebrot
   ______ Wurstbrot
4. ______ Birnenkuchen
   ______ Apfelkuchen

1.42 **e Phonetik: Wortakzent. Hören Sie. Markieren Sie den Wortakzent in d. Sprechen Sie nach.**

f Sprechen Sie zu zweit. Arbeiten Sie mit den Wörtern in d.

Ich habe Hunger. Oh, schau mal, der Kartoffelsalat.

Hmm, der Kartoffelsalat sieht gut aus!

3 Guten Appetit!

Wie sagt man *Guten Appetit* in Ihrer Sprache? Was sagen Sie vor dem Essen? Sammeln Sie im Kurs.

Wir sagen auf Polnisch *Smacznego*! *Smaczne* heißt auf Deutsch *lecker*.

4 Wann und was essen Sie zu Abend?

a Wählen Sie eine Aufgabe (A oder B). Schreiben Sie. Die App hilft.

A Schreiben Sie einen **Steckbrief**.

B Schreiben Sie einen **Text**.

b Was ist gleich oder ähnlich? Vergleichen Sie Ihre Texte zu zweit. Unterstreichen Sie. Erzählen Sie im Kurs.

zu Mittag essen

die Kaffeepause

eine Kaffeepause machen

das Abendessen

zu Abend essen

8

B Wir feiern am Sonntag.

1 Ich kann einen Salat mitbringen.

1.43 **a Was feiert Martina? Was ist richtig? Hören Sie. Kreuzen Sie an.**

1. ☐ eine Hochzeit
2. ☐ eine Kioskfeier
3. ☐ eine Familienfeier

1.44 **b Was planen Martina und Felix? Hören Sie weiter. Ergänzen Sie.**

Zeit: *am* ____________ *um* ____________ *Uhr*

Programm: *Musik hören,* ____________

Getränke: ____________, ____________, *Cola,* ____________

Essen: ____________, *Curry,* ____________ *und*

ein internationales Büfett

1.44 **c Wer kann was machen? Hören Sie noch einmal. Verbinden Sie.**

1. Felix kann	**a** einen Kuchen backen.
2. Martina kann	**b** etwas mitbringen.
3. Todor kann	**c** eine Suppe kochen.
4. Alle können	**d** Musik organisieren.

20 **d Sehen Sie das Grammatik-Video. Ergänzen Sie den Satz aus dem Video.**

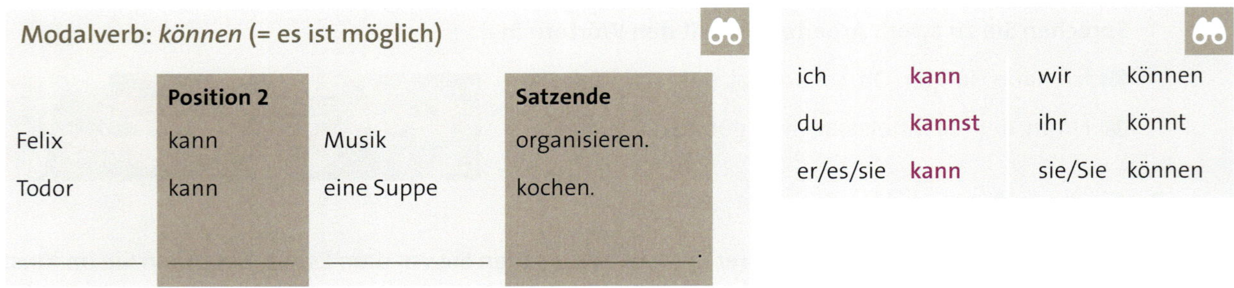
Modalverb: *können* (= es ist möglich)

	Position 2		Satzende
Felix	kann	Musik	organisieren.
Todor	kann	eine Suppe	kochen.
________	________	________	________.

ich	kann	wir	können
du	kannst	ihr	könnt
er/es/sie	kann	sie/Sie	können

e Kurskette: Wir machen eine Party. Was kannst du machen? Sprechen Sie zu viert wie im Beispiel.

eine Einladung schreiben • Getränke bestellen • einen Kuchen backen • eine Suppe kochen • einen Salat mitbringen • Kaffee und Tee kochen • Musik organisieren • Gläser mitbringen • Spiele organisieren • die Getränke abholen • den Kursraum aufräumen

- Ich kann eine Einladung schreiben.
- Toll. Du kannst eine Einladung schreiben. Ich kann Getränke bestellen.
- Super. Tom kann eine Einladung schreiben. Du kannst Getränke bestellen. Ich ...

Lernziele: eine Feier/Party planen und organisieren • eine Einladung verstehen und schreiben • sagen, was man (tun) kann •

2 Kommt ihr?

a Was ist anders? Lesen Sie. Vergleichen Sie mit den Notizen in 1b. Unterstreichen Sie.

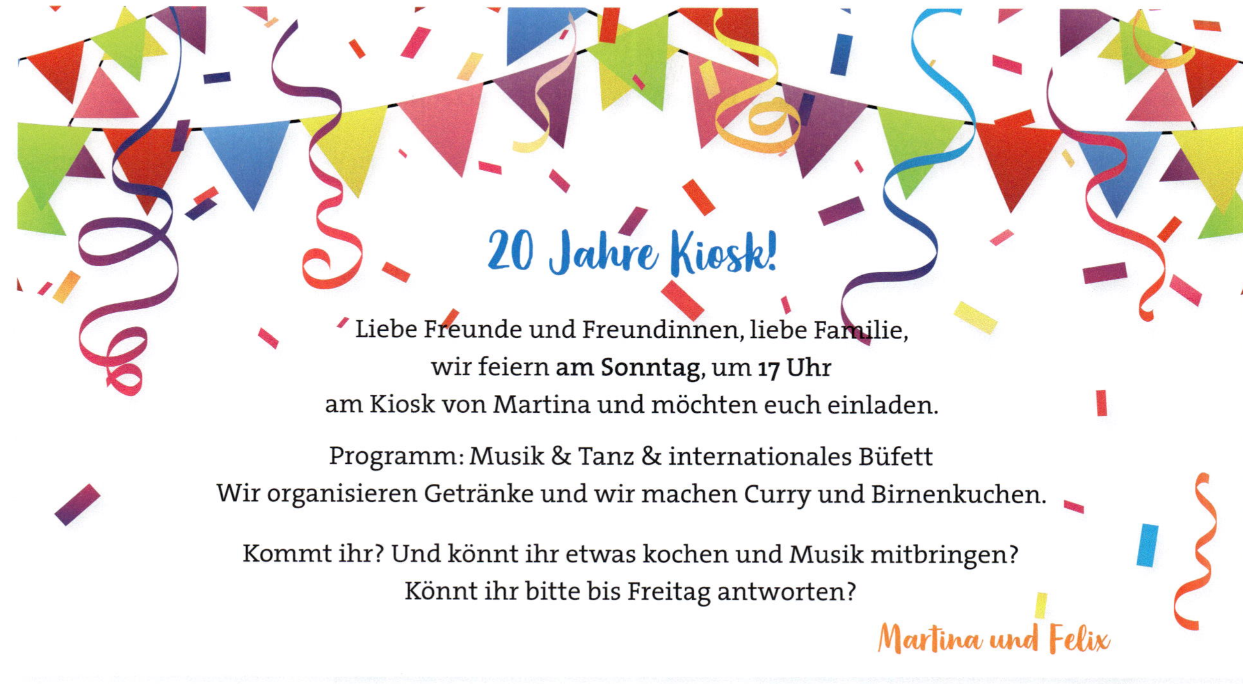

20 Jahre Kiosk!

Liebe Freunde und Freundinnen, liebe Familie,
wir feiern **am Sonntag**, um **17 Uhr**
am Kiosk von Martina und möchten euch einladen.

Programm: Musik & Tanz & internationales Büfett
Wir organisieren Getränke und wir machen Curry und Birnenkuchen.

Kommt ihr? Und könnt ihr etwas kochen und Musik mitbringen?
Könnt ihr bitte bis Freitag antworten?

Martina und Felix

b Wer kommt zur Feier? Wer nicht? Warum? Lesen Sie. Sprechen Sie im Kurs.

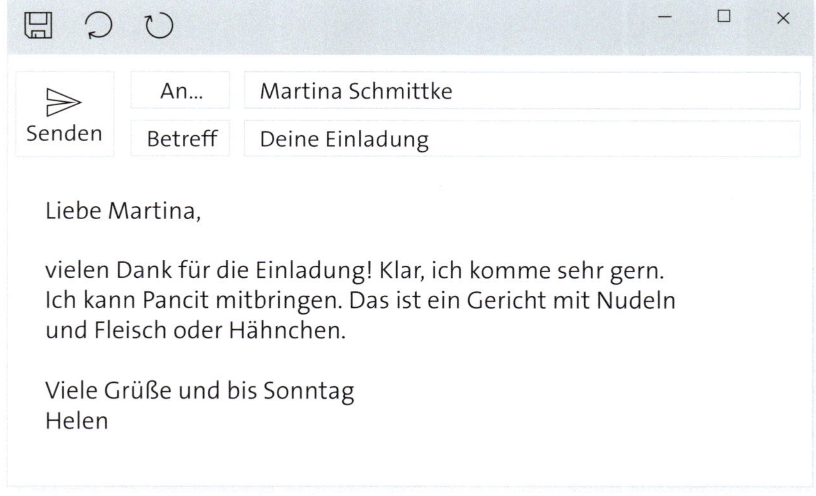

Senden

An... Martina Schmittke

Betreff Deine Einladung

Liebe Martina,

vielen Dank für die Einladung! Klar, ich komme sehr gern.
Ich kann Pancit mitbringen. Das ist ein Gericht mit Nudeln
und Fleisch oder Hähnchen.

Viele Grüße und bis Sonntag
Helen

Papa 14:15
Hallo, Martina, ich kann am Sonntag leider nicht kommen. Du weißt, ich bin am Wochenende bei deiner Cousine Hannah in Madrid. Wir feiern zusammen am Montag, okay? 😘 Papa

Martina 14:28
Stimmt, du bist in Madrid! Viele Grüße an Hannah!

3 Wir feiern eine Kursparty.

a Was ist bei einer Party wichtig? Sammeln Sie im Kurs.

- *Essen, Getränke*
- *(kein) Alkohol*
- *Musik*
- ...

b Was ist für Sie wichtig? Wählen Sie in a zwei Punkte.

c Vergleichen Sie zu viert.

Für mich ist ... wichtig.

Das ist für mich nicht so wichtig. Für mich ist ... wichtig.

d Wann, wo und wie feiern Sie? Sprechen Sie zu zweit. Schreiben Sie eine Einladung.

e Können Sie kommen? Tauschen Sie die Einladungen im Kurs. Schreiben Sie eine Antwort.

8

C Prost!

1 Ich möchte den Salat mit Falafel.

21

a Was passiert? Sehen Sie das Video. Ordnen Sie die Fotos. Erzählen Sie.

Essen mitbringen • ein Foto vom Büfett machen • die Wasserflasche suchen • sehr gut schmecken • Prost sagen • denken, das Curry ist mit Schweinefleisch

Alle bringen Essen mit. Felix macht zuerst ...

21

b Wer isst was? Sehen Sie das Video noch einmal. Ergänzen Sie.

1. ___Martina___ nimmt die Nudeln mit Fleisch.
2. ______________ möchte den Salat mit Falafel.
3. ______________ möchte das Hähnchen-Curry.
4. ______________ probiert auch das Curry.
5. ______________ isst die Gurkensuppe.

c Unterstreichen Sie die Artikel in b. Ergänzen Sie.

Artikel *der/das/die*: Akkusativ

	maskulin (der)	neutral (das)	feminin (die)	Plural (die)
Ich nehme/esse/möchte	______ Salat	das Hähnchen	______ Suppe	______ Nudeln

d Variieren Sie den Dialog zu zweit.

der Birnenkuchen • die Tomatensuppe • die Pizza • der Gemüsereis • das Hähnchen-Curry

- Todor, der Gurkensalat schmeckt sehr gut.
- Danke, das freut mich.
- Wie machst du den Salat?
- Mit Joghurt und Zwiebeln.

Lernziele: über Essen sprechen • Komplimente machen • sich für ein Kompliment bedanken • Artikel *der/das/die*: Akkusativ

2 Bingo-Spiel: Ich nehme ...

a Was nehmen Sie? Schreiben Sie vier Gerichte auf einen Zettel.

die Tomatensuppe · der Kartoffelsalat · der Nudelsalat · die Fischsuppe · das Gulasch · der Fisch mit Kartoffeln · die Nudeln mit Fleisch · das Hähnchen mit Gemüse · der Fisch mit Reis · der Obstsalat

b Arbeiten Sie zu viert. Eine Person nennt Gerichte in a. Steht das Gericht auf Ihrem Zettel? Streichen Sie es durch. Haben Sie alle Gerichte gestrichen? Sagen Sie *Bingo*.

Ich nehme den Kartoffelsalat. Ich nehme auch noch das Gulasch. Ich ...

1. der Fisch mit Reis
2. ~~das Gulasch~~
3. die Tomatensuppe
4. der Obstsalat

Verb: *nehmen*

ich	nehme	wir	nehmen
du	**nimmst**	ihr	nehmt
er/es/sie	**nimmt**	sie/Sie	nehmen

3 Hm, das schmeckt super!

a Was passt? Ordnen Sie zu.

Danke schön! • Du kochst sehr gut. • Hm, das schmeckt super. • Vielen Dank! • Die Suppe ist sehr lecker. • Danke, das freut mich. • Ja? Findest du? Danke! • Das sieht aber lecker aus.

Komplimente machen	antworten
__________	__________
__________	__________
__________	__________
__________	__________

b Kursspaziergang. Wählen Sie eine Aufgabe (A oder B). Machen Sie Komplimente.

A Arbeiten Sie mit den **Fotos in 2a**.

B Suchen Sie ein **Foto von Ihrem Lieblingsgericht** oder zeichnen Sie ein Bild.

Möchtest du den/das/die ... probieren?

Ja, gern. Hm, der/das/die ... schmeckt sehr gut. Du kochst sehr gut!

Ja? Findest du? Danke schön.

8

D Ich möchte bestellen.

1 Was machen wir bei der Feier?

1.45

a Was ist richtig? Hören Sie. Kreuzen Sie an.

1. Die Firmenfeier ist …

a ☐ am Freitagmittag.

15 Uhr

b ☐ am Freitagnachmittag.

c ☐ am Freitagabend.

2. Auf der Feier kann man …

a ☐ im Internet surfen.

b ☐ Spiele spielen.

c ☐ tanzen.

3. Helen und Moritz bestellen …

a ☐ den Fisch mit Reis.

b ☐ den Nudelsalat.

c ☐ die Nudeln mit Hähnchen.

4. Ein Kollege isst …

a ☐ keinen Fisch.

b ☐ kein Fleisch.

c ☐ keinen Salat.

5. Der Partyservice hat …

a ☐ keinen Alkohol.

b ☐ kein Wasser.

c ☐ keinen Saft.

Lernziele: ein Gespräch über eine Feier verstehen • Strategie: Fragen für ein Telefonat vorbereiten • ein Telefonat führen

b Kurskette: Was bestellen Sie? Sprechen Sie wie im Beispiel.

MENKEN Partyservice × +

MENKEN Partyservice

Hauptstraße 2
12000 Berlin
partyservice@example.net

Haben Sie Fragen?
Rufen Sie an: 0162 208 1430

Preis pro Person

Salat (mit Tomaten und Paprika)	3,80 €
Nudelsalat	3,50 €
Tomatensuppe	4,50 €
Nudeln mit Schweinefleisch	6,20 €
Fisch mit Reis	8,90 €
Hähnchen mit Pommes	7,20 €
Schokoladenkuchen	2,90 €
Obstsalat	3,10 €

Ich nehme den Fisch mit Reis.

Du bestellst den Fisch. Ich nehme das Hähnchen mit Pommes.

2 Fragen für ein Telefonat vorbereiten

1.45

a Was möchten Helen und Moritz fragen? Hören Sie noch einmal. Schreiben Sie.

1. Haben Sie ...?

b Welche Frage hat Helen vergessen? Lesen Sie. Unterstreichen Sie in a.

MENKEN Partyservice, Oliver Maier, guten Tag.

Hallo, Agravante hier. Ich möchte bestellen. Ich habe aber noch Fragen.

Ja, gerne.

Können Sie auch Salat ohne Tomaten machen?

Ja, das ist möglich.

Danke, das ist super. Jetzt die Getränke: Haben Sie auch Saft?

Ja, wir haben Apfelsaft und Orangensaft.

Oh, schön. Kann ich gleich bestellen?

Sehr gerne, Frau Agravante.

Gut. Ich nehme den Fisch mit Reis und ...

c Was möchten Sie fragen? Wählen Sie zu zweit zwei Gerichte. Schreiben Sie zwei Fragen.

Nudeln mit Hähnchen • Fisch mit Kartoffeln • Gurkensalat • Nudeln ohne Fleisch • Obstsalat ohne Birnen • Nudelsuppe • Fischsuppe • Apfelkuchen

1. Können Sie auch ... ohne ... machen?
2. Haben Sie auch ...?

d Variieren Sie den Dialog in b zu zweit. Stellen Sie Ihre Fragen aus c.

e Arbeiten Sie zu viert. Spielen Sie den Dialog. Das andere Paar macht Komplimente. Antworten Sie.

Ihr sprecht sehr gut.

Deine Fragen sind gut.

3 Alles klar? Wollen Sie mehr üben?

a Was hat Ihnen gefallen? War es schwer? War es leicht? Sprechen Sie im Kurs.

b Wiederholen Sie und üben Sie in der App. Wählen Sie A (leichte Übungen) oder B (schwere Übungen).

TREFFPUNKT

Restaurants in Deutschland

Möchten Sie heute Abend nicht kochen? Dann können Sie in einem Restaurant essen und Sie können aus 72.000 Restaurants wählen. Die Auswahl ist sehr groß und bunt. Haben Sie Appetit auf deutsche, italienische, türkische oder griechische Küche? Oder essen Sie lieber chinesisch, afrikanisch, indisch oder arabisch? Alles kein Problem! Aber welche Restaurants sind in Deutschland wirklich beliebt?

Viele Menschen in Deutschland gehen regelmäßig und oft in Restaurants. Meistens essen sie italienisch, deutsch, griechisch und chinesisch.

Chinesisch essen 38 Prozent von den Deutschen gern – zum Beispiel Wan-Tan-Suppe oder Peking-Ente.

Beliebt sind auch griechische Restaurants. Sie stehen mit 43 Prozent auf Platz drei. Dort kann man Gyros, Moussaka oder Strapatsada – das sind Eier mit Tomaten – essen.

Viele Menschen mögen auch sehr gern deutsche Gerichte wie Schnitzel. Deutsche Restaurants stehen mit 56 Prozent auf Platz zwei.

Auf Platz eins stehen italienische Gerichte. Die Deutschen lieben Pizza und Spaghetti! 58 Prozent gehen sehr gern italienisch essen.

(Datenquelle: statista.com)

1 Restaurants in Deutschland

a Was essen die Deutschen gern und oft? Lesen Sie. Ergänzen Sie die Zahlen oben.

b Richtig oder falsch? Lesen Sie noch einmal. Kreuzen Sie an.

	richtig	falsch
1. 72.000 Menschen in Deutschland kochen nicht gern.	☐	☐
2. Moussaka ist ein Gericht mit Tomaten und Eiern.	☐	☐
3. In deutschen Restaurants kann man Schnitzel essen.	☐	☐
4. Viele Deutsche mögen Pizza.	☐	☐

c Was essen Sie gern? Sprechen Sie im Kurs.

- Ich esse gern italienisch.
- Ich mag auch italienische Küche, aber ich esse noch lieber thailändisch.

Bremen hat ein neues Restaurant: *Beirut-Grill*. Das Restaurant ist nicht sehr groß, aber es ist sehr schön. Es hat vier Tische für 16 Personen. Der Chef heißt Bassam El Mansouri. Er ist 56 Jahre alt und er kommt aus Beirut. Auch seine Frau Badiaa und sein Sohn Chafik arbeiten im Restaurant. Bassam und Badiaa kochen und Chafik bedient die Gäste. Alle zusammen putzen und räumen das Restaurant auf. „Wir kochen traditionell libanesisch", sagt Bassam, „Wir haben nicht viele Gerichte, aber das Essen ist immer frisch und sehr lecker!"

Und wie finden die Gäste das Restaurant? Hier zwei Antworten:
Henrik M.: *„Ich bin mit meiner Freundin hier. Wir essen Tawouk – das ist Hähnchenfleisch. Es schmeckt super! Das Restaurant ist sehr gemütlich und der Kellner ist sehr nett. Wir kommen wieder!"*

Jamila H.: *„Familie El Mansouri ist sehr nett und das Essen ist sehr lecker, aber leider gibt es nur ein Gericht ohne Fleisch – Falafel. Und das Restaurant ist klein. Manchmal ist kein Tisch frei."*

Vorspeisen

Tabbouleh
Bulgur mit Gemüse

Couscous-Salat
Couscous mit Tomaten und Paprika

Hauptgerichte

Tawouk
Hähnchenfleisch mit Gemüse

Schawarma
Lammfleisch mit Gemüse und Brot

Falafel
Hummusbällchen mit Salat und Brot

Nachtisch

Halawet al Jibn
Mozzarella mit Sahnecreme

2 Neues Restaurant in Bremen

1.46

a **Wie ist das Restaurant? Lesen Sie und hören Sie. Schreiben Sie fünf Fragen zum Text. Ihre Partnerin / Ihr Partner antwortet.**

b **Was finden die Gäste gut? Was finden sie nicht gut? Lesen Sie noch einmal. Schreiben Sie.**

gut: ______________________________

nicht gut: ______________________________

c **Welches Gericht oben möchten Sie probieren? Sprechen Sie im Kurs.**

d Projekt. **Wo essen und trinken Sie gern in Ihrer Stadt? Machen Sie Fotos von Ihrem Lieblingsrestaurant oder Lieblingscafé und von der Speisekarte. Zeigen Sie die Fotos. Erzählen Sie im Kurs.**

Mein Lieblingsrestaurant heißt ... Es ist ... Man kann dort zum Beispiel ... essen. Das ist sehr lecker.

9 Termine

Deutsche Post
Nehringstraße 11
Montag–Freitag 7:30–18:00
Samstag 10:00–12:00
Sonntag geschlossen

Agentur für Arbeit

Montag–Mittwoch	8:00–18:00
Donnerstag	11:00–17:00
Freitag	11:00–17:00

Flora Apotheke
Montag bis Freitag
9:00 bis 19:00 Uhr
Samstag
9:00 bis 15:00 Uhr
Sonntag geschlossen

A Ich möchte einen Termin vereinbaren.

1 Die Post hat von halb acht bis sechs geöffnet.

a Was kann man dort machen? Sehen Sie die Fotos an. Arbeiten Sie mit der Bildleiste. Sprechen Sie im Kurs.

Die Post: Man kann dort ein Paket abgeben und …

1.47 **b Wann hat die Agentur für Arbeit geöffnet? Hören Sie. Korrigieren Sie oben.**

c Wann hat … geöffnet? Lesen Sie die Öffnungszeiten oben. Fragen Sie und antworten Sie.

Ich möchte heute ein Paket abgeben.

Die Post hat heute von … bis … Uhr geöffnet.

Verb *möchte-* + Infinitiv

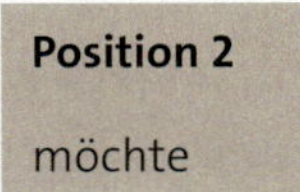

	Position 2		Satzende
Ich	möchte	ein Paket	abgeben.

d Wählen Sie einen Ort in der Bildleiste. Wie sind die Öffnungszeiten in Ihrer Stadt? Suchen Sie im Internet. Schreiben Sie. Vergleichen Sie im Kurs.

e Sind die Öffnungszeiten in Ihrem Land ähnlich? Was ist anders? Sprechen Sie im Kurs.

In … hat die Post immer von … bis … geöffnet, aber am Sonntag hat sie auch geschlossen.

das Bürgerbüro

eine Wohnung anmelden

die Bank

Geld überweisen

die Post

ein Paket abgeben

Lernziele: (formelle) Durchsagen am Telefon verstehen • sagen, was man tun möchte • Termine vereinbaren • Informationen über

2 Haben Sie zwischen 15 und 17 Uhr einen Termin frei?

1.48

a Wann ...? Hören Sie. Kreuzen Sie an.

1. Wann kann Herr Nazemi anrufen?
   - a ☐ zwischen 12 und 13 Uhr
   - b ☐ zwischen 12 und 18 Uhr
2. Wann ist der Termin?
   - a ☐ am Donnerstag um 10:45 Uhr
   - b ☐ am Donnerstag um 16:15 Uhr

b Lesen Sie zu zweit laut.

1.
- Agentur für Arbeit, guten Tag.
- Guten Tag. Mein Name ist Banar Nazemi. Ich möchte mit Frau Santini sprechen.
- Frau Santini ist nicht da. Sie arbeitet immer zwischen 12 und 18 Uhr. Können Sie am Dienstag zwischen 12 und 13 Uhr noch einmal anrufen?
- Am Dienstag?
- Ja, am Dienstag zwischen 12 und 13 Uhr.
- Okay, das geht. Ich rufe am Dienstag an. Auf Wiederhören.
- Auf Wiederhören.

2.
- Agentur für Arbeit, Nicole Santini.
- Guten Tag, hier ist Banar Nazemi. Ich möchte einen Termin vereinbaren. Ist es am Mittwoch um 17 Uhr möglich?
- Tut mir leid. Wir haben am Mittwoch nur bis 17 Uhr geöffnet. Geht es am Donnerstag um 10:45 Uhr?
- Hm, das geht leider nicht. Haben Sie am Donnerstag zwischen 15 und 17 Uhr einen Termin frei?
- Ja, um 16:15 Uhr.
- Oh, gut. Dann komme ich um 16:15 Uhr.
- Gut. Auf Wiederhören.
- Auf Wiederhören.

c Lesen Sie in b noch einmal. Korrigieren Sie die Sätze.

1. Frau Santini arbeitet immer ab 18 Uhr.
2. Die Agentur hat ab 17 Uhr geöffnet.
3. Herr Nazemi hat am Donnerstag bis 15 Uhr Zeit.

Ab wann?	Bis wann?	Wann?
ab 12 Uhr	bis 17 Uhr	zwischen 12 und 17 Uhr

d Variieren Sie die Dialoge in b zu zweit.

e Wählen Sie zu zweit eine Situation (A oder B). Wählen Sie eine Rolle in der App (1 oder 2). Ihre Partnerin / Ihr Partner wählt die andere Rolle. Spielen Sie einen Dialog. Vereinbaren Sie einen Termin.

A Agentur für Arbeit

B Volkshochschule

die Apotheke

Medikamente abholen

die Volkshochschule

einen Kurs machen

die Agentur für Arbeit

einen Job suchen

B Was musst du machen?

1 Wir müssen Hausaufgaben machen.

1.49

a Was muss Karim (K) machen? Was Todor (T)? Was beide (K+T)? Hören Sie. Ordnen Sie zu.

1. ☐ ☐ Hausaufgaben machen
2. ☐ ☐ ein Paket abgeben
3. ☐ ☐ zum Friseur gehen
4. ☐ ☐ zum Computerkurs gehen
5. ☐ ☐ zum Bürgerbüro gehen

b Ergänzen Sie.

1. Karim und Todor müssen ____________________ ____________
2. Karim muss ____________________ ____________
3. Karim muss ____________________ ____________
4. Todor muss ____________________ ____________
5. Karim muss ____________________ ____________

c Markieren Sie die Verben in b. Ergänzen Sie.

Modalverb: *müssen*

ich	muss	wir	müssen
du	musst	ihr	müsst
er/es/sie	______	sie/Sie	______

	Position 2		Satzende
Ich	muss	Hausaufgaben	machen.

1.50

d Phonetik: *i* und *ü*. Hören Sie. Sprechen Sie nach.

1. iiiii – üüüüü – iiiii – üüüüü
2. wir – ihr – Sie
3. müssen – müsst – müssen

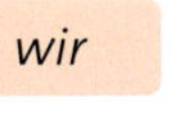

1.51

e Hören Sie. Sprechen Sie nach.

1. wir müssen – ihr müsst – Sie müssen
2. Wir haben einen Termin. – Wir müssen zum Bürgerbüro gehen.
3. Was müsst ihr machen? – Wir müssen Geld überweisen.

f Kursspaziergang: Was müssen Sie heute machen? Fragen Sie und antworten Sie zu dritt.

eine E-Mail schreiben • Medikamente abholen • eine Wohnung anmelden • Getränke kaufen • Geld überweisen • Deutsch lernen • zum Friseur gehen • arbeiten • einen Termin vereinbaren • einen Einkaufszettel schreiben • einen Job suchen • meine Chefin/Kollegin anrufen • einkaufen

- Was müsst ihr heute machen?
- Ich muss eine E-Mail schreiben. Und du?
- Ich muss …

Lernziele: sagen, was man tun muss • sagen, wohin man geht • eine Notiz verstehen und schreiben • Informationen weitergeben •

2 Bin um elf wieder da!

22 **a Was passt? Sehen Sie das Video. Verbinden Sie.**

1. Karim
2. Martina

a kommt heute später.
b muss den Pass abholen.
c schreibt für die Kunden eine Information.
d braucht Medikamente.
e schließt um Viertel vor zehn den Kiosk.

22 **b Was schreiben Todor, Martina und Karim? Sehen Sie das Video noch einmal. Ergänzen Sie.**

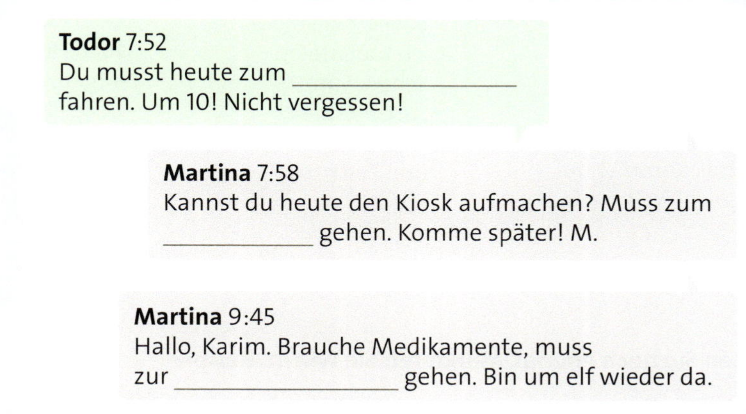

Todor 7:52
Du musst heute zum ________________
fahren. Um 10! Nicht vergessen!

Martina 7:58
Kannst du heute den Kiosk aufmachen? Muss zum
___________ gehen. Komme später! M.

Martina 9:45
Hallo, Karim. Brauche Medikamente, muss
zur ________________ gehen. Bin um elf wieder da.

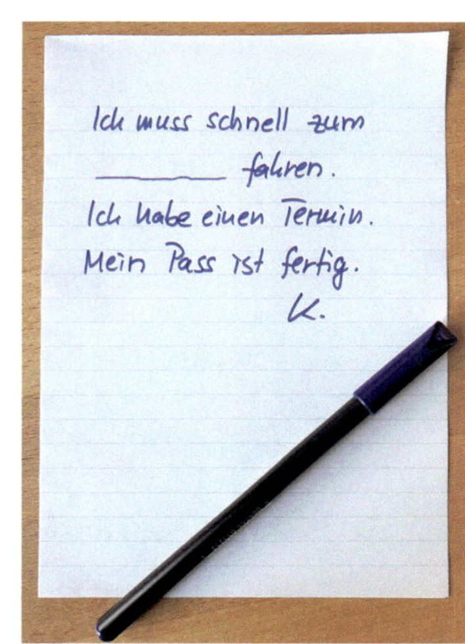

c Was fehlt in den Nachrichten von Martina? Lesen Sie noch einmal. Sprechen Sie im Kurs.

d Wohin gehen Sie? Ordnen Sie zu.

~~zum Bürgerbüro~~ • zur Bank • ~~zum Kiosk~~ • zur Apotheke • ~~zur Post~~ • zum Bäcker • zum Supermarkt • zur Arbeit • zum Kaufhaus

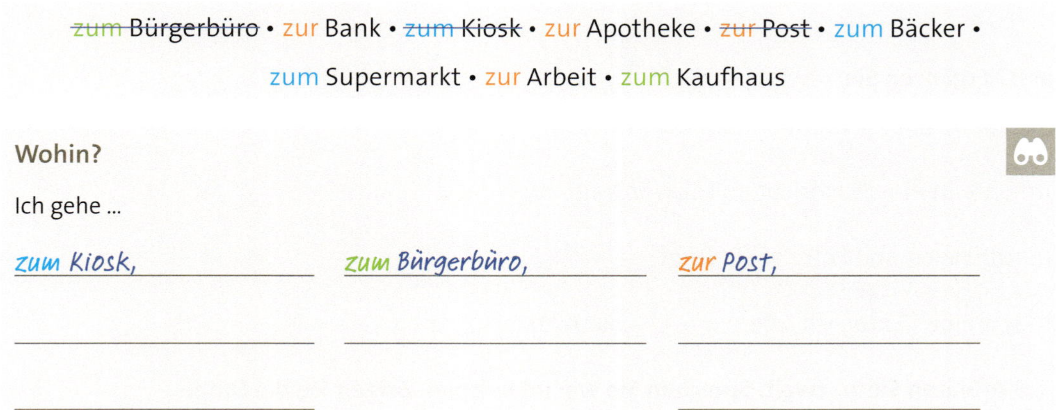

Wohin?

Ich gehe ...

zum Kiosk, ________ *zum Bürgerbüro,* ________ *zur Post,* ________

________ ________ ________

________ ________

e Kursspaziergang. Schreiben Sie Orte aus d auf Karten. Fragen Sie und antworten Sie wie im Beispiel. Tauschen Sie die Karten.

- Wohin gehst du?
- Ich gehe zur Bank.
- Und was musst du dort machen?
- Ich muss/möchte noch Geld überweisen.

3 Kannst du bitte eine Nachricht schreiben?

1.52 **a Wann kann Todor mit Karim lernen? Hören Sie. Schreiben Sie die Nachricht von Martina für Karim.**

b Was ist gleich? Was ist anders? Vergleichen Sie Ihre Texte zu zweit.

C Ich rufe dich dann an.

1 Wer kommt mit?

a Wie ist die Reihenfolge? Lesen Sie. Ordnen Sie.

☐ **Felix**
Hallo, Karim! Ich habe am Freitag leider keine Zeit. Ich helfe Mama im Kiosk. Aber Helen und Peter mögen Basketball. Du kannst sie fragen. Felix

☐ **Karim**
Hi, Felix! Todor und ich gehen am Freitag zum Basketball. Satou Sabally spielt. Kennst du sie? Sie ist toll. Kommst du auch? VG!

☐ **Todor**
Hi, Karim, am Freitag ist ein Basketballspiel. Ich möchte es sehen. Satou Sabally spielt! Hast du Lust und Zeit? LG, Todor

☐ **Karim**
Lieber Todor, ja! Das ist eine super Idee! Du kannst auch Helen fragen. Und vielleicht kommt Felix auch mit? Ich frage ihn und rufe dich dann an. Karim

b Wer ist *sie, es, ihn* und *dich*? Lesen Sie noch einmal. Markieren Sie wie im Beispiel.

c Lesen Sie in a noch einmal. Ergänzen Sie.

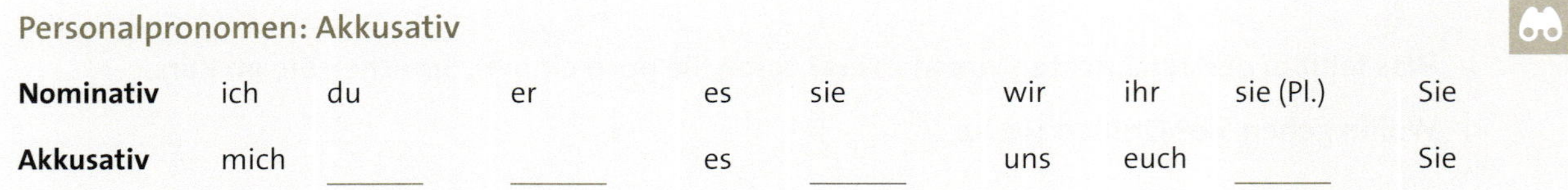

Personalpronomen: Akkusativ

Nominativ	ich	du	er	es	sie	wir	ihr	sie (Pl.)	Sie
Akkusativ	mich	______	______	es	______	uns	euch	______	Sie

d Was passt? Ergänzen Sie.

1. Satou Sabally spielt in Berlin. Todor möchte ________ sehen.
2. Karim schreibt eine Nachricht an Felix. Er fragt ________.
3. Karim ruft Helen und Peter an. Er fragt ________.
4. Karim schreibt: „Todor, ich rufe ________ dann an."

e Wo ist ...? Arbeiten Sie zu zweit. Sprechen Sie wie im Beispiel. Zeigen Sie die Dinge.

der Schlüssel • die Brille • die Tickets • das Handy • die Schuhe • der Rucksack • die Tasche

Wo ist der Schlüssel? Siehst du ihn?
Ja, er ist hier.
Stimmt, jetzt sehe ich ihn auch.

Lernziele: privat einen Termin vereinbaren • einen Termin höflich zu- oder absagen • Personalpronomen: Akkusativ

2 Ich kann am Freitag leider nicht mitkommen.

a Welche Antwort finden Sie höflich? Welche unhöflich? Lesen Sie. Markieren Sie auf der Skala.

Karim 16:59
Hallo! Todor und ich gehen am Freitag zum Basketball. Kommst du auch? LG, Karim

a **Helen** 17:21
Hi, Karim, die Idee ist schön. Ich habe aber keine Zeit, ich muss lernen. Viele Grüße, Helen

b **Helen** 17:21
Hi, Basketball am Freitag? Keine Zeit. H.

c **Helen** 17:21
Lieber Karim, ich kann am Freitag leider nicht zum Basketballspiel gehen. Ich muss für einen Test am Montag lernen. Der Test ist sehr wichtig für mich. Wir machen nächste Woche etwas zusammen, okay? Ich rufe dich an. Tschüs!

unhöflich — sehr höflich

1 ☐ 2 ☐ 3 ☐ 4 ☐ 5 ☐

b Vergleichen Sie im Kurs.

Ich finde Nachricht a höflich: 4.

3 Ich möchte heute kochen. Hast du Lust?

a Wählen Sie eine Aktivität. Schreiben Sie Ihrer Partnerin / Ihrem Partner eine Nachricht. Die App hilft.

zum Basketballspiel gehen • kochen • Karten spielen • Musik machen • Freunde besuchen • grillen • eine Party feiern • einen Computerkurs machen • ...

b Tauschen Sie Ihre Nachrichten zu zweit. Wählen Sie eine Aufgabe (A oder B). Antworten Sie.

A Eine Nachricht schreiben
Schreiben Sie eine Antwort.

B Eine Nachricht sprechen
Schicken Sie eine Audio-Nachricht als Antwort.

c Wie höflich ist die Antwort? Hören Sie oder lesen Sie die Nachricht. Geben Sie Feedback.

Ich finde die Nachricht von Damian nicht so höflich. Warum hat er keine Zeit? Das sagt er nicht.

D Morgen habe ich Zeit.

1 Geht es am Donnerstag?

1.53

a Wann ist der Termin? Hören Sie. Kreuzen Sie an.

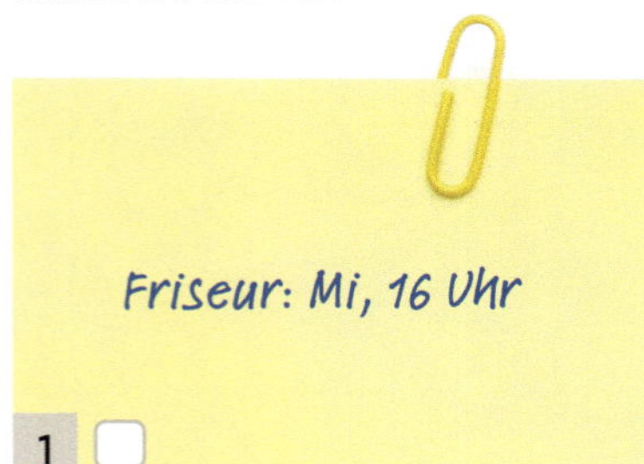

1 ☐

Friseur: Do, 11 Uhr

2 ☐

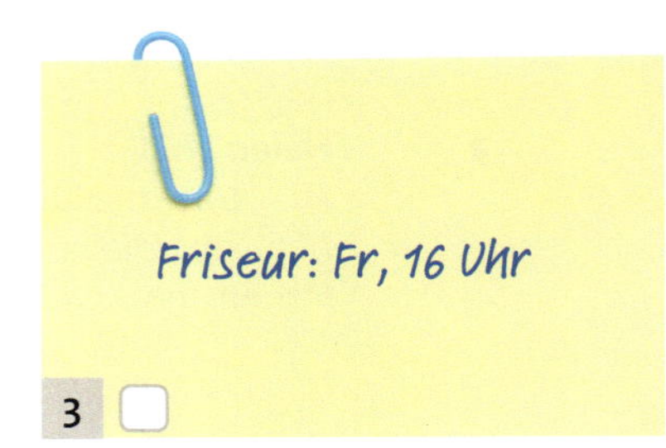

3 ☐

1.53

b Was hören Sie? Hören Sie noch einmal. Markieren Sie.

~~Ich möchte ... Kommst du mit?~~ • Ich möchte einen Termin vereinbaren. • Geht es am ... um ... (Uhr)? • Ja, ich kann am ... um ... kommen. • ~~Am ... geht es nicht.~~ • Haben Sie am ... einen Termin frei? • Tut mir leid. Am ... haben wir keinen Termin frei. • Ich habe leider am ... keine Zeit. • Können Sie am ... um ... kommen? • Ich kann am ... leider nicht kommen. • Hast du heute / am ... Zeit? • Ja, ich habe heute / morgen / am ... Zeit. • Ja, das geht. • Ja, wir haben heute bis ... geöffnet.

c Strategie: Redemittel ordnen und schnell finden. Welche Fragen und Antworten in b passen? Ordnen Sie zu.

einen Termin formell vorschlagen

einen Termin privat vorschlagen

Ich möchte ... Kommst du mit?

zusagen

Ja, ...

absagen

Am ... geht es nicht.

d Wie heißen die Überschriften in c in Ihren Sprachen? Schreiben Sie in c.

Lernziele: einen Termin vereinbaren • sich zum Deutschlernen und privat verabreden • Strategie: Redemittel ordnen und schnell finden

2 Das ist mein Terminkalender.

a Kursspaziergang. Vereinbaren Sie so viele Termine wie möglich. Eine Person arbeitet bei der Agentur für Arbeit und eine Person ist Friseurin/Friseur.
Vereinbaren Sie ...

1. einen Termin bei der Agentur für Arbeit,
2. einen Termin beim Friseur,
3. mindestens einen Termin für ein Picknick,
4. mindestens einen Termin zum Deutschlernen.

Friseur Zlatko
Mo geschlossen
Di – Fr 10–19 Uhr
Sa 10–14 Uhr
So geschlossen

	Montag	Dienstag	Mittwoch	Donnerstag	Freitag	Samstag	Sonntag
8–12	9–12 Uhr Deutschkurs		9–12 Uhr Deutschkurs		9–12 Uhr Deutschkurs TEST!		
12–18		13:15 Uhr Bürgerbüro			17:30 Uhr Arzt	14 Uhr Familienfest	
18–22		19 Uhr Kochen mit Hanna und Yussuf					

b Wer hat noch Termine frei? Vergleichen Sie Ihre Terminkalender.

3 Alles klar? Wollen Sie mehr üben?

a Was hat Ihnen gefallen? Was war schwer? Was war leicht? Sprechen Sie im Kurs.

b Wiederholen Sie und üben Sie in der App. Wählen Sie A (leichte Übungen) oder B (schwere Übungen).

10 Mit Bus und Bahn

A Mit dem Bus oder zu Fuß?

1 Wie kommen Sie zum Kurs?

a Was denken Sie: Wie kommt Gabriela zum Kurs? Sprechen Sie zu zweit. Die Bildleiste hilft.

Ich glaube, sie fährt mit ...

1.54 **b Was sagt Gabriela? Wie kommt sie zum Kurs? Hören Sie. Kreuzen Sie an.**

1. ☐ mit dem Bus 2. ☐ mit dem Auto 3. ☐ mit dem Fahrrad 4. ☐ zu Fuß

c Welche Verkehrsmittel in b passen? Ergänzen Sie.

mit + Dativ

	maskulin	neutral	feminin	Plural
Sie fährt mit	dem ___	dem ___	der U-Bahn	den Kindern

1.55 **d Phonetik: Was ist betont? Hören Sie. Markieren Sie. Sprechen Sie nach.**

1. mit dem Bus – mit dem Auto – mit der U-Bahn 2. mit dem Freund – mit der Kollegin – mit den Kindern

e Kursspaziergang: Mit welchen Verkehrsmitteln fahren Sie oft? Mit welchen nie? Sprechen Sie im Kurs.

gesund • praktisch • bequem • unbequem • gut/schlecht für die Umwelt • teuer • billig

Ich fahre oft mit ... Das ist praktisch und bequem.

mit dem Auto

mit dem Fahrrad

mit der Straßenbahn

mit der S-Bahn

mit der U-Bahn

Lernziele: sagen, welche Verkehrsmittel man benutzt • Wortschatz zu Verkehrsmitteln in verschiedenen Sprachen vergleichen •

f Wie heißen die Wörter in Ihren Sprachen? Sammeln Sie im Kurs. Vergleichen Sie.

deutsch	*Taxi*	*Auto*	*Bus*	*Fahrrad*	*Zug*
englisch	*...*				

2 Mein Weg ist nicht weit.

a Wie fahren die Menschen zur Arbeit? Wie lange dauert es? Lesen Sie. Schreiben Sie.

Lange und kurze Wege zur Arbeit

Wie kommen die Menschen zur Arbeit? Fahren sie mit dem Auto? Nehmen sie den Bus? Oder gehen sie zu Fuß? Wir fragen heute Frau Huber und Herrn Bergmüller.

Frau Huber: Ich wohne in Petersdorf, aber ich arbeite in München. Das ist sehr weit. Ich muss jeden Tag mit dem Auto zur Arbeit fahren. Das dauert oft eine Stunde. Mein Mann ist Verkäufer. Er arbeitet im Supermarkt in Petersdorf. Er fährt immer mit dem Fahrrad. Das dauert nur 5 Minuten und ist sehr praktisch. Unser Sohn macht jetzt ein Praktikum beim Bäcker. Er muss nur 10 Minuten zu Fuß gehen.

Annegret Huber

Mike Bergmüller

Herr Bergmüller: Ich wohne in Augsburg. Ich arbeite bei MAN hier in Augsburg. Das ist nicht weit. Ich gehe 5 Minuten zu Fuß, dann fahre ich 10 Minuten mit der Straßenbahn und dann bin ich im Büro. Meine Tochter Emma wohnt in München. Sie arbeitet in der Apotheke. Sie muss zuerst mit dem Bus und dann noch mit der S-Bahn fahren. Sie braucht 40 Minuten zur Arbeit. Sie möchte aber nicht mit dem Auto fahren. Das ist schlecht für die Umwelt.

Frau Huber: mit dem Auto, 60 Minuten

b Wo arbeiten die Personen? Lesen Sie noch einmal. Markieren Sie. Ergänzen Sie.

Wo? (Dativ)

in: im ____________, im *Büro* ____________, in der ____________, in *München* ____________ *(Haus, Ort, Land)*

bei: beim ____________, bei der Ärztin, bei *MAN* ____________ *(Person, Firma)*

! bei + dem = beim   in + dem = im

c Wie fahren Sie zur Arbeit, zum Kurs oder zu Freunden? Wie lange dauert es? Schreiben Sie einen Text wie in a. Die App hilft.

d Welche Verkehrsmittel benutzen viele? Hängen Sie Ihre Texte im Kurs auf. Machen Sie eine Kursstatistik.

mit dem Zug

mit dem Taxi

mit dem Bus

mit dem Flugzeug

zu Fuß gehen

10

B Zuerst fahren Sie mit der U4.

1 Wie komme ich zum Zoo?

23

a Was ist richtig? Sehen Sie das Video. Kreuzen Sie an.

1. Wohin will die Frau fahren?
   - a ☐ zum Alexanderplatz
   - b ☐ zum Tierpark
   - c ☐ zum Zoo

2. Wie muss sie fahren?
   - a ☐ mit der U4 und der U3
   - b ☐ mit der U4 und der U1
   - c ☐ nur mit der U1

23

b Was ist das Problem? Sehen Sie das Video noch einmal. Sprechen Sie im Kurs.

c Was bedeuten die Symbole? Ordnen Sie zu.

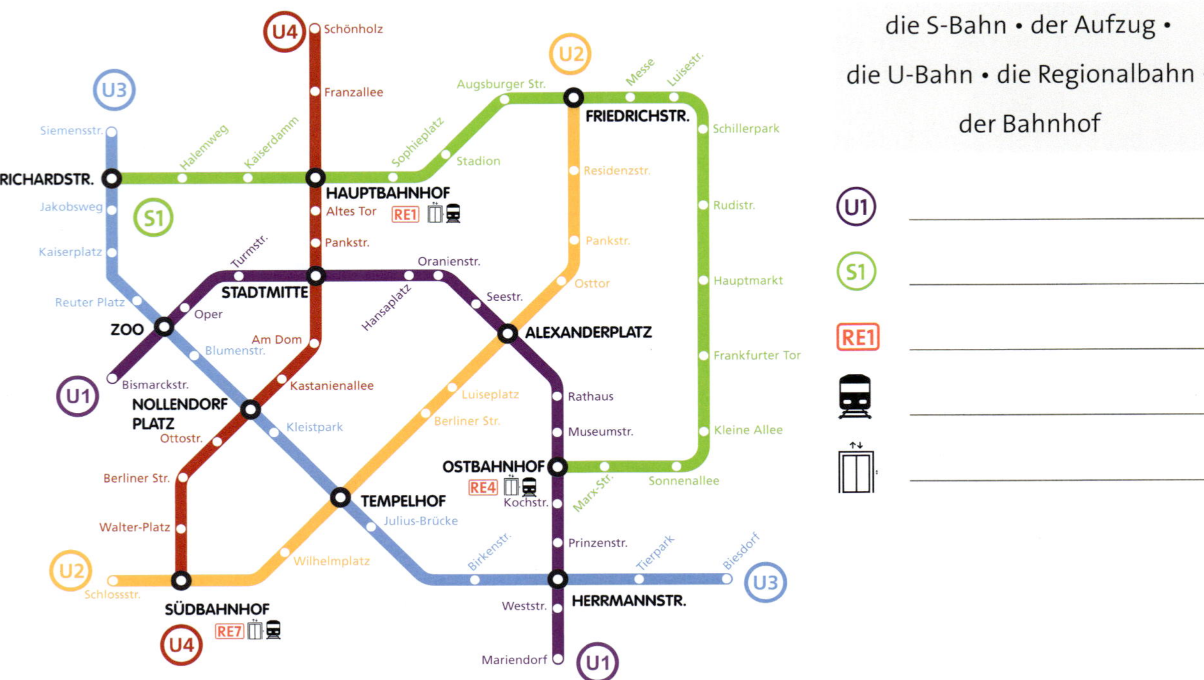

die S-Bahn • der Aufzug • die U-Bahn • die Regionalbahn • der Bahnhof

U1 ____________

S1 ____________

RE1 ____________

[Zug-Symbol] ____________

[Aufzug-Symbol] ____________

d Sie sind an der Station *Stadtmitte*. Wie müssen Sie fahren? Variieren Sie zu zweit.

zur Richardstraße (U4, S1) • zum Osttor (U1, U2) • zum Kleistpark (U4, U3) • zur Friedrichstraße (U1, U2)

- Entschuldigung, wie komme ich zum Tierpark?
- Das ist einfach. Sie fahren zuerst mit der U4 Richtung Südbahnhof. Sie fahren bis zum Nollendorfplatz. Dort steigen Sie um. Dann fahren Sie mit der U3 Richtung Biesdorf.
- Und wo muss ich aussteigen?
- Sie fahren direkt bis zur Station Tierpark. Dort steigen Sie aus.

23

e Was ist für Karim nicht angenehm? Sehen Sie das Video noch einmal. Kreuzen Sie an.

1. ☐ Die Frau steht sehr nah.
2. ☐ Die Frau spricht sehr schnell.
3. ☐ Die Frau spricht sehr laut.

f Was ist für Sie angenehm, was nicht? Arbeiten Sie in Gruppen. Zeigen Sie.

Lernziele: nach dem Weg fragen und antworten • Fahrpläne verstehen • über Nähe/Distanz in der Öffentlichkeit sprechen •

2 Zuerst fahren Sie ...

24 **a** **Was steht auf Position 1 und 3? Sehen Sie das Grammatik-Video. Ergänzen Sie.**

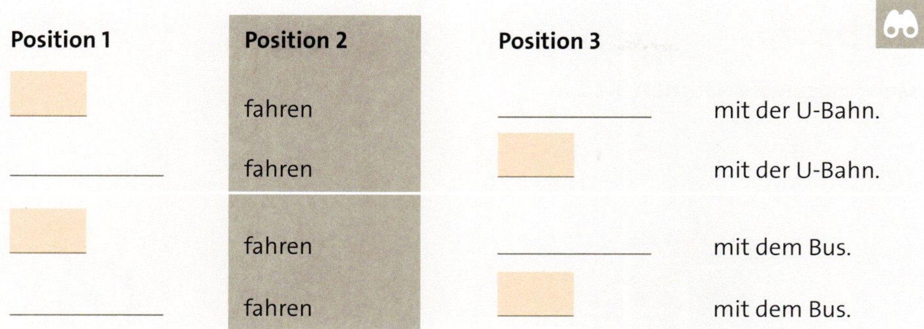

Position 1	Position 2	Position 3	
______	fahren	______	mit der U-Bahn.
______	fahren	______	mit der U-Bahn.
______	fahren	______	mit dem Bus.
______	fahren	______	mit dem Bus.

b **Bewegte Sätze. Arbeiten Sie zu viert. Wählen Sie 1, 2, 3 oder 4. Schreiben Sie einen Satz auf Karten.**

1. zuerst mit der U4 fahren
2. dann bis zum Hauptbahnhof fahren
3. dort umsteigen
4. dann mit der S1 fahren

c **Tauschen Sie Ihre Karten mit einer anderen Gruppe. Bilden Sie einen Satz mit den neuen Karten.**

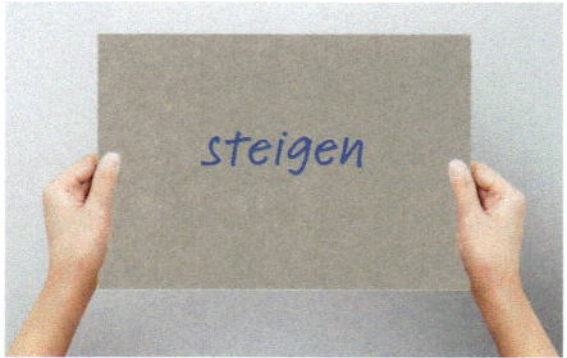

d **Wie komme ich zum ... / zur ...? Arbeiten Sie mit dem Plan in 1c. Sie sind an der Station *Stadtmitte*. Wählen Sie ein Ziel. Schreiben Sie.**

Zuerst fahren Sie mit ... Dort ... Dann ...

e **Arbeiten Sie zu zweit. Lesen Sie Ihre Sätze vor, Ihre Partnerin / Ihr Partner sucht den Weg auf dem Plan. Tauschen Sie dann die Rollen.**

3 Was kostet die Fahrkarte?

1.56 **a** **Wo kauft die Frau die Fahrkarte? Hören Sie. Kreuzen Sie an.**

1. ☐ online mit der App 2. ☐ am Automaten 3. ☐ im Bus 4. ☐ in der U-Bahn

1.56 **b** **Welche Antwort passt? Verbinden Sie. Hören Sie noch einmal zur Kontrolle.**

1. Wann fährt die U-Bahn?
2. Wo kann ich eine Fahrkarte kaufen?
3. Was kostet eine Fahrkarte?
4. Kann ich direkt fahren?

a Sie kostet 2,90 €.
b Ja, Sie müssen nicht umsteigen.
c Am Automaten.
d Die U1 fährt in fünf Minuten.

c **Wählen Sie eine Situation (A oder B). Spielen Sie zu zweit einen Dialog. Die App hilft.**

A

Wie komme ich zur Post?

B

Wo kann ich eine Fahrkarte kaufen?

C Das ist verboten!

1 Erlaubt oder verboten?

1.57

a Welche Schilder passen? Hören Sie. Ordnen Sie zu.

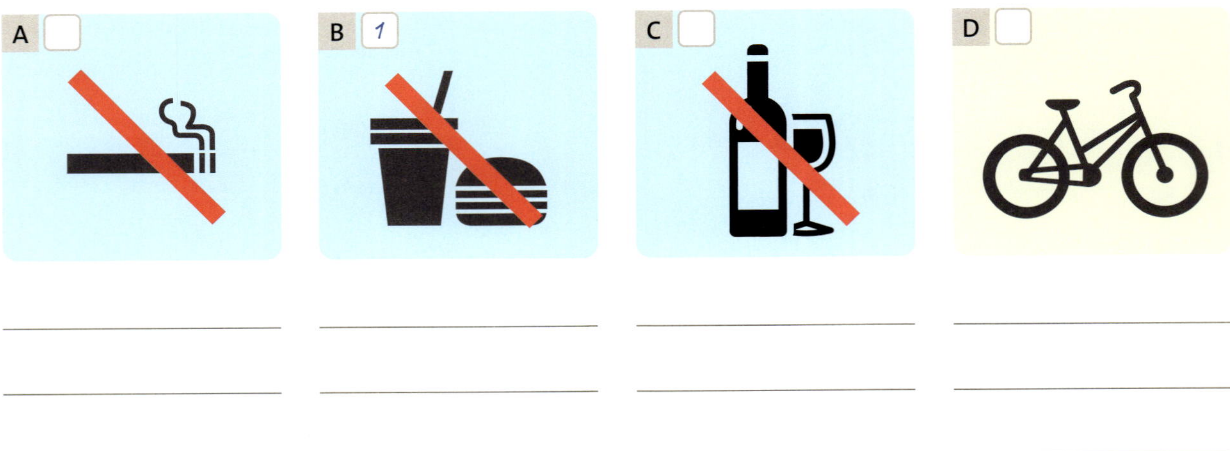

b Was bedeuten die Schilder? Ergänzen Sie in a.

1. Man darf in der S-Bahn das Fahrrad mitnehmen.
2. Man darf in der U-Bahn nicht essen.
3. Man darf im Bahnhof nicht rauchen.
4. In der U-Bahn ist Alkohol verboten.

c Was darf man nicht? Lesen Sie die Sätze in b. Ergänzen Sie.

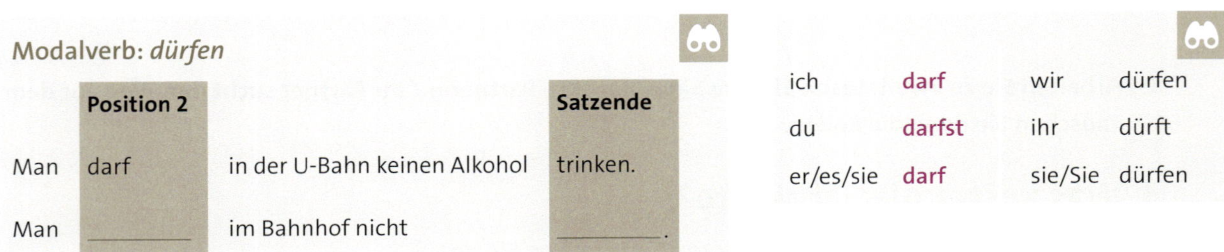

Modalverb: *dürfen*

	Position 2		Satzende
Man	darf	in der U-Bahn keinen Alkohol	trinken.
Man	______	im Bahnhof nicht	______.

ich	darf	wir	dürfen
du	darfst	ihr	dürft
er/es/sie	darf	sie/Sie	dürfen

d Kennen Sie die Schilder? Was bedeuten sie? Fragen Sie und antworten Sie.

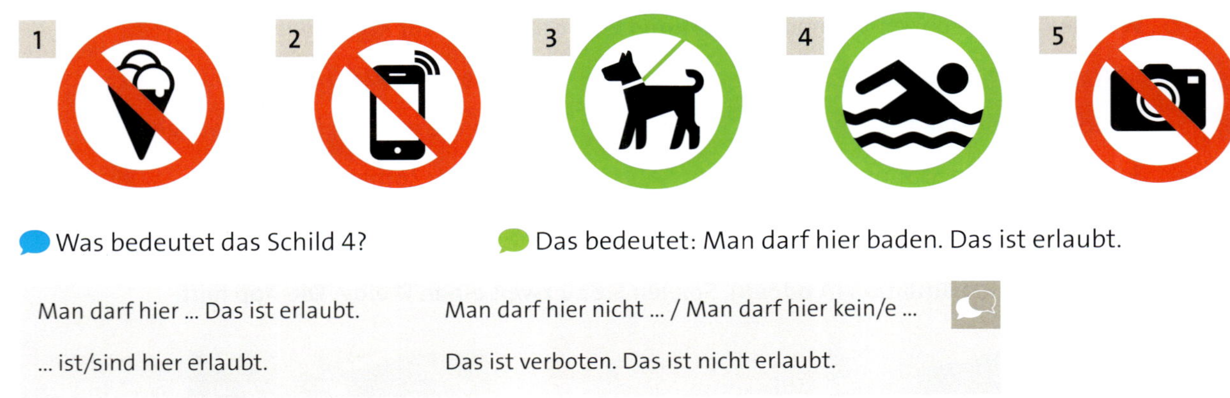

Was bedeutet das Schild 4?

Das bedeutet: Man darf hier baden. Das ist erlaubt.

Man darf hier ... Das ist erlaubt.
... ist/sind hier erlaubt.
Man darf hier nicht ... / Man darf hier kein/e ...
Das ist verboten. Das ist nicht erlaubt.

e Was darf man (nicht) tun? Wie ist das in Ihrer Stadt? Was kennen Sie aus anderen Ländern? Sprechen Sie im Kurs.

Darf man im Bus ...?

Ja/Nein, man darf (nicht) ...

Lernziele: sagen, was erlaubt oder verboten ist • Hinweisschilder verstehen • über Regeln und Verbote sprechen •

2 Warum ist das verboten?

a Über welche Regeln und Verbote schreiben die Personen? Lesen Sie. Schreiben Sie die Namen.

Interessantes über Deutschland × +

In Deutschland gibt es viele Verbote und Regeln.

Findet ihr die Regeln richtig? Hier könnt ihr eure Meinung schreiben.

Irina, Hamburg
Ich bin 16. Ich darf Bier und Wein trinken, das ist erlaubt. Ich darf aber nicht rauchen. Man darf erst ab 18 rauchen. Warum darf ich Bier trinken, aber nicht rauchen? Ich weiß, Rauchen ist nicht gesund, aber Alkohol auch. Ich finde das Verbot komisch. Ich verstehe das nicht.

Jacques, München
Ich bin Musiker und ich mache gern Musik auf der Straße. In München darf man auf der Straße Musik machen, aber man muss für den Platz 10 Euro bezahlen. Das finde ich nicht gut. Ich habe nicht viel Geld.

Katharina, Stuttgart
Auf dem Spielplatz sind Hunde verboten. Das finde ich richtig. Ich habe eine Tochter. Sie ist noch klein und sie mag keine Hunde. Sie hat Angst!

Selim, Berlin
In der U-Bahn ist Essen und Trinken verboten. Aber viele machen das! Und ich manchmal auch. Warum darf man in der U-Bahn nicht essen und trinken? Im Zug darf man auch essen.

1. Essen und Trinken in der U-Bahn verboten __________ [?]
2. Hunde auf dem Spielplatz verboten __________ [ ]
3. Rauchen verboten __________ [ ]
4. für einen Platz zum Musizieren bezahlen __________ [ ]

b Wie finden die Personen die Regeln? Lesen Sie noch einmal. Ergänzen Sie in a.

+ (gut) ? (die Person versteht es nicht) – (nicht gut)

c Wie finden Sie die Verbote und Regeln in a? Welche kennen Sie noch? Finden Sie sie wichtig? Sprechen Sie im Kurs.

Man darf ..., aber man darf nicht ... Das finde ich gut / richtig / nicht gut / komisch.
... ist/sind (nicht) erlaubt. Ich verstehe das (nicht). Viele machen das.

3 In unserem Kurs darf man ...

a Was ist im Kurs erlaubt? Was darf man (nicht)? Sprechen Sie im Kurs.

Man darf im Unterricht (nicht) ...

b Und Ihre Regel für den Kurs? Arbeiten Sie zu zweit. Zeichnen Sie ein Schild. Schreiben Sie das Verbot oder die Regel dazu.

Man darf nicht Skateboard fahren.

c Wie finden Sie die Regeln? Sprechen Sie im Kurs.

Das finde ich gut/lustig/wichtig ...

D Muss ich umsteigen?

1 Wie kann Frau Manhas fahren?

Lesen Sie den Fahrplan. Schreiben Sie Antworten.

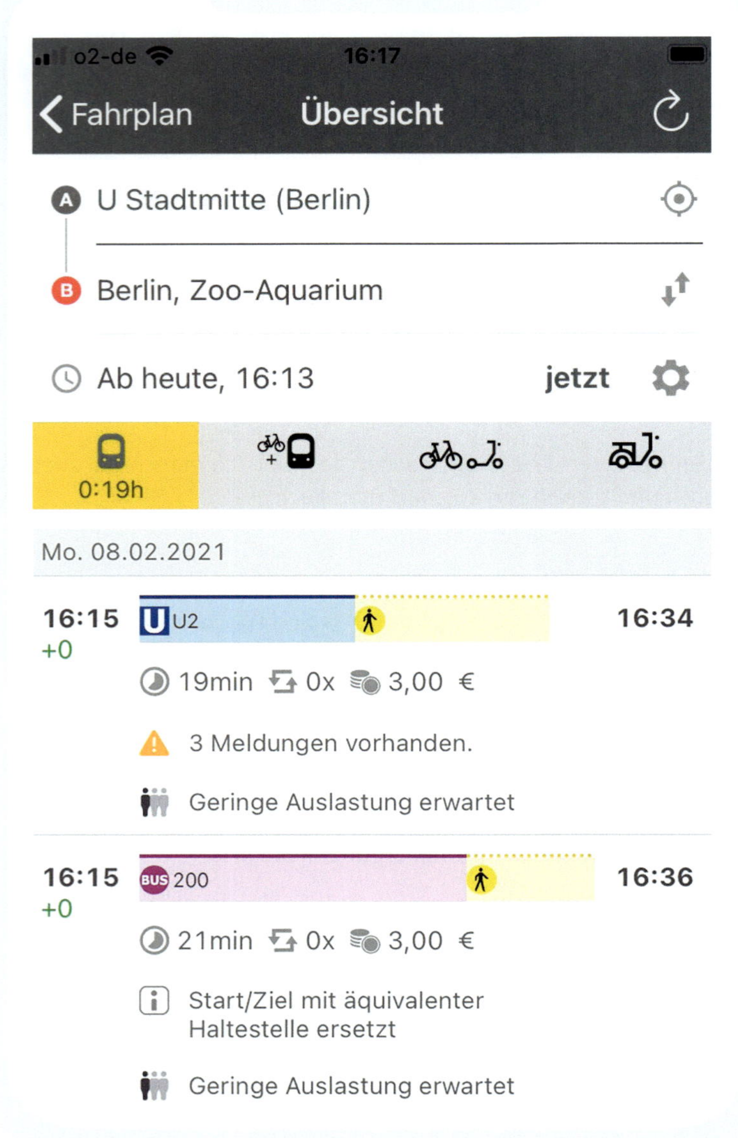

1. Wo startet Frau Manhas? ______________________
2. Wohin fährt sie? ______________________
3. Wie kann sie fahren? ______________ oder ______________
4. Wie lange dauert es? ______________ oder ______________
5. Muss sie umsteigen? ______________________
6. Was kostet die Fahrkarte? ______________________

Lernziele: sagen, wie man fahren muss • Apps mit Fahrplänen verstehen • Strategie: Wörter in Wortgruppen lernen •

2 Wörter in Wortgruppen lernen

a Mit welchen Verkehrsmitteln fahren Sie oft? Schreiben Sie.

b Arbeiten Sie zu zweit. Lesen Sie die Wörter in a laut. Ihre Partnerin / Ihr Partner wiederholt.

c Wo? Wohin? Schreiben Sie.

der Arzt • die Bank • die Apotheke • der Bäcker • der Supermarkt • die Freundin • der Chef • der Friseur

Wo?	Wohin?
beim Arzt	zum Arzt

d Kursspaziergang: Wo? Wohin? Wie? Fragen Sie und antworten Sie.

Wo bist du?

Beim Arzt.

Wohin fährst du dann?

Zur Arbeit.

Und wie?

Mit dem Bus.

3 In Ihrer Stadt unterwegs

a Wie kommt man zum ... / zur ... in Ihrer Stadt? Arbeiten Sie zu zweit. Wählen Sie einen Ort (A oder B). Ihre Partnerin / Ihr Partner wählt den anderen Ort. Suchen Sie eine Verbindung von Ihrer Sprachschule. Benutzen Sie das Internet oder eine App. Schreiben Sie.

Bibliothek **A**	Bürgerbüro **B**

Wie kann man fahren?

Wann fährt der Bus / die U-Bahn / ...?

Wann ist man da?

Was kostet die Fahrkarte?

b Fragen Sie nach dem Weg. Spielen Sie einen Dialog mit den Informationen in a.

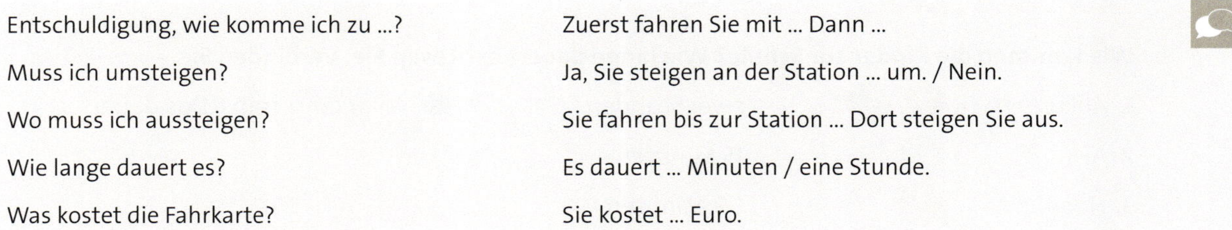

Entschuldigung, wie komme ich zu ...?	Zuerst fahren Sie mit ... Dann ...
Muss ich umsteigen?	Ja, Sie steigen an der Station ... um. / Nein.
Wo muss ich aussteigen?	Sie fahren bis zur Station ... Dort steigen Sie aus.
Wie lange dauert es?	Es dauert ... Minuten / eine Stunde.
Was kostet die Fahrkarte?	Sie kostet ... Euro.

4 Alles klar? Wollen Sie mehr üben?

a Was hat Ihnen gefallen? Was war schwer? Was war leicht? Sprechen Sie im Kurs.

b Wiederholen Sie und üben Sie in der App. Wählen Sie A (leichte Übungen) oder B (schwere Übungen).

TREFFPUNKT

Mein Schulweg

Wir wohnen auf einer Insel im Titicacasee. Meine Schule ist auch auf einer Insel. Ich stehe jeden Morgen um sechs Uhr auf. Dann fahre ich mit dem Boot zu meiner Cousine und ich hole sie ab. Das dauert nur fünf Minuten. Wir fahren zusammen mit dem Boot zur Schule. Das dauert zehn Minuten. Ich mag den See und mein Boot sehr.

Aliku, 15 Jahre, Peru

Ich wohne in Wiek auf Rügen. Das ist eine Insel in Norddeutschland. Auf der Insel ist nur ein Gymnasium – in der Stadt Bergen. Ich gehe immer um zwanzig nach sechs aus dem Haus. Der Schulbus kommt um 6:30 Uhr. Der Weg zur Schule dauert lange, der Bus muss alle Kinder von der Insel abholen. Wir sind dann um halb acht in der Schule. Der Bus braucht leider so lange!

Alva, 13 Jahre, Deutschland

Wir wohnen in einem Dorf in den Bergen. Ich gehe um halb sechs zur Schule. Zu Fuß natürlich. Die Schule ist oben auf einem Berg. Zuerst laufe ich eine Stunde allein. Dann treffe ich meinen Freund und wir laufen noch eine Stunde zusammen. Aber dann sind wir in der Schule. Zuerst singen wir und danach lernen wir sechs Stunden. Ich bin manchmal ein bisschen müde, aber ich gehe gern zur Schule. Ich lerne gern.

Honglin, 8 Jahre, China

1 Mein Schulweg

a Wie kommen die Kinder zur Schule? Wie lange dauert es? Lesen Sie. Verbinden Sie.

1. Aliku		zwei Stunden
2. Alva		15 Minuten
3. Honglin		60 Minuten

Aliku fährt mit … Das dauert …

b Lesen Sie noch einmal. Antworten Sie.

1. Wo wohnen die Kinder?
2. Wo ist die Schule?
3. Mit wem gehen oder fahren die Kinder zur Schule?

Unser Tipp:

Die Mitfahrbank in Priort

Haben Sie einen Termin in der Stadt beim Arzt oder mit Freunden und der Bus kommt erst in drei Stunden? Endlich gibt es eine neue Möglichkeit: die Mitfahrbank! Wie funktioniert sie? Ganz einfach: Sie sitzen auf der Bank. Bald kommt ein Auto und nimmt Sie mit. Sie fahren dann zusammen. Das ist kostenlos und bestimmt auch nett!

Quiz: Wie lange dauert es?

Wie lange dauert es ...

1. mit dem Auto von Mainz nach Mannheim?
   - a ☐ 39 Minuten
   - b ☐ 1 Stunde und 8 Minuten
   - c ☐ 3 Stunden und 17 Minuten
2. mit dem Fahrrad von Dresden nach Köln?
   - a ☐ 33 Stunden
   - b ☐ 73 Stunden
   - c ☐ 133 Stunden
3. mit dem Zug von Rostock nach Freiburg?
   - a ☐ 9 Stunden
   - b ☐ 16 Stunden
   - c ☐ 1 Tag und 2 Stunden
4. zu Fuß von Hamburg nach München?
   - a ☐ 13 Tage
   - b ☐ 20 Tage
   - c ☐ 42 Tage

2 Die Mitfahrbank in Priort

a Was denken Sie: Was ist eine Mitfahrbank? Sprechen Sie im Kurs.

1.58 b Waren Ihre Vermutungen richtig? Lesen Sie und hören Sie. Sprechen Sie im Kurs.

3 Quiz: Wie lange dauert es?

a Suchen Sie die Orte auf einer Deutschlandkarte. Arbeiten Sie zu zweit. Lösen Sie das Quiz.

b Ist Ihre Lösung richtig? Kontrollieren Sie unten.

c Projekt. Arbeiten Sie zu zweit. Schreiben Sie vier Quizfragen. Tauschen Sie Ihr Quiz mit einem anderen Paar. Lösen Sie das neue Quiz.

1. Wie lange dauert es mit dem Zug von Halle nach Berlin?
a 30 Minuten b 60 Minuten c 80 Minuten

Lösung zu 3a: 1 b; 2 a; 3 a; 4 b

11 Wohnen

A Das ist unsere Wohnung.

1 Hier ist unser Wohnzimmer.

a Was denken Sie? Worüber sprechen Todor, Karim und Helen auf dem Foto? Sprechen Sie zu zweit.

2.02 **b Wo wohnen Karim und Todor jetzt? Hören Sie. Kreuzen Sie an.**

1. ☐ in einem Haus
2. ☐ in einer Wohngemeinschaft (WG)
3. ☐ in einer Wohnung

c Welche Zimmer hat die Wohnung? Wie groß sind die Zimmer? Sprechen Sie im Kurs. Die Bildleiste hilft.

2.03 **d Wo ist welches Zimmer? Hören Sie. Ergänzen Sie oben.**

1 m² = ein Quadratmeter

e Groß oder klein? Arbeiten Sie zu dritt. Fragen Sie. Die anderen sind Todor und Karim und antworten.

- Todor und Karim, wie ist eure Küche?
- Unsere Küche ist klein.
- Ja, aber sie ist hell.

Possessivartikel

wir: unser Flur, unser Bad, unsere Küche, unsere Zimmer

ihr: euer Flur, euer Bad, eure Küche, eure Zimmer

das Haus · die Wohnung · die Wohngemeinschaft (WG) · das Schlafzimmer · das Wohnzimmer · das Kinderzimmer

Lernziele: eine Wohnung beschreiben • nach der Toilette fragen • Alltagsredemittel in verschiedenen Sprachen vergleichen •

2 Die Lampe ist super!

a Welche Möbel kennen Sie? Schreiben Sie.

25

b Wie sind die Zimmer von Karim und Todor? Sehen Sie das Video. Verbinden Sie.

hell

dunkel

laut

ruhig

billig

teuer

1. Todors Zimmer ist	**a** hell.	**2.** Todors Zimmer ist	**a** laut.	**3.** Die Miete ist	**a** teuer.
Karims Zimmer ist	**b** dunkel.	Karims Zimmer ist	**b** ruhig.		**b** billig.

c Wie finden Martina, Todor, Karim und der Mann die Lampen? Wer bekommt die Lampen? Sprechen Sie im Kurs.

sehr schön • nicht so schön • hässlich • billig • teuer

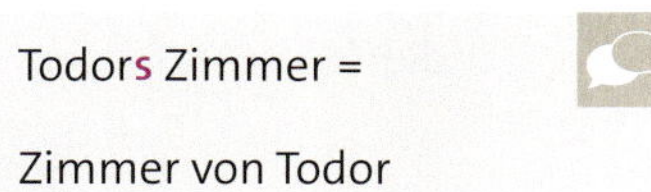

25

d Todor fragt nach der Toilette. Wie fragt er? Sehen Sie das Video noch einmal. Kreuzen Sie an.

1. ☐ Martina, ich muss mal.
2. ☐ Entschuldigung, Martina, wo ist die Toilette?
3. ☐ Martina, wo ist das Bad, bitte?

e Wie fragt man in Ihren Sprachen nach der Toilette? Sprechen Sie im Kurs.

3 Das ist unsere Wohnung.

a Welche Zimmer und Möbel haben Sie? Arbeiten Sie zu zweit. Wählen Sie eine Rolle in der App (A oder B). Ihre Partnerin / Ihr Partner wählt die andere Rolle. Malen und schreiben Sie.

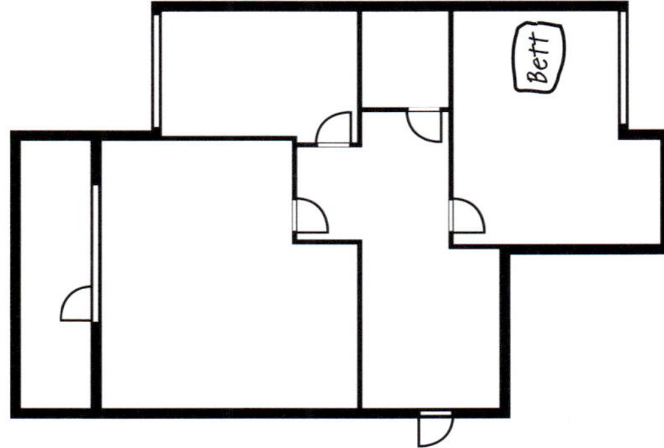

b Welche Möbel brauchen Sie noch? Schreiben Sie. Sprechen Sie im Kurs.

die Küche

das Bad (mit Dusche)

die Toilette

der Balkon

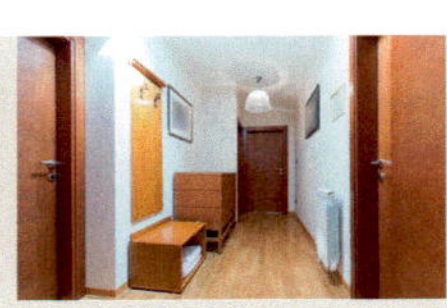
der Flur

die Möbel (Pl.)

B Wir haben eine Wohnung gefunden.

1 Wie habt ihr die Wohnung gefunden?

2.04

a Wie haben Karim und Todor eine Wohnung gesucht? Hören Sie. Kreuzen Sie an.

1 ☐
Sie haben Anzeigen in der Zeitung gelesen.

2 ☐
Karim hat Anzeigen im Internet gelesen.

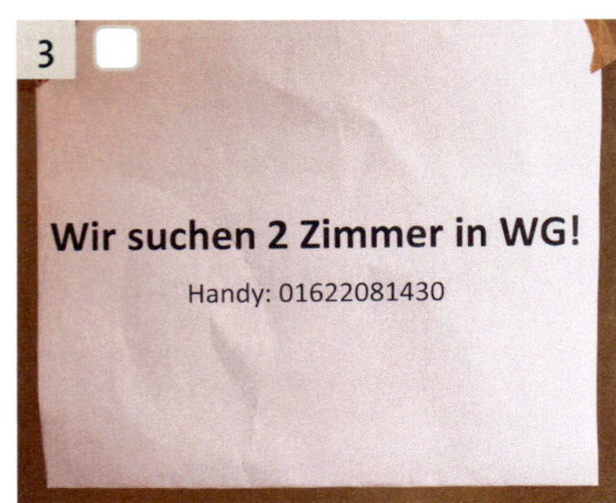

3 ☐
Sie haben einen Zettel geschrieben.

26

b Was haben Karim und Todor gemacht? Sehen Sie das Grammatik-Video. Ergänzen Sie.

Perfekt mit *haben*

	Position 2 (*haben*)		**Satzende (Partizip II)**	**Infinitiv**
______	*haben*	______	*gefragt.*	fragen
______	*hat*	______	*gelesen.*	lesen
______	______	______	______	finden

früher
Sie **haben** eine Wohnung **gesucht**.

heute
Jetzt haben sie eine Wohnung.

2.04

c Wie haben Karim und Todor die Wohnung gefunden? Hören Sie noch einmal. Ordnen Sie.

a [*1*] Sie haben einen Zettel geschrieben.
b ☐ Marian hat den Zettel gelesen.
c ☐ Sie haben die WG gesehen.
d ☐ Sie haben die Zimmer sofort gemietet.
e ☐ Sie haben den Zettel an die Kiosktür gehängt.
f ☐ Sie haben einen Termin gemacht.
g ☐ Marian hat eine Nachricht geschrieben.

d Markieren Sie die Verben in c.

e Lesen Sie die Sätze in c zu zweit laut. Lesen Sie den Anfang. Ihre Partnerin / Ihr Partner liest das Ende.

Sie haben einen Zettel ... — ... geschrieben.

f Kursspaziergang: Haben Sie schon eine Wohnung gesucht? Fragen Sie und antworten Sie.

Hast du schon eine Wohnung gesucht?
Ja, ich habe schon eine Wohnung gesucht. Ich habe im Internet gesucht.

g Wie sucht man eine Wohnung in Ihren Ländern? Sprechen Sie im Kurs.

Lernziele: über die Wohnungssuche sprechen • Wohnungssuche in verschiedenen Ländern vergleichen • sagen, was man am

2 Am Samstag haben wir den Umzug gemacht.

a Welches Foto passt? Lesen Sie. Ordnen Sie zu.

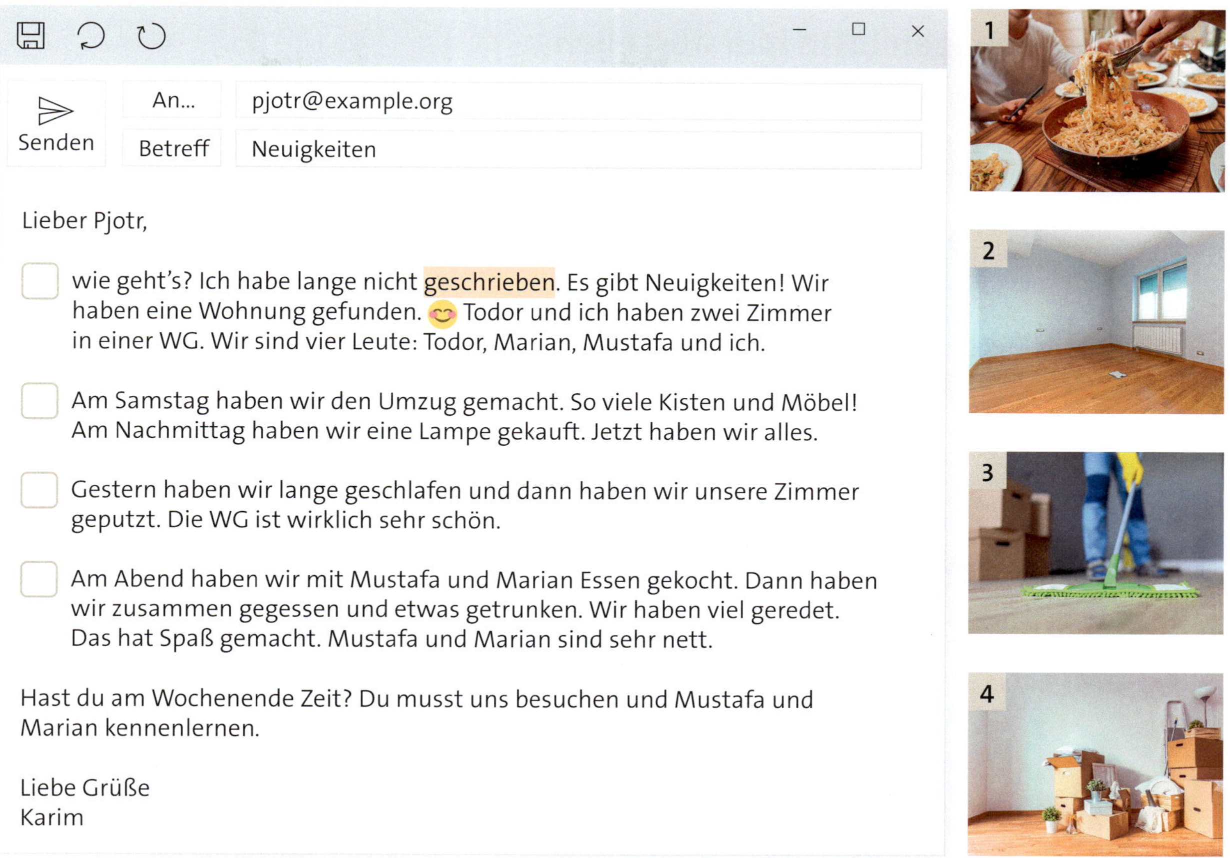
Senden | An... pjotr@example.org
Betreff: Neuigkeiten

Lieber Pjotr,

☐ wie geht's? Ich habe lange nicht geschrieben. Es gibt Neuigkeiten! Wir haben eine Wohnung gefunden. 😊 Todor und ich haben zwei Zimmer in einer WG. Wir sind vier Leute: Todor, Marian, Mustafa und ich.

☐ Am Samstag haben wir den Umzug gemacht. So viele Kisten und Möbel! Am Nachmittag haben wir eine Lampe gekauft. Jetzt haben wir alles.

☐ Gestern haben wir lange geschlafen und dann haben wir unsere Zimmer geputzt. Die WG ist wirklich sehr schön.

☐ Am Abend haben wir mit Mustafa und Marian Essen gekocht. Dann haben wir zusammen gegessen und etwas getrunken. Wir haben viel geredet. Das hat Spaß gemacht. Mustafa und Marian sind sehr nett.

Hast du am Wochenende Zeit? Du musst uns besuchen und Mustafa und Marian kennenlernen.

Liebe Grüße
Karim

1 2 3 4

b Was hat Karim gemacht? Lesen Sie noch einmal in a. Markieren Sie alle Perfekt-Formen. Ergänzen Sie.

Perfekt: *ge...(e)t*		❗ *ge...en*	
machen	er hat ______	schreiben	er hat *geschrieben*
kaufen	er hat ______	finden	er hat ______
putzen	er hat ______	schlafen	er hat ______
kochen	er hat ______	essen	er hat ______
reden	er hat ______	trinken	er hat ______

c Was haben Karim und Todor am Wochenende gemacht? Schreiben Sie drei Sätze. Ein Satz ist falsch.

d Richtig oder falsch? Lesen Sie Ihre Sätze aus c vor. Die anderen sagen *richtig* oder *falsch*.

3 Was haben Sie am Wochenende gemacht?

a Anrede oder Gruß? Ordnen Sie zu.

~~Liebe Martina,~~ • Lieber Karim, • Viele Grüße • Hallo Karim, • ~~Liebe Grüße~~ • Herzliche Grüße

Anrede: Liebe Martina, ...
Gruß: Liebe Grüße

b Was haben Sie am Wochenende gemacht? Schreiben Sie eine E-Mail. Die App hilft.

c Tauschen Sie Ihre E-Mail mit Ihrer Partnerin / Ihrem Partner. Kontrollieren Sie.

1. Sind die Anrede und der Gruß richtig? 2. Unterstreichen Sie alle Perfekt-Formen. Alles richtig?

C Können Sie mir helfen?

1 Kinderwagen bitte hier abstellen.

a Wo hängen die Zettel? Gibt es solche Zettel auch in Ihrem Haus? Sprechen Sie im Kurs.

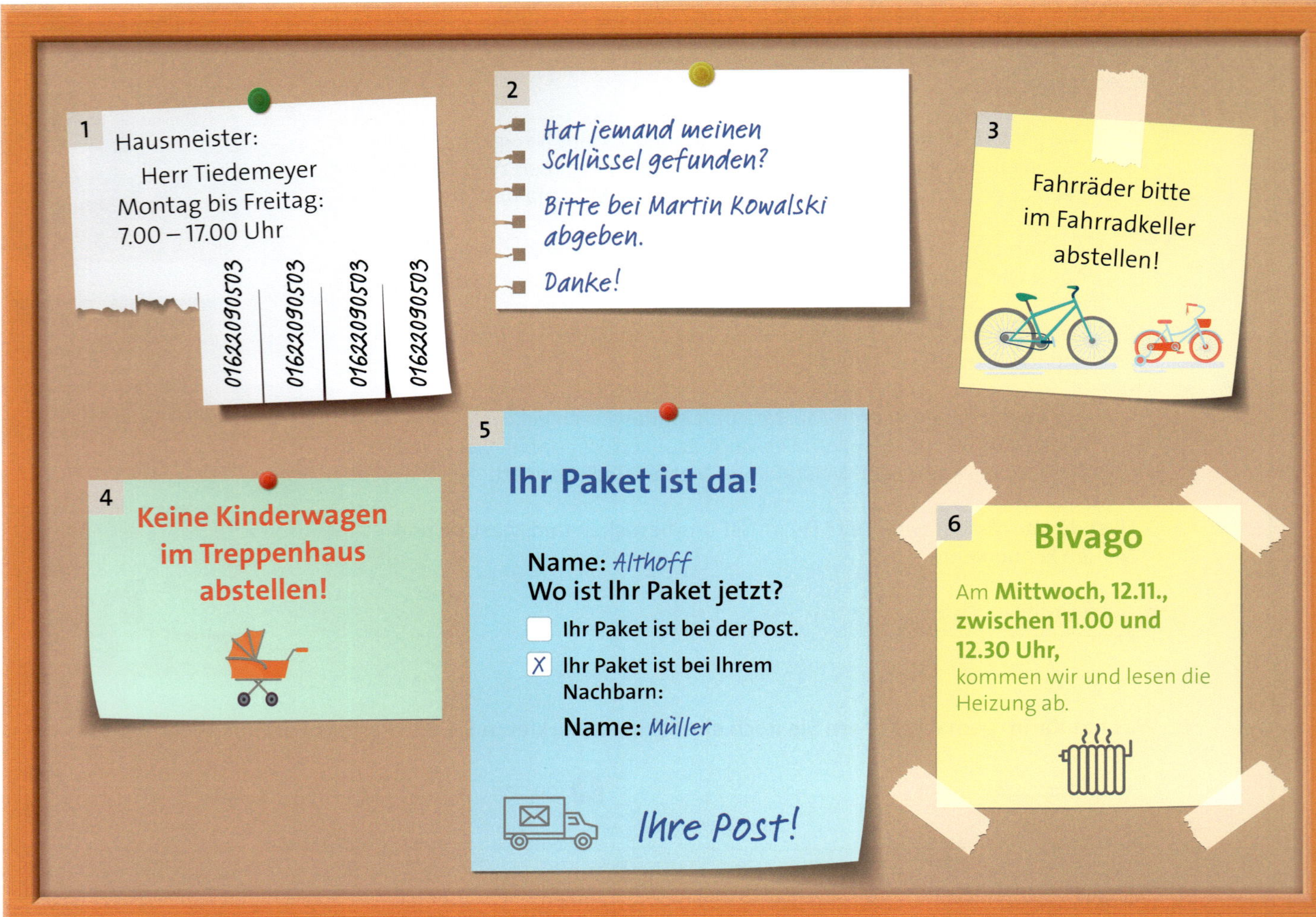

Bei uns hängen auch oft Zettel im Treppenhaus.

b Richtig oder falsch? Lesen Sie in a. Kreuzen Sie an.

	richtig	falsch
1. Fahrräder dürfen im Treppenhaus stehen.	☐	☐
2. Im Treppenhaus darf man keine Kinderwagen abstellen.	☐	☐
3. Herr oder Frau Althoff kann ein Paket bei Müller abholen.	☐	☐
4. Eine Firma liest am Mittwoch um 12.30 Uhr die Heizung ab.	☐	☐
5. Man kann den Hausmeister jeden Tag anrufen.	☐	☐
6. Herr Kowalski sucht seine Schlüssel.	☐	☐

c Lesen Sie noch einmal. Korrigieren Sie die Sätze in b.

1. Fahrräder dürfen ...

Lernziele: Mitteilungen im Haus verstehen • über Nachbarn und Nachbarschaft sprechen • Nachbarn um Hilfe bitten •

2 Ich habe eine Bitte.

2.05

a Welcher Zettel in 1a passt? Hören Sie. Ergänzen Sie.

Dialog 1: Zettel ______

Dialog 2: Zettel ______

Dialog 3: Zettel ______

2.05

b Was ist das Problem? Hören Sie noch einmal. Sprechen Sie im Kurs.

Herr Müller hat kein Paket.

Stimmt. Das Paket ist ...

c Kennen Sie Ihre Nachbarn? Wann bitten Sie Ihre Nachbarn um Hilfe? Was fragen Sie? Sprechen Sie im Kurs.

Ich kenne meine Nachbarn nicht. Wir sprechen nicht oft.

Nein? Ich kenne meine Nachbarn sehr gut. Unser Nachbar gießt oft unsere Blumen.

2.06

d Phonetik: freundlich, neutral oder nicht freundlich? Wie sprechen die Personen? Hören Sie. Kreuzen Sie an.

	freundlich	neutral	nicht freundlich
1. Herr Müller	☐	☐	☐
2. Herr Kaya	☐	☐	☐
3. Frau Rummeling	☐	☐	☐

e Arbeiten Sie zu zweit. Wählen Sie eine Situation (A, B oder C). Schreiben Sie einen Dialog.

A

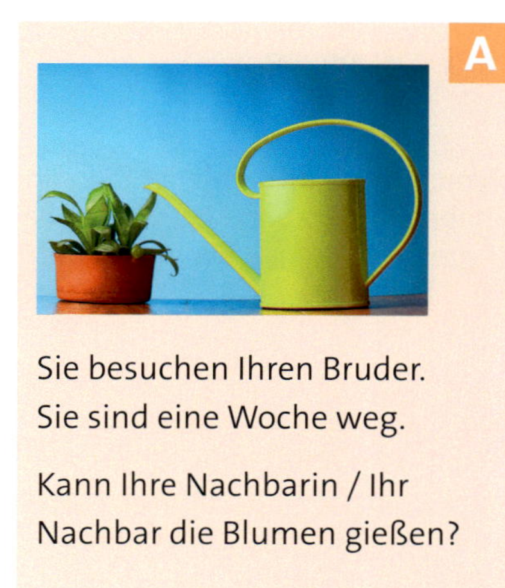

Sie besuchen Ihren Bruder. Sie sind eine Woche weg.

Kann Ihre Nachbarin / Ihr Nachbar die Blumen gießen?

B

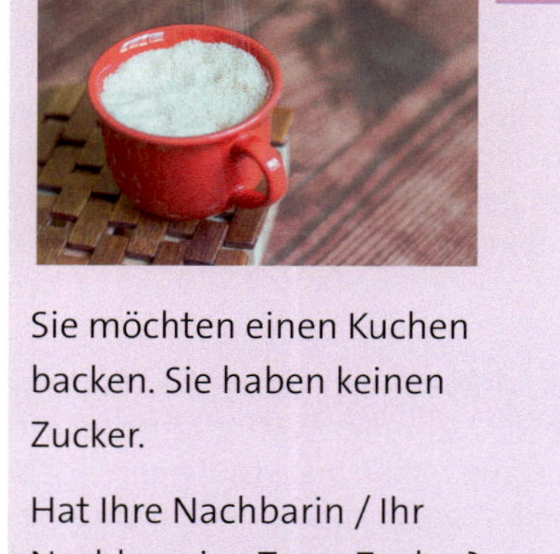

Sie möchten einen Kuchen backen. Sie haben keinen Zucker.

Hat Ihre Nachbarin / Ihr Nachbar eine Tasse Zucker?

C

Sie möchten ein Foto an die Wand hängen, aber Sie haben keinen Hammer.

Hat Ihre Nachbarin / Ihr Nachbar einen Hammer?

Guten Tag. Ich bin neu hier. Ich heiße ...

Ich habe eine Bitte. Können Sie mir helfen?

Haben Sie ... / Können Sie ...?

Danke, das ist nett. Herzlichen Dank.

f Freundlich oder nicht freundlich? Spielen Sie den Dialog im Kurs. Die anderen sagen: Wie hat die Nachbarin / der Nachbar geantwortet?

Ich finde, Eleni hat freundlich geantwortet.

Wirklich? Ich finde, sie hat nicht freundlich geantwortet.

D Ich habe ein Jahr gesucht.

1 Wer kann helfen?

a **Wer sucht eine Wohnung? Lesen Sie. Kreuzen Sie an.**

Alysa: Ich suche eine Wohnung in Hamburg. Wer kann helfen? Wie kann ich eine Wohnung finden? 3 Zimmer und nicht so teuer. Ich habe schon ein Jahr gesucht und ich habe nichts gefunden. Was mache ich falsch??? 😔

Nola: Das kenne ich, das ist nie einfach. Ich habe im Internet gesucht. Dort findet man viele Wohnungen, aber sie sind oft teuer. Du kannst auch in der Zeitung suchen. Ich habe da aber nichts gefunden. Dann habe ich einen Zettel am Kiosk gesehen. Ich habe schnell eine Nachricht geschrieben. Jetzt habe ich eine Wohnung.

Ole: Ich habe in der Zeitung und im Internet auch nichts gefunden. Mein Mann und ich haben dann unsere Freunde gefragt. Und sie haben ihre Freunde gefragt. So haben viele Leute gesucht. Jetzt haben wir eine Wohnung, eine 4-Zimmer-Wohnung mit Balkon! Mein Tipp: Leute fragen!

Tomasz: Ich habe zuerst bei meiner Tante gewohnt. Dann habe ich viele Zettel geschrieben: 2-Zimmer-Wohnung gesucht! 50 Zettel!!! Die Zettel habe ich in Cafés gehängt. Dann haben viele Leute geschrieben und ich habe viele Wohnungen gesehen, aber keine hat gepasst. Dann hat der Kellner aus einem Café gesagt, er geht nach Bonn. Jetzt habe ich seine Wohnung: nicht teuer und sehr schön!

Ewa: Ich suche auch schon lange. Ich habe im Internet und in der Zeitung gesucht. Meine Freunde habe ich auch gefragt und ich habe nichts gefunden. Meine Freunde suchen auch eine Wohnung. 🙁 Aber ich habe noch keine Zettel geschrieben. Gute Idee, Tomasz 👍! Das mache ich. Danke für den Tipp!

b **Wie haben die Personen ihre Wohnung gefunden? Lesen Sie noch einmal. Schreiben Sie.**

Nola	*hat einen Zettel am Kiosk gesehen*
Ole	
Tomasz	

Lernziele: Tipps zur Wohnungssuche verstehen • Strategie: mit Wortkarten lernen

2 Mit Wortkarten lernen

a **Lesen Sie in 1a noch einmal. Markieren Sie wie im Beispiel. Schreiben Sie Wortkarten.**

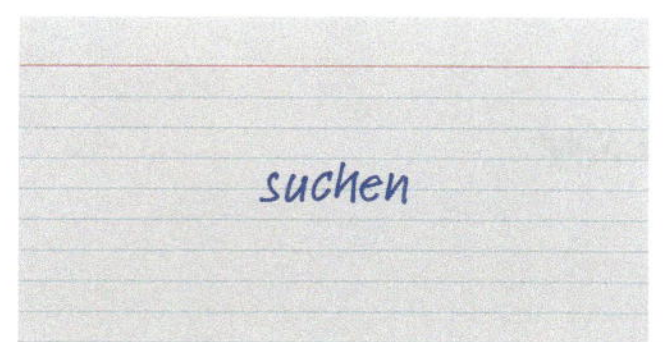

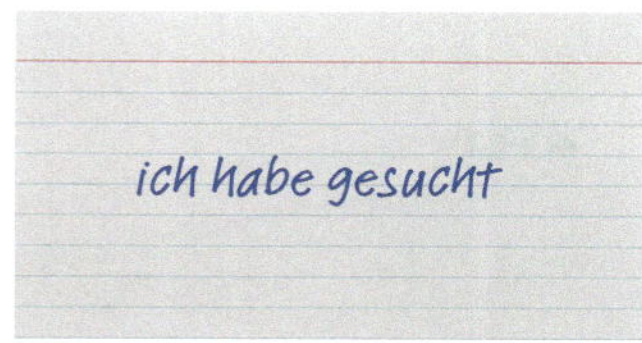

b **Welche Verben sind regelmäßig? Orden Sie die Wortkarten.**

c **Schreiben Sie auch die Perfekt-Formen von Seite 101 auf Karten.**

d **Schreiben Sie weitere Wortkarten.**

spielen • arbeiten • duschen • frühstücken • surfen • grillen

e **Arbeiten Sie zu zweit. Ziehen Sie eine Karte. Lesen Sie das Verb. Ihre Partnerin / Ihr Partner sagt die Perfekt-Form.**

Suchen. Ich habe gesucht.

3 Was hast du gemacht?

a **Arbeiten Sie in Gruppen. Wählen Sie drei Verben in 2. Schreiben Sie drei Fragen auf Karten.**

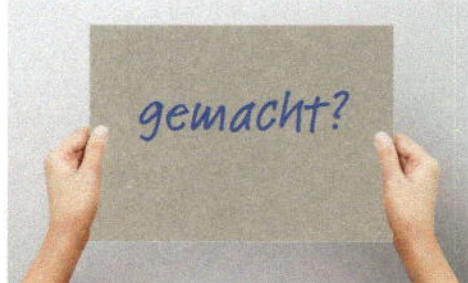

b **Bewegte Sätze. Tauschen Sie Ihre Karten mit einer anderen Gruppe. Bilden Sie Fragen. Hängen Sie die Fragen auf.**

c **Arbeiten Sie zu zweit. Machen Sie ein Interview mit den Fragen aus b.**

4 Alles klar? Wollen Sie mehr üben?

a **Was hat Ihnen gefallen? Was war schwer? Was war leicht? Sprechen Sie im Kurs.**

b **Wiederholen Sie und üben Sie in der App. Wählen Sie A (leichte Übungen) oder B (schwere Übungen).**

12 Ausbildung

Ana Teresa Trejo

Dunya Kovacevic

Savith Schumacher

Herbert Holzinger

A Was wollen Sie noch lernen?

1 Ich kann gut nähen.

a Was machen die Personen auf den Fotos? Sprechen Sie im Kurs.

Ana Teresa Trejo macht einen Online-Kurs. Sie lernt vielleicht ...

2.07 **b Richtig oder falsch? Hören Sie. Kreuzen Sie an.**

	richtig	falsch
1. Ana Teresa Trejo kann schon gut Deutsch schreiben.	☐	☐
2. Savith Schumacher kann sehr gut Fahrräder reparieren.	☐	☐
3. Dunya Kovacevic kann schon Taschen nähen. Das ist leicht.	☐	☐
4. Herbert Holzinger kann Fahrkarten mit dem Handy kaufen.	☐	☐

Modalverb: *können*

Ana **kann** gut Deutsch sprechen.	Ana **kann** einen Kurs machen.
= *Sie hat es gelernt.*	= *Das ist möglich.*

c Was können Sie gut? Sprechen Sie im Kurs.

Ich kann gut schwimmen. Und du?

Ich kann gut mit Kindern spielen.

die Firma

ein Praktikum machen

die Berufsschule

eine Ausbildung machen

die Schule

 Lernziele: sagen, was man gut (machen) kann • sagen, was man lernen will • kurze Werbetexte verstehen • Tipps geben •

2 Ich will einen Online-Kurs machen.

2.07

a Was wollen die Personen machen? Hören Sie noch einmal. Verbinden Sie. Die Bildleiste hilft.

1. Ana Teresa Trejo
2. Savith Schumacher
3. Dunya Kovacevic
4. Herbert Holzinger

a will ein Praktikum machen.
b will einen Online-Kurs machen.
c will einen Computerkurs machen.
d will eine Ausbildung machen.

b Unterstreichen Sie die Verben in a. Ergänzen Sie einen Satz.

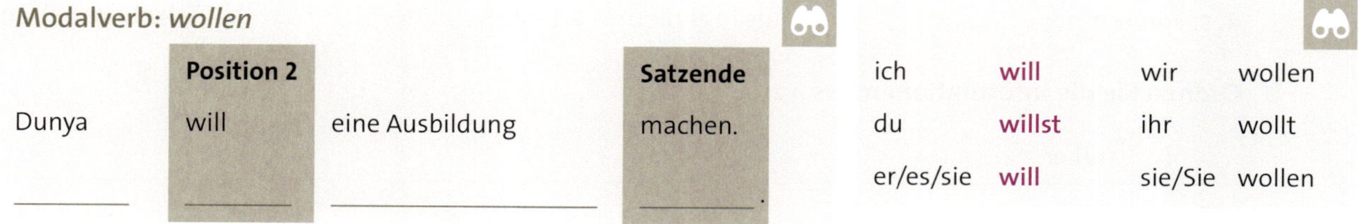

Modalverb: *wollen*

	Position 2		Satzende
Dunya	will	eine Ausbildung	machen.
______	______	______	______.

ich	will	wir	wollen
du	willst	ihr	wollt
er/es/sie	will	sie/Sie	wollen

3 Was wollen Sie lernen oder machen?

a Was wollen Sie lernen? Kreuzen Sie drei Aktivitäten an.

1. ☐ fotografieren
2. ☐ Autos reparieren
3. ☐ im Garten arbeiten
4. ☐ kleine Filme machen
5. ☐ Texte am Computer schreiben
6. ☐ vegetarisch kochen
7. ☐ Kuchen/Brot backen
8. ☐ Informationen im Internet suchen
9. ☐ eine Bewerbung schreiben

b Welche Anzeige passt zu Ihren Antworten in a? Sprechen Sie zu zweit.

Fotografieren für alle

Kursnummer: F-109
Fotografieren Sie mit einer Kamera oder lieber mit Ihrem Smartphone? Machen Sie gern Filme? In unserem Kurs lernen Sie: Wie fotografiert man richtig? Wie macht man Filme?

Computer-Grundkurs
(Word & Co.)

Kursnummer: CGr-891
In diesem Kurs lernen Sie:
– Texte schreiben, korrigieren, speichern und drucken,
– Informationen recherchieren und vieles mehr.

Asiatische Kochreise

Kursnummer: K-203
Essen Sie gern vegan oder vegetarisch? In Asien kocht man gern mit viel Gemüse. Wir kochen: Suppe (Vietnam), Curry (Indien), Tee-Eis (Japan). Alles ohne Fleisch und Fisch!

Bäckerei Blüning
Wir suchen:
eine/n Praktikant/in
(4 Wochen)
Sie arbeiten bei uns selbstständig und lernen alles über den Beruf Bäcker/in.
Bewerbung an:
bäcker@example.org

DIE SPRACHAKADEMIE

Sie wollen gut Deutsch schreiben? Dann müssen Sie unbedingt bei unserem Online-Kurs mitmachen! Wir bieten an:
– viele Schreibübungen
– Tipps zum Wörterbuch
– Tipps zu E-Mails, Bewerbungen

Wir suchen:
eine*n Praktikant*in
Ihre Aufgaben:
– Gespräche mit Kund*innen führen
– Reparaturen machen
– Autos prüfen u.v.m.
Autohaus Böller
böller@example.org

Wir bieten einen
Ausbildungsplatz zum/zur Gärtner/in
Gärtnerei Grün und Glücklich
Bewerbung an:
garten@example.org

- Ich will vegetarisch kochen.
- Okay, du kannst einen Kochkurs machen. Hier der Kurs ... ist für dich interessant. Dort kannst du ...

zur Schule gehen

die Sprachschule

einen Online-Kurs machen

die Universität

studieren

B Sie ist nach Berlin gegangen.

1 Ich habe eine Ausbildung gemacht.

27

a Was passt zu Helen, was zu Karim? Sehen Sie das Video. Markieren Sie für Karim und für Helen.

1. als Verkäufer arbeiten
2. eine Ausbildung machen
3. Abitur machen
4. studieren
5. Deutsch lernen
6. als Mechatronikerin arbeiten
7. einen Laden haben
8. als Ingenieurin arbeiten
9. beim Onkel eine Ausbildung machen
10. einen Job finden und als Friseur arbeiten

b Ordnen Sie die Informationen aus a zu.

	früher	jetzt	Ziel
Karim	*beim Onkel ...*		
Helen			

Karim hat früher ... Heute ... Später will er ...

27

c Richtig oder falsch? Sehen Sie das Video noch einmal. Kreuzen Sie an.

	richtig	falsch
1. Karim ist 1991 geboren.	☐	☐
2. Er ist von 1998 bis 2008 zur Schule gegangen.	☐	☐
3. Er hat von 2008 bis 2011 eine Ausbildung zum Friseur gemacht.	☐	☐
4. Er hat von 2012 bis 2015 als Friseur gearbeitet.	☐	☐
5. 2019 ist er nach Deutschland gekommen.	☐	☐
6. Er ist in Passau geblieben.	☐	☐
7. Er hat ein Praktikum beim Friseur und im Supermarkt gemacht.	☐	☐

1991: neunzehnhunderteinundneunzig
2008: zweitausendacht

2 Ich bin 2019 nach Deutschland gekommen.

a Welche Sätze in 1c passen? Ergänzen Sie.

Perfekt mit *sein*

	Position 2 (*sein*)		Satzende (Partizip II)	Infinitiv
Karim	______	*von 1998 bis 2008 zur Schule*	*gegangen* .	gehen
______	______	______	______ .	kommen
______	______	______	______ .	bleiben

Lernziele: über Ausbildung und Zukunftspläne sprechen • Notizen zum Bildungsweg machen • Wichtigkeit von Ausbildung

2.08

b Phonetik: Was ist betont? Hören Sie. Markieren Sie. Sprechen Sie nach.

1. Ich bin gekommen. – Ich bin nach Deutschland gekommen. – Ich bin 2019 nach Deutschland gekommen.
2. Ich bin gegangen. – Ich bin nach Berlin gegangen. – Ich bin 2020 nach Berlin gegangen.
3. Ich bin geblieben. – Ich bin in Berlin geblieben. – Ich bin bis heute in Berlin geblieben.

c Würfelspiel. Spielen Sie zu dritt. Person 1 sagt ein Verb im Infinitiv. Person 2 würfelt und sagt die Perfekt-Form. Person 3 sagt einen Satz.

- fliegen
- Er ist geflogen.
- Er ist nach Deutschland geflogen.

fahren • bleiben • gehen • kommen • fliegen • nach Berlin ziehen

3 Was hast du früher gemacht?

a Arbeiten Sie zu zweit. Wählen Sie einen Text in der App (A oder B). Ihre Partnerin / Ihr Partner wählt den anderen Text. Lesen Sie. Ergänzen Sie die Informationen über Helen.

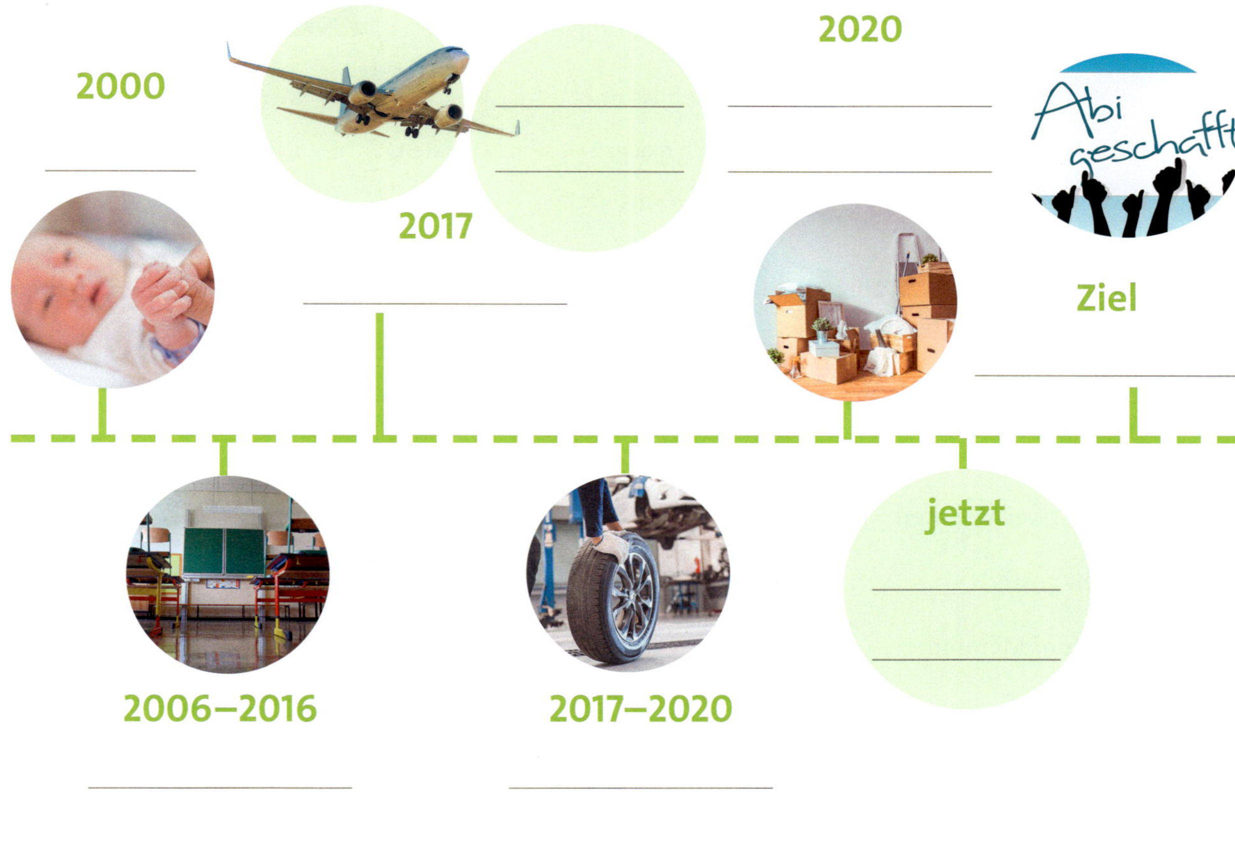

b Welche Informationen fehlen noch? Fragen Sie und antworten Sie. Ergänzen Sie in a.

- Was hat Helen 2017 gemacht?

c Was ist wichtig für Sie: Wollen Sie arbeiten, eine Ausbildung machen oder studieren? Warum? Sprechen Sie zu dritt.

schnell Geld verdienen • noch mehr lernen • eine Ausbildung machen • bessere Chancen haben • Geld an die Familie schicken • …

d Was haben Sie früher gemacht? Was machen Sie jetzt? Was ist Ihr Ziel? Machen Sie einen Zeitstrahl wie in a.

e Hängen Sie Ihren Zeitstrahl auf. Arbeiten Sie zu viert. Erzählen Sie. Die App hilft.

C Ich mache ein Praktikum.

1 Ich lerne seit zehn Monaten Deutsch.

2.09 **a Was hat Frau Alves gemacht? Was kann sie gut? Hören Sie. Sprechen Sie im Kurs.**

Frau Alves hat schon ...

2.09 **b Was sagt Frau Alves? *Vor, seit* oder *in*? Hören Sie noch einmal. Ergänzen Sie.**

1. Ich wohne ________ einem Jahr in Deutschland.
2. Ich habe ________ zwei Jahren in einem Restaurant gearbeitet.
3. Ich lerne ________ sechs Monaten Deutsch.
4. Ich möchte ________ drei Monaten die Prüfung machen.

Wann? (früher)	**Seit wann?**	**Wann?** (in der Zukunft)
Ich habe **vor** einem Jahr den Kurs A1 gemacht.	Ich mache **seit** sechs Monate**n** den Kurs A2.	Ich mache **in** einem Jahr die Prüfung B1.

c Was haben Sie vor ... Jahren gemacht? Was machen Sie seit ... Jahren? Was machen Sie in ... Jahren? Schreiben Sie sechs Sätze.

1. Vor fünf Jahren ________________________________
2. Vor drei Stunden ________________________________
3. Seit zwei Monaten ________________________________
4. Seit gestern ________________________________
5. In fünf Minuten ________________________________
6. In einem Jahr ________________________________

d Fragen Sie und antworten Sie.

Was hast du vor fünf Jahren gemacht?

Vor fünf Jahren ...

2 Ich möchte ein Praktikum machen.

2.10 **a Was ist richtig? Hören Sie weiter. Kreuzen Sie an.**

1. Die Ausbildung dauert ☐ zwei Jahre. ☐ drei Jahre.
2. Man verdient zwischen ☐ 800 und 900 Euro. ☐ 900 und 1.000 Euro.
3. Man muss ☐ im Hotel arbeiten. ☐ zur Schule gehen und im Hotel arbeiten.
4. Frau Alves kann auch ☐ ein Praktikum machen. ☐ eine Ausbildung im Restaurant machen.

Lernziele: ein Beratungsgespräch verstehen • über Ausbildung sprechen • eine kurze Bewerbung für ein Praktikum schreiben •

b Welche Frage passt wo? Lesen Sie. Ordnen Sie zu.

Wer bin ich? • Warum bin ich gut? • Was möchte ich machen?

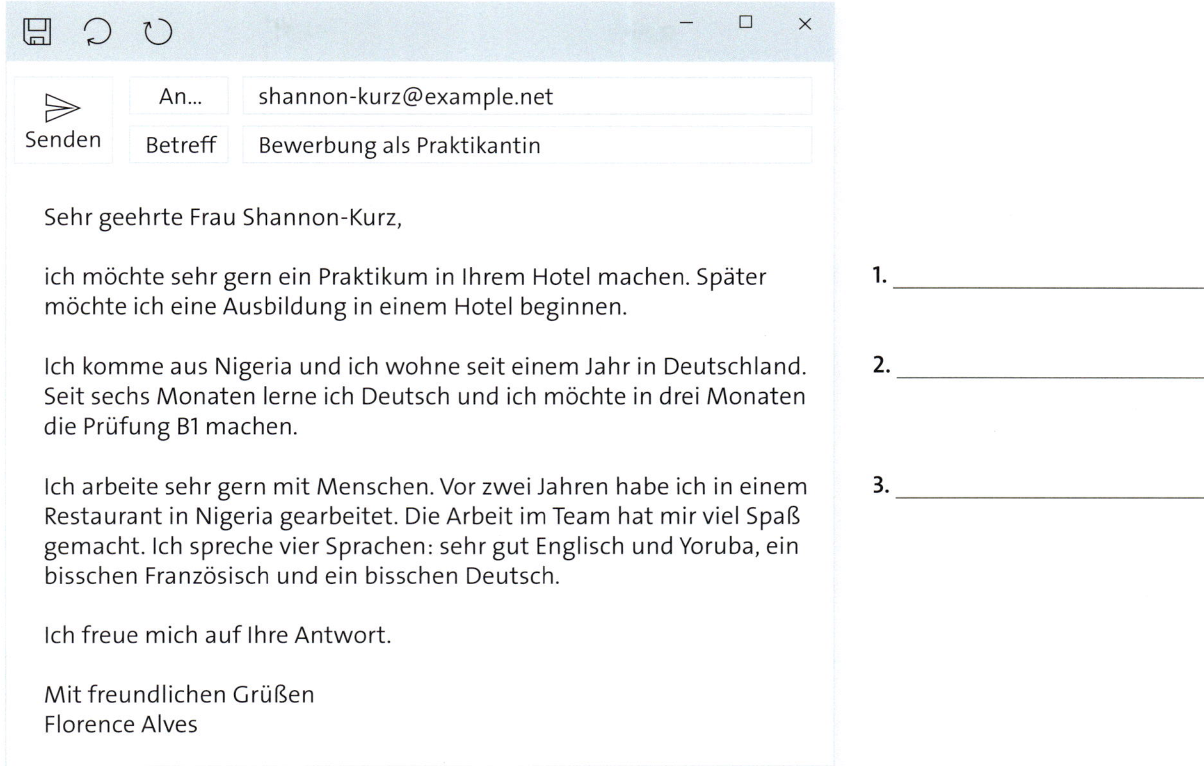

An... shannon-kurz@example.net

Senden

Betreff Bewerbung als Praktikantin

Sehr geehrte Frau Shannon-Kurz,

ich möchte sehr gern ein Praktikum in Ihrem Hotel machen. Später möchte ich eine Ausbildung in einem Hotel beginnen.

Ich komme aus Nigeria und ich wohne seit einem Jahr in Deutschland. Seit sechs Monaten lerne ich Deutsch und ich möchte in drei Monaten die Prüfung B1 machen.

Ich arbeite sehr gern mit Menschen. Vor zwei Jahren habe ich in einem Restaurant in Nigeria gearbeitet. Die Arbeit im Team hat mir viel Spaß gemacht. Ich spreche vier Sprachen: sehr gut Englisch und Yoruba, ein bisschen Französisch und ein bisschen Deutsch.

Ich freue mich auf Ihre Antwort.

Mit freundlichen Grüßen
Florence Alves

1. ______________________

2. ______________________

3. ______________________

c Wie ist die Anrede? Wie ist der Gruß? Unterstreichen Sie in b.

d Welche Anreden und welche Grüße in einer E-Mail kennen Sie noch? Sammeln Sie im Kurs.

private E-Mail	formelle E-Mail
Liebe ...,	*Sehr geehrte Frau ...,*

e Wählen Sie einen Ort für ein Praktikum. Schreiben Sie eine Bewerbung.

das Autohaus • die Bäckerei • der Blumenladen • der Computerladen • der Fahrradladen • das Hotel • das Pflegeheim • ...

Ich möchte gern ein Praktikum in Ihrem Hotel / in Ihrer Bäckerei / ... machen.

Ich komme aus ... Ich wohne seit ... in ...

Seit ... Jahren/Monaten lerne ich Deutsch. Ich spreche ...

Vor ... Jahren/Monaten habe ich in ... gearbeitet. Die Arbeit hat mir Spaß gemacht.

Ich arbeite (sehr) gern mit Menschen. / Ich arbeite gern mit den Händen. / Ich kann gut ...

Ich freue mich auf Ihre Antwort.

f Tauschen Sie Ihre Bewerbung mit Ihrer Partnerin / Ihrem Partner. Lesen Sie. Was möchten Sie noch wissen? Stellen Sie zwei Fragen.

- Was haben Sie im Restaurant gemacht?
- Ich habe in der Küche gearbeitet. Ich habe gekocht.
- Wann können Sie bei uns anfangen?

D Ich bin nach Oldenburg gekommen ...

1 ... und bin dort geblieben.

a Als was arbeitet Ewa Kulik? Was macht sie genau? Sehen Sie das Foto an. Sprechen Sie im Kurs.

Ewa Kulik arbeitet vielleicht als ...

Sie muss jeden Tag ...

b Was hat Frau Kulik wann gemacht? Lesen Sie. Unterstreichen Sie die Jahreszahlen. Ergänzen Sie rechts.

Menschen aus unserer Region

Gekommen nach und geblieben in OLDENBURG

Ewa Kulik kommt aus Polen und lebt schon seit 16 Jahren in Deutschland. Seit 2021 hat sie einen Blumenladen in Oldenburg. Wir haben sie heute in ihrem Laden „Blume und Freude" getroffen.

Frau Kulik, wann sind Sie nach Deutschland gekommen?
Ich bin 2006 nach Deutschland – nach Oldenburg – gekommen und ich bin in Oldenburg auch geblieben. Ich mag Oldenburg sehr gern.

Was haben Sie am Anfang gemacht und was machen Sie heute?
Zuerst – also von 2007 bis 2009 – bin ich zur Sprachschule gegangen und ich habe Deutsch gelernt. 2010 habe ich ein Praktikum in einem Blumenladen gemacht. Ein Jahr später habe ich dort eine Ausbildung zur Floristin gemacht. Die Ausbildung hat zwei Jahre gedauert. Dann habe ich dort bis 2020 gearbeitet. Das hat Spaß gemacht, aber später habe ich einen Laden für mich gesucht. Das hat ein paar Monate gedauert. 2021 habe ich einen Laden gefunden.

Warum haben Sie eine Ausbildung zur Floristin gemacht?
Ich habe immer gern im Garten gearbeitet. In Polen habe ich auch schon eine Ausbildung zur Gärtnerin gemacht: von 1998 bis 2001. Dann habe ich von 2002 bis 2005 als Gärtnerin gearbeitet. Blumen sind schön und bunt. Das mag ich.

Wie ist die Arbeit im eigenen Laden?
Ich habe von Januar bis Mai 2021 allein im Laden gearbeitet. Allein – das ist nicht immer leicht. Seit Juni

arbeitet Laura hier. Sie organisiert alles im Büro. Sie geht auch auf die Blumenmärkte und sie kauft ein. Jetzt kann ich im Laden sein und Blumen verkaufen. Das ist toll!

Was wollen Sie noch lernen?
Oh, viel! Zum Beispiel: Wie können wir den Laden gut organisieren? Ich mache jetzt einen Managementkurs für Frauen. Ich möchte meine Arbeit besser organisieren. Das muss ich noch lernen. Ich arbeite immer sehr lange und ich will am Abend nicht so müde nach Hause kommen.

Dann wünschen wir Ihnen viel Erfolg! Und herzlichen Dank!

Lernziele: ein Interview verstehen • Notizen machen • Informationen über andere Personen weitergeben • Perfekt mit *haben* und *sein* •

Name: ______________________________

Beruf: ______________________________

Ausbildung:

von *1998* bis *2001*: Ausbildung zur ____________, Krakau (Polen)

von ______ bis ______: Deutschkurs, Oldenburg

______: Praktikum im Blumenladen *Rose*, Oldenburg

von ______ bis *2013*: Ausbildung zur ____________, Oldenburg

Berufserfahrung:

von *2002* bis ______: ____________, Gärtnerei *Kwiatek*, Krakau (Polen)

von *2013* bis ______: *Floristin*, Blumenladen *Rose*, Oldenburg

seit ______: Laden *Blumen und Freude*, Oldenburg

c Was wissen Sie von Frau Kulik? Fragen Sie und antworten Sie.

Was ist Frau Kulik von Beruf?

Sie ist … von Beruf. Wann ist sie nach Deutschland gekommen?

Sie ist vor … Jahren aus Polen nach Deutschland gekommen. Seit wann …?

2 Mit Bewegung lernen? Perfekt!

a Unterstreichen Sie die Perfekt-Formen im Text in 1b. Schreiben Sie Verb-Karten.

ich bin gekommen

b Lernen Sie die Perfekt-Formen. Gehen Sie dabei. Sie haben fünf Minuten Zeit.

c Arbeiten Sie zu zweit. Mischen Sie die Karten. Ziehen Sie eine Karte. Sagen Sie die Perfekt-Form. Bei einer Perfekt-Form mit *sein* stehen Sie auf.

d Spielen Sie in zwei Gruppen. Eine Person kommt nach vorne. Sie zeigt pantomimisch ein Verb. Beide Gruppen raten. Welche Gruppe bekommt die meisten Punkte?

Regeln
Haben Sie das Verb (Infinitiv) richtig gesagt? Dann bekommt Ihre Gruppe einen Punkt.
Haben Sie auch die Perfekt-Form richtig gesagt? Dann bekommt Ihre Gruppe zwei Punkte: einen Punkt für das Hilfsverb (*haben* oder *sein*) und einen Punkt für die Partizip-II-Form.

3 Alles klar? Wollen Sie mehr üben?

a Was hat Ihnen gefallen? Was war schwer? Was war leicht? Sprechen Sie im Kurs.

b Wiederholen Sie und üben Sie in der App. Wählen Sie A (leichte Übungen) oder B (schwere Übungen).

TREFFPUNKT

Menschen aus Firmen in unserer Region stellen sich vor. Heute:

Jacqueline „Jacky" Müller

von Möbel Hertz

Ich bin geboren: 1988
Ich bin bei der Firma seit: 2008
Ich arbeite als: Verkäuferin. Ich präsentiere Möbel und spreche mit Kunden.
Meine Ausbildung: Ich bin von 1994 bis 2004 zur Schule gegangen. Dann habe ich in Zwickau eine Ausbildung zur Tischlerin gemacht. Ich kann also selbst Möbel bauen. 2008 bin ich nach Leipzig gezogen. Bei Möbel Hertz habe ich zuerst als Tischlerin gearbeitet. Ich habe Möbel kontrolliert und repariert. Dann habe ich zwei Wochen im Verkauf geholfen. Das hat Spaß gemacht. Seit 2015 arbeite ich als Möbel-Verkäuferin.
Ich will noch: ... im Online-Shop arbeiten – da muss man nicht so viel stehen! Und ich finde es sehr interessant.
Kaffee oder Tee? Lieber Orangensaft! Und ohne Milch und Zucker. 😉
In der Freizeit: ... kaufe ich gern alte Möbel auf dem Markt oder im Internet. Ich repariere sie dann zu Hause.
Mein Lieblingsmöbelstück: ... ist das Bett. Ich schlafe sehr gern!

Monatsgrafik:
Was verdient man in Deutschland?

(Datenquelle: Entgeltatlas der Bundesagentur für Arbeit)

1 Jacqueline „Jacky" Müller

2.11

a Als was arbeitet Jacqueline Müller? Lesen Sie und hören Sie. Kreuzen Sie an.

1. ☐ Verkäuferin 2. ☐ Tischlerin 3. ☐ Online-Verkäuferin

b Lesen Sie noch einmal. Schreiben Sie zwei Fragen zum Text. Ihre Partnerin / Ihr Partner antwortet.

2 Was verdient man in Deutschland?

a Was denken Sie: Wer verdient wie viel? Sehen Sie die Grafik an. Raten Sie.

die Krankenschwester / der Krankenpfleger • die Friseurin / der Friseur • die Lehrerin / der Lehrer • die Lageristin / der Lagerist • die Ingenieurin / der Ingenieur • die Verkäuferin / der Verkäufer

b Haben Sie richtig geraten? Kontrollieren Sie auf der rechten Seite unten.

TREFFPUNKT

Vom Bauernhaus bis zum Tiny-House

Jana Abt: Das ist unser Bauernhaus. Wir – mein Mann, ich und die Kinder – wohnen hier mit meinen Eltern zusammen. Das Haus ist groß. Oben wohnen meine Eltern. Sie haben zwei Zimmer und ein Bad. Unten wohnen wir. Wir haben 4 Zimmer, eine Küche, ein Bad und einen Garten. Wir kaufen für meine Eltern ein. Die Kinder sind oft bei den Großeltern. Oma und Opa helfen dann bei den Hausaufgaben.

Ulf de Luca: Wir haben unser Haus selbst gebaut. Wir – das sind meine Frau, ich und unsere 3 Kinder. Hier in unserem Dorf leben wir sehr gesund. Wir fahren nur zur Arbeit in die Stadt. Das Haus hat fünf Zimmer, eine große Küche und zwei Bäder. Wir haben auch einen Garten und eine Terrasse.

Uwe Bleck: Ich wohne mit meiner Tochter in einem Hochhaus in Berlin. Wir haben zwei Zimmer, ein Bad und eine Küche. Die Wohnung ist nicht sehr groß, aber hell. Sie hat große Fenster und einen Balkon. Und sie ist nicht so teuer!

Ilja Malcew: Ich wohne in einem Tiny-House und ich habe es selbst gebaut. Tiny-House bedeutet auf Deutsch: *kleines Haus*. Mein Tiny-House ist sehr klein: 10 m^2. Ich kann hier aber alles machen: wohnen, kochen, schlafen und arbeiten. Das Tiny-House hat Räder: Es kann heute in der Stadt stehen und morgen in einem Dorf. Ich wohne allein hier. Später möchte ich vielleicht mit Freunden in einem Haus mit Garten wohnen.

3 Vom Bauernhaus bis zum Tiny-House

a Arbeiten Sie zu viert. Wählen Sie jeweils einen Text. Lesen Sie. Antworten Sie.

1. Wo wohnt die Person?
2. Wie wohnt die Person?
3. Mit wem wohnt die Person?

b Wo, wie und mit wem wohnt Ihre Person? Erzählen Sie.

c Projekt. Wie möchten Sie wohnen? Arbeiten Sie zu viert. Machen Sie ein Plakat. Suchen Sie Fotos. Schreiben Sie einen Text. Präsentieren Sie im Kurs.

Lösung zu 2a: 1.666 € die Friseurin / der Friseur; 2.279 € die Lageristin / der Lagerist; 2.445 € die Verkäuferin / der Verkäufer; 3.645 € die Krankenschwester / der Krankenpfleger; 4.444 € die Lehrerin / der Lehrer; 5.858 € die Ingenieurin / der Ingenieur

13 Beim Arzt

1 ☐

2 ☐

3 ☐

4 ☐

A Haben Sie Schmerzen?

1 Ich habe Zahnschmerzen.

a Wie geht es Ihnen heute? Sprechen Sie im Kurs.

Gut. Ich habe gut geschlafen. — Nicht so gut. Mein Kind ist krank. — Es geht. Ich bin müde.

b Kurskette. Zeigen Sie ein Körperteil. Ihre Partnerin / Ihr Partner sagt das Wort. Die Bildleiste hilft.

c Welche Schmerzen hat Selma? Sehen Sie die Fotos oben an. Sprechen Sie im Kurs.

Foto 2: Selma hat Rückenschmerzen. Sie zieht um. Sie trägt viele Kisten.

Ich habe ...schmerzen. 

d Welches Foto oben passt? Lesen Sie. Kreuzen Sie an.

Selma 14:14
Hallo, Janina! Ich habe seit gestern Zahnschmerzen. Kennst du einen Zahnarzt oder eine Zahnärztin?

Janina 14:20
Oje! Ich gehe immer zu Herrn Wonnemann. Ich finde, er ist sehr gut. Seine Telefonnummer ist 040 32519967. Oder willst du lieber zu einer Ärztin gehen?

Selma 14:23
Nein, das ist egal. Danke!

der Kopf

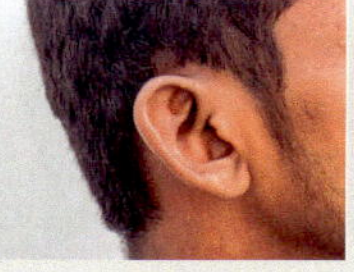
das Ohr

das Auge

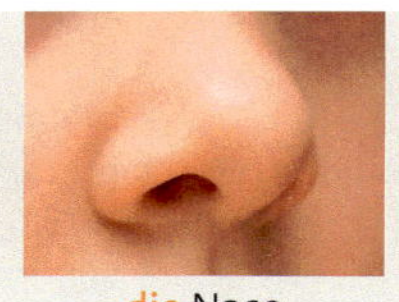
die Nase

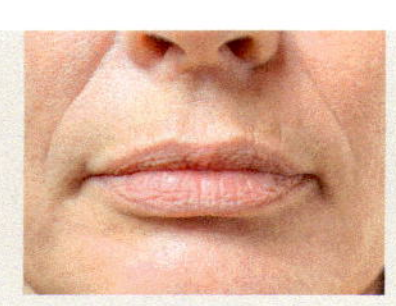
der Mund

der Zahn

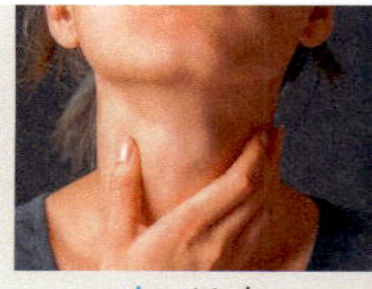
der Hals

Lernziele: sagen, dass man krank ist • mithilfe von Gestik zeigen, dass etwas wehtut • einen Arzttermin vereinbaren • das Wort *Hausarzt*

e Richtig oder falsch? Lesen Sie in d noch einmal. Kreuzen Sie an.

	richtig	falsch
1. Selma hat seit einer Woche Zahnschmerzen.	☐	☐
2. Janina kennt einen Zahnarzt.	☐	☐
3. Selma möchte lieber zu einer Frau.	☐	☐
4. Janina ruft bei dem Arzt an.	☐	☐

2.12

f Phonetik: *z*. Hören Sie. Sprechen Sie nach.

1. der Zahn – die Schmerzen – die Zahnschmerzen
2. der Arzt – die Ärztin – der Zahnarzt – die Zahnärztin
3. Ich habe Zahnschmerzen. – Ich muss zum Zahnarzt.

g Welche Schmerzen haben Sie? Spielen Sie Pantomime. Raten Sie.

Tut dein Arm weh? — Nein. — Hast du Rückenschmerzen?

Mein Kopf tut weh.
Ich habe Bauchschmerzen.

2 Arztpraxis Dr. Wonnemann, guten Tag.

a Wann gehen Sie zum Arzt? Sprechen Sie im Kurs.

zum Hausarzt • zur HNO-Ärztin • zum Kinderarzt • zur Augenärztin • zum Zahnarzt

Meine Tochter ist krank. Sie hat Halsschmerzen. Wir gehen zum Kinderarzt.

b Wie heißt der *Hausarzt* in anderen Sprachen? Sammeln Sie im Kurs.

Auf Französisch sagt man: *médecin de famille*. Das heißt: *Arzt von der Familie*.

2.13

c Wann hat der Arzt Sprechstunde? Hören Sie. Ergänzen Sie.

Dr. med. Alexander Wonnemann
Zahnarzt

Mo, Di, Do 8:00 – ________, ________ – 18:00

Fr 8:00 – ________

Mi geschlossen

Doktor Wonnemann hat am Montag von ... bis ... Uhr Sprechstunde.

2.14

d Wann ist der Termin von Selma? Hören Sie. Schreiben Sie.

e Sie haben Schmerzen. Suchen Sie zu zweit im Internet eine Ärztin / einen Arzt in Ihrer Stadt. Schreiben Sie den Namen, die Telefonnummer und die Sprechstunden.

Ohrenschmerzen: Arztpraxis Dr. Schmitt, HNO-Arzt
Montag: ...

f Arbeiten Sie zu zweit. Wählen Sie eine Rolle (A oder B). Spielen Sie den Dialog. Die App hilft.

A — **Sie arbeiten in der Arztpraxis.** Eine Patientin / Ein Patient ruft an.

B — **Sie haben Schmerzen.** Sie rufen an und möchten einen Termin vereinbaren.

der Rücken — der Bauch — der Arm — die Hand — der Finger — das Bein — der Fuß

B Bleiben Sie bitte zu Hause.

1 Ich komme zum Arzt mit.

28

a Was hat Martina? Sehen Sie das Video. Kreuzen Sie an.

28

b Geht jemand mit Martina zum Arzt? Warum? Sehen Sie das Video noch einmal. Wie finden Sie das? Wie machen Sie das? Sprechen Sie im Kurs.

Ich gehe immer allein zum Arzt. Das ist normal für mich.

Ich gehe mit meiner Schwester. Das ist praktisch. Sie spricht sehr gut Deutsch.

Ich gehe oft allein. Aber manchmal geht es mir sehr schlecht. Dann kommt ein Freund mit.

2 Trinken Sie viel Tee!

2.15

a Bei der Ärztin. Was ist richtig? Hören Sie. Kreuzen Sie an.

1. Martina Schmittke hat seit ☐ zwei Tagen ☐ drei Tagen Fieber.
2. Martina Schmittke hat ☐ eine Erkältung ☐ eine Grippe.
3. Martina Schmittke muss in ☐ einer Woche ☐ zwei Wochen wiederkommen.

2.15

b Was sagt die Ärztin? Hören Sie noch einmal. Markieren Sie.

Öffnen Sie den Mund! • Gehen Sie spazieren! • Atmen Sie tief ein! • Atmen Sie wieder aus! • Machen Sie regelmäßig Sport! • Nehmen Sie Tabletten! • Bleiben Sie zu Hause! • Schlafen Sie viel! • Trinken Sie viel Tee! • Kommen Sie in einer Woche wieder!

c Lesen Sie. Ergänzen Sie die Sätze aus b.

Imperativ mit *Sie*

Sie schlafen viel.	**Schlafen Sie** viel!		
schlafen	*Schlafen*	*Sie*	*viel!*
öffnen	______	______	______
einatmen	______	______	______
bleiben	______	______	______
trinken	______	______	______

Lernziele: Arztgespräche führen • sagen, wie es einem geht • Anweisungen verstehen und geben • Gewohnheiten bei Arztbesuchen

3 Bleiben Sie doch im Bett!

a Was haben die Personen? Welche Tipps haben Sie? Sammeln Sie im Kurs.

1

2

3

Foto 1: Erkältung: im Bett bleiben, ...

b Was empfehlen Sie? Schreiben Sie Tipps mit den Informationen in a.

Foto 1: Bleiben Sie doch im Bett!
Trinken Sie doch einen Tee!

Bleiben Sie **doch** im Bett! 

c Kursspaziergang: Sind Sie krank? Geben Sie Tipps.

- Ich habe eine Erkältung.
- Bleiben Sie doch im Bett!
- Ja, das mache ich.

4 Ich habe Halsschmerzen.

a Ärztin/Arzt oder Patientin/Patient? Wer sagt was? Ergänzen Sie.

______________________	______________________
Guten Tag, Frau/Herr ... Was fehlt Ihnen?	Ich habe Husten/...
Haben Sie Fieber/Schmerzen?	Mein ... tut sehr weh. / Meine ... tun weh.
Seit wann?	Seit zwei Tagen / Seit einer Woche / ...
Bleiben Sie zu Hause! / Trinken Sie Tee!	Das mache ich, danke.
Nehmen Sie ...	
Kommen Sie in zwei/drei/... Tagen wieder!	
Gute Besserung!	

b Arbeiten Sie zu zweit. Wählen Sie eine Situation (A oder B). Schreiben Sie einen Dialog.

A Sie haben seit zwei Tagen **Kopfschmerzen und Schnupfen**. Sie gehen zur Hausärztin / zum Hausarzt. Ihre Partnerin / Ihr Partner ist die Ärztin / der Arzt.

B Sie haben seit einer Woche **Ohrenschmerzen**. Sie gehen zur HNO-Ärztin / zum HNO-Arzt. Ihre Partnerin / Ihr Partner ist die Ärztin / der Arzt.

c Spielen Sie den Dialog.

C Der Abend war interessant.

1 Die Suppe war sehr salzig.

a Was denken Sie: Was ist passiert? Ordnen Sie die Bilder.

Ich glaube, Nummer 1 ist Bild B. Felix spricht mit einem Freund und lacht.

b Lesen Sie. Kontrollieren Sie Ihre Lösung in a.

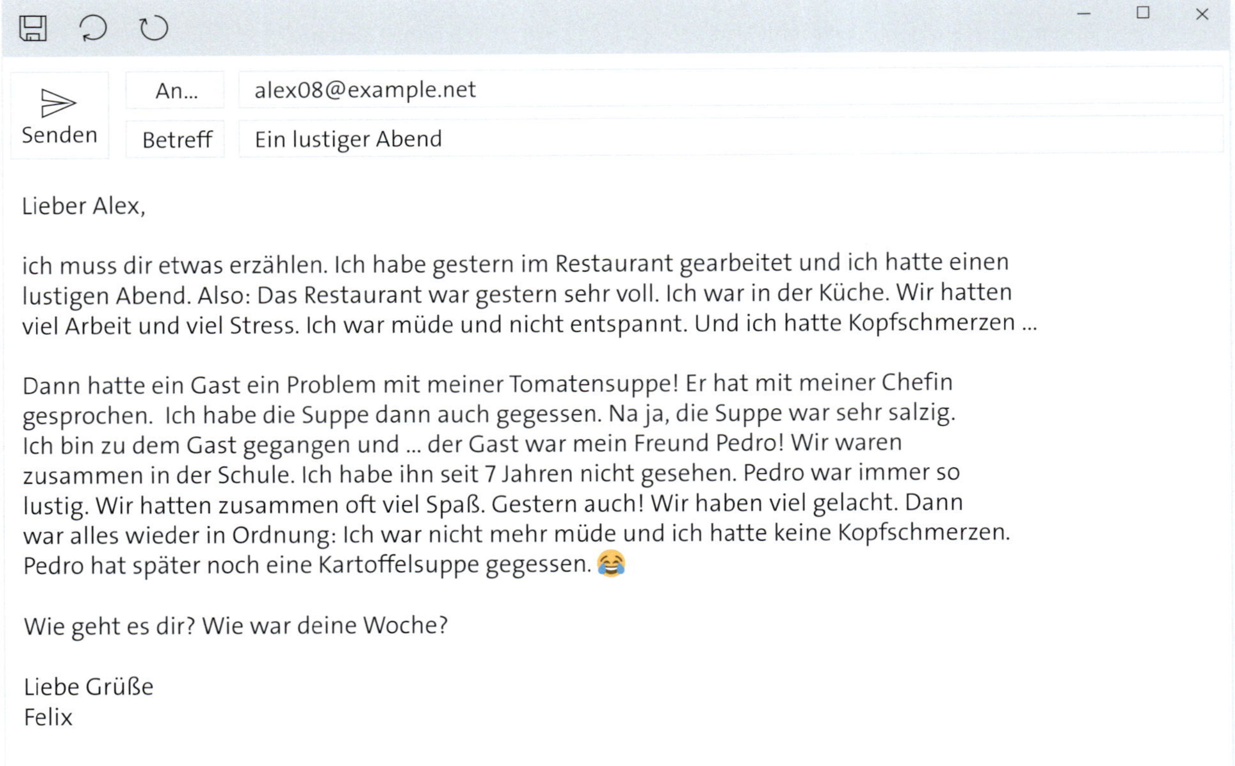

Senden

An... alex08@example.net

Betreff Ein lustiger Abend

Lieber Alex,

ich muss dir etwas erzählen. Ich habe gestern im Restaurant gearbeitet und ich hatte einen lustigen Abend. Also: Das Restaurant war gestern sehr voll. Ich war in der Küche. Wir hatten viel Arbeit und viel Stress. Ich war müde und nicht entspannt. Und ich hatte Kopfschmerzen ...

Dann hatte ein Gast ein Problem mit meiner Tomatensuppe! Er hat mit meiner Chefin gesprochen. Ich habe die Suppe dann auch gegessen. Na ja, die Suppe war sehr salzig. Ich bin zu dem Gast gegangen und ... der Gast war mein Freund Pedro! Wir waren zusammen in der Schule. Ich habe ihn seit 7 Jahren nicht gesehen. Pedro war immer so lustig. Wir hatten zusammen oft viel Spaß. Gestern auch! Wir haben viel gelacht. Dann war alles wieder in Ordnung: Ich war nicht mehr müde und ich hatte keine Kopfschmerzen. Pedro hat später noch eine Kartoffelsuppe gegessen. 😂

Wie geht es dir? Wie war deine Woche?

Liebe Grüße
Felix

Lernziele: eine Geschichte verstehen • eine Geschichte schreiben • Präteritum: *sein* und *haben*

c **Markieren Sie in b alle Verben in der Vergangenheit. Schreiben Sie.**

ich habe gearbeitet – arbeiten
ich hatte – haben
...

d **Lesen Sie noch einmal in b. Ergänzen Sie.**

Präteritum: *sein* und *haben*

	sein	**haben**
ich	______	______
du	warst	hattest
er/es/sie	______	______
wir	______	______
ihr	wart	hattet
sie/Sie	waren	hatten

2.16

e **Phonetik: lang oder kurz? Hören Sie. Sprechen Sie nach.**

1. war – der Abend – sehr – die Schule – so viel – müde
2. hatte – der Gast – Stress – lustig – voll

f **Kurskette: Wie war der Abend von Felix? Sprechen Sie wie im Beispiel.**

müde sein • Kopfschmerzen haben • viele Gäste: im Restaurant sein • viel Stress haben • viel Arbeit haben • die Suppe: sehr salzig sein • ein Gast: nicht zufrieden sein • der Gast: ein Freund von Felix sein • zusammen Spaß haben • nicht mehr müde sein • der Abend: lustig sein

Felix war müde.

Felix war müde. Er hatte Kopfschmerzen.

Er hatte Kopfschmerzen. Im Restaurant waren viele Gäste.

2 Was ist passiert?

a **Und wie war Ihr Tag gestern? Schreiben Sie mindestens fünf Sätze.**

Mein Tag war schön. Ich war im Deutschkurs. Dann hatte ich viele Hausaufgaben. Am Nachmittag war ich im Café und ich habe dort ein Eis gegessen. Das war lecker. Am Abend war ich zu Hause. Ich war glücklich, aber sehr müde.

b **Was ist passiert? Arbeiten Sie zu zweit. Wählen Sie eine Rolle in der App (A oder B). Ihre Partnerin / Ihr Partner wählt die andere Rolle. Schreiben Sie eine Geschichte. Wie ist das Ende?**

Sara hatte seit Samstag ...

c **Wer war die Nachbarin / der Nachbar in Ihrer Geschichte? Lesen Sie Ihre Geschichte vor. Hören Sie die anderen Geschichten. Vergleichen Sie.**

D Jetzt bin ich entspannt.

1 Schließen Sie die Augen.

a **Was denken Sie: Was macht der Mann auf dem Foto? Was hört er? Sprechen Sie im Kurs.**

b **Welche Körperteile sind das? Schreiben Sie.**

2.17 **c** **Ein Körperspaziergang. Welche Körperteile hören Sie? Ordnen Sie in b.**

2.17 **d** **Und jetzt Sie! Hören Sie noch einmal. Machen Sie den Körperspaziergang.**

e **Wie geht es Ihnen jetzt? Wie war der Körperspaziergang für Sie? Sprechen Sie.**

Super. Jetzt bin ich entspannt.

2 Übungen selbst schreiben

a **Präteritum: *haben* oder *sein*? Ergänzen Sie.**

Hallo! Du *warst* ___ gestern nicht im Kurs. Wo ___ du?

___ du krank?

Ja, ich ___ krank und ich ___ zu Hause.

Was ___ du?

Ich ___ Kopfschmerzen. Ich ___ nur im Bett.

___ du auch Fieber?

Nein, ich ___ kein Fieber. Wie ___ es im Sprachkurs?

Gut. Wir haben neue Grammatik gelernt. Und wie geht es dir heute?

Heute Morgen ___ ich gesund. Aber jetzt die Grammatik!

Jetzt habe ich wieder Kopfschmerzen!

Lernziele: eine Entspannungsübung verstehen • berichten, was gestern passiert ist • Wortfeld: Körperteile • Strategie: Übungen selbst

b **Wie war Ihr Tag gestern? Arbeiten Sie zu zweit. Wählen Sie eine Aufgabe (A oder B). Ihre Partnerin / Ihr Partner wählt die andere Aufgabe. Schreiben Sie einen Text mit Bleistift.**

A	B
Sie hatten viel **Stress**.	Sie waren **entspannt**, der Tag war schön.

müde/entspannt/lustig/schön/ ... sein • viele/keine Termine haben • krank/gesund sein • im Kino / im Schwimmbad / in der Schule / ... sein • keine/viel Zeit haben • Spaß haben • viele/wenige Hausaufgaben haben • Halsschmerzen/Rückenschmerzen/... haben

Ich war gestern sehr müde. Ich hatte viele Termine und viel Stress. Ich ... Der Tag ...

c **Radieren Sie die Verben aus. Tauschen Sie Ihre Texte zu zweit. Ihre Partnerin / Ihr Partner ergänzt.**

Ich gestern sehr müde.

d **Alles richtig? Tauschen Sie Ihre Texte zurück. Korrigieren Sie.**

e **Lesen Sie Ihren Text mit Emotionen (gestresst/glücklich) laut vor.**

3 Grammatik ohne Kopfschmerzen

Wie lernen Sie gern Grammatik? Sprechen Sie zu viert.

1. bewegte Sätze

Bewegte Sätze. Tauschen Sie Ihre Karten mit einer anderen Gruppe. Bilden Sie den Satz.

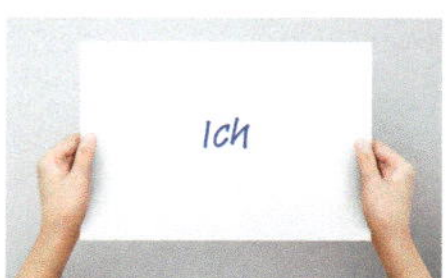

2. Plakate machen

Arbeiten Sie in vier Gruppen. Machen Sie vier Plakate. Sammeln Sie unregelmäßige Verben.

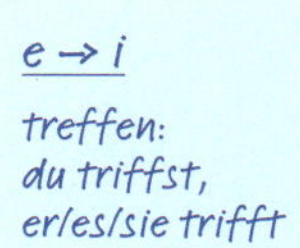

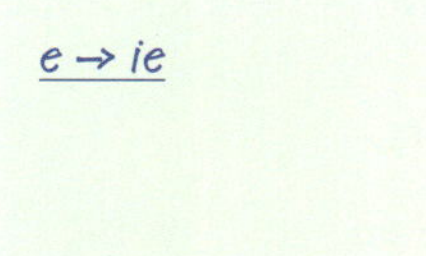

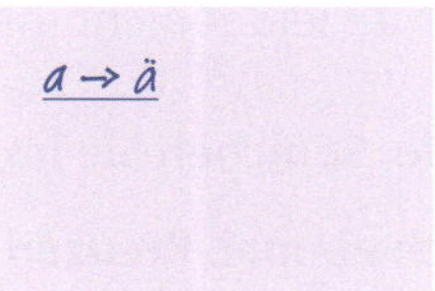

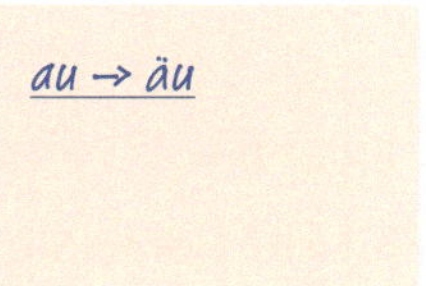

3. mit Videos lernen

Ich mag bewegte Sätze. Da arbeiten wir zusammen. Das macht Spaß!

Ich mache nicht gern Plakate. Ich lerne lieber ...

4 Alles klar? Wollen Sie mehr üben?

a **Was hat Ihnen gefallen? Was war schwer? Was war leicht? Sprechen Sie im Kurs.**

b **Wiederholen Sie und üben Sie in der App. Wählen Sie A (leichte Übungen) oder B (schwere Übungen).**

14 Die Krankschreibung

A Ich kann heute leider nicht ...

1 Es geht mir nicht gut.

a Was denken Sie: Wie geht die Überschrift A weiter? Sehen Sie die Fotos an. Sammeln Sie im Kurs.

Ich habe eine Idee: Ich kann heute leider nicht ins Kino gehen. Ich habe Fieber.

2.18 **b Welche Idee aus a passt? Hören Sie. Sprechen Sie im Kurs.**

2.18 **c Richtig oder falsch? Hören Sie noch einmal. Kreuzen Sie an.**

	richtig	falsch
1. Ingo ruft um 8:15 Uhr an.	☐	☐
2. Er war gestern auf einer Party.	☐	☐
3. Er hat Fieber.	☐	☐
4. Sein Kopf tut weh.	☐	☐
5. Er kommt später zur Arbeit.	☐	☐

d Sie sind krank. Was machen Sie? Sprechen Sie im Kurs.

zur Arbeit gehen • zur Ärztin / zum Arzt gehen • zu Hause bleiben • im Bett bleiben • die Chefin / den Chef anrufen • ...

Ich gehe zur Arbeit. Ein bisschen Fieber ist nicht schlimm.

Nein, ich nicht. Ich ...

Lernziele: sich (bei der Arbeit, im Kurs) telefonisch und schriftlich krankmelden • Informationen zur Krankschreibung verstehen •

2 Was muss ich machen?

a Arbeiten Sie zu zweit. Wählen Sie eine Situation (A oder B). Ihre Partnerin / Ihr Partner wählt die andere Situation. Hören Sie oder lesen Sie in der App. Schreiben Sie Antworten. Sie haben nicht alle Informationen.

2.19

Tipps von einem Arbeitskollegen 

Informationen vom Arbeitgeber 

1. Wann und wie informieren Sie den Arbeitgeber?
2. Wann brauchen Sie eine Krankschreibung?
3. Wann muss der Arbeitgeber die Krankschreibung haben?
4. Wie schicken Sie die Krankschreibung?
5. Ihr Kind ist krank: Was machen Sie?

A: *1. die Chefin gleich am Morgen anrufen, ...*

B: *1. den Arbeitgeber informieren: anrufen, ...*

b Was ist gleich? Was fehlt? Vergleichen Sie Ihre Antworten aus a. Schreiben Sie zu zweit ein Infoblatt.

c Was war neu für Sie? Was haben Sie schon gewusst? Sprechen Sie im Kurs.

3 Ich kann heute leider nicht arbeiten.

a Wie schreibt man eine E-Mail an die Chefin / den Chef? Ergänzen Sie.

Mit freundlichen Grüßen • zum Arzt • krank • Liebe Frau • die Krankschreibung • zur Arbeit kommen • ~~Heute krank~~

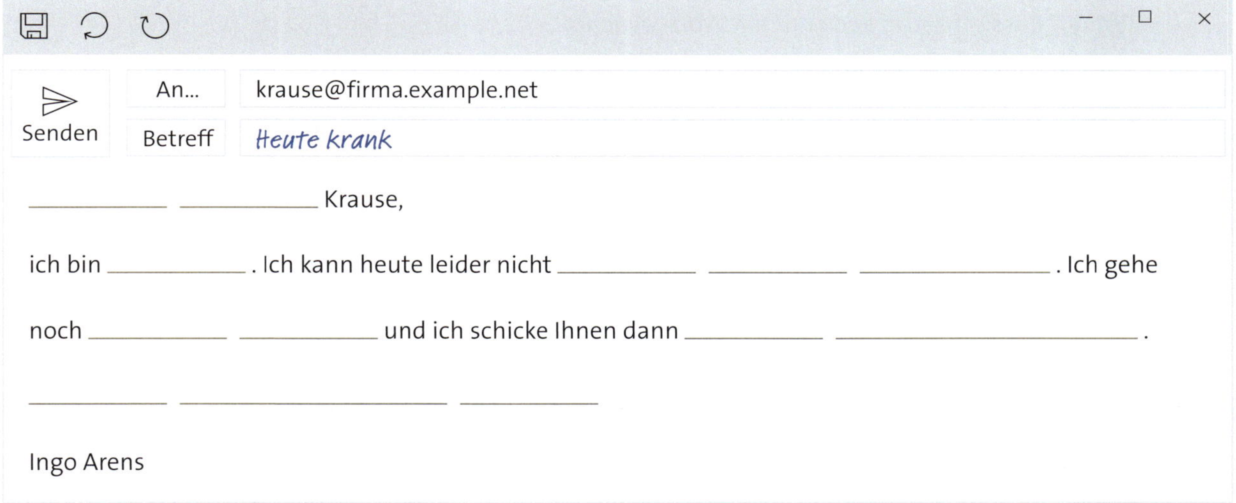

Senden | An... krause@firma.example.net

Betreff *Heute krank*

______ ______ Krause,

ich bin ______. Ich kann heute leider nicht ______ ______ ______. Ich gehe noch ______ ______ und ich schicke Ihnen dann ______ ______.

______ ______ ______

Ingo Arens

b Sie sind krank und Sie können nicht zum Kurs kommen. Schreiben Sie eine E-Mail.

c Alles richtig? Tauschen Sie die Texte zu zweit. Kontrollieren Sie.

d Arbeiten Sie zu zweit. Wählen Sie eine Situation (A oder B). Spielen Sie einen Dialog. Die App hilft.

A – Sie können nicht zum Kurs kommen.
Sie sind krank. Rufen Sie an.
Ihre Partnerin / Ihr Partner ist die Kursleiterin / der Kursleiter.

B – Sie können nicht zur Arbeit kommen.
Sie sind krank. Rufen Sie an.
Ihre Partnerin / Ihr Partner ist die Chefin / der Chef.

B Ich soll Medikamente nehmen.

1 Ich habe hier ein Rezept.

2.20

a In der Apotheke. Wie oft muss Ingo die Medikamente nehmen? Hören Sie. Schreiben Sie.

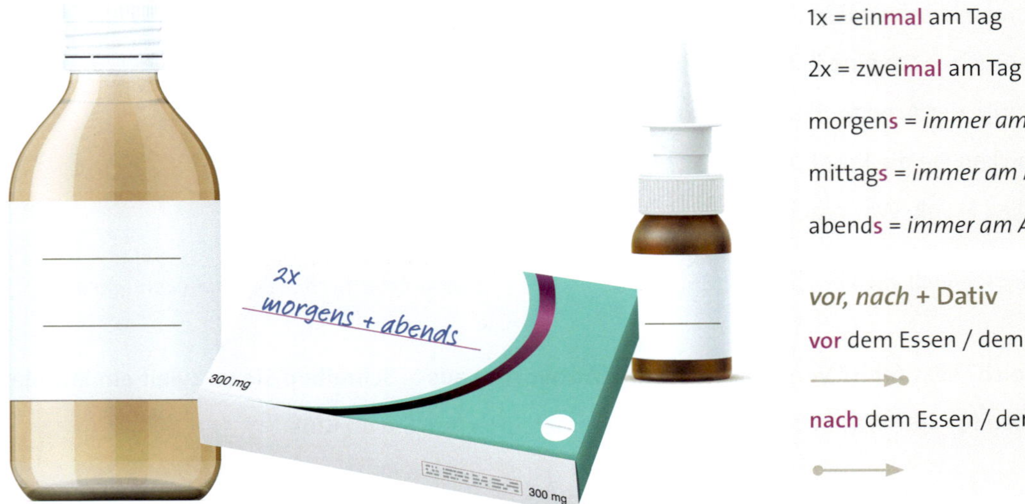

1x = einmal am Tag

2x = zweimal am Tag

morgens = *immer am Morgen*

mittags = *immer am Mittag*

abends = *immer am Abend*

vor, nach + Dativ

vor dem Essen / dem Schlafen

nach dem Essen / dem Schlafen

Ingo muss die Tabletten zweimal am Tag nehmen:
morgens und abends vor dem Schlafen.

b Sie kennen das Wort *Rezept* aus Kapitel 7. Was bedeutet es dort? Was bedeutet es hier? Wie sagt man es in Ihren Sprachen? Sprechen Sie im Kurs.

Auf Russisch ist es auch nur ein Wort: *рецепт*.

Auf Arabisch heißt *Rezept* ...

2.21

c Phonetik: *pf*. Hören Sie. Sprechen Sie nach.

pf: pfff – der Kopf – der Schnupfen – das Pflaster – die Tropfen

d Sprechen Sie zu zweit wie im Beispiel. Die Bildleiste hilft.

1 

2 

3 

4 

Guten Tag, was möchten Sie?

Guten Tag. Ich habe Schnupfen und ich brauche ein Medikament.

Ich kann Ihnen das Spray hier empfehlen.

2.20

e Was kauft Ingo noch? Hören Sie noch einmal. Kreuzen Sie an.

1. ☐ Taschentücher 2. ☐ Nasenspray 3. ☐ Hustentropfen

die Apotheke

das Medikament

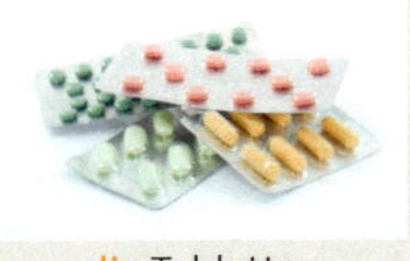
die Tablette

die Salbe

die Tropfen (Pl.)

Lernziele: Anweisungen verstehen • Gespräche in der Apotheke führen • das Wort *Rezept* in verschiedenen Sprachen vergleichen •

2 Ich soll eine Woche zu Hause bleiben.

a Was hat der Arzt gesagt? Lesen Sie. Kreuzen Sie an.

Mbaye 11:25
Hallo, wie geht's? Warst du schon beim Arzt?

Ingo 11:27
Ja, jetzt liege ich wieder im Bett. Der Arzt hat gesagt, ich soll eine Woche zu Hause bleiben, Medikamente nehmen und viel Tee trinken.

Mbaye 11:30
Alles klar. Dann gute Besserung! Hoffentlich bist du bald wieder gesund!

Ingo 11:31
Danke, ja, hoffentlich! Ach so: Der Arzt hat auch noch gesagt, mein Freund soll für mich Tee kochen. Und er soll für mich einen Kuchen kaufen. Das ist sehr wichtig! 😉

Mbaye 11:32
🤣 Aha, ich verstehe ... Okay, ich besuche dich nach der Arbeit. Bis dann!

1. ☐ Ingo soll im Bett bleiben.
2. ☐ Ingo soll Medikamente nehmen.
3. ☐ Mbaye soll Tee trinken.
4. ☐ Mbaye soll Kuchen backen.

b Kurskette. Sprechen Sie wie im Beispiel. Der Grammatikkasten hilft.

Tabletten nehmen • Hustensaft kaufen • viel Tee trinken • nicht fernsehen und viel schlafen • nicht telefonieren • im Bett bleiben • gesund essen • zum Arzt gehen • Sport machen • ...

Nehmen Sie Tabletten.

Sie/Er sagt, ich soll Tabletten nehmen. Kaufen Sie Hustensaft.

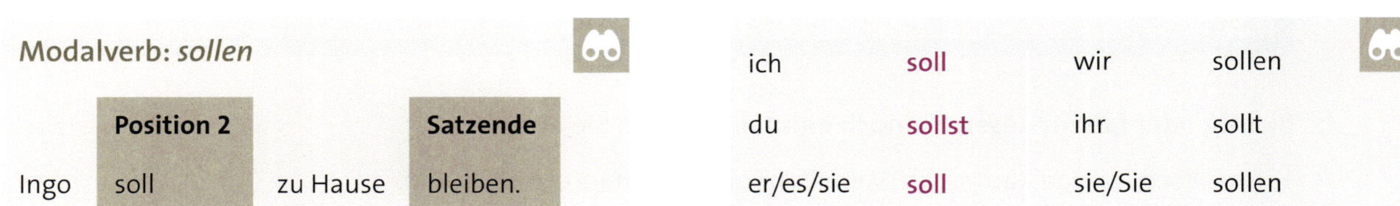

Modalverb: *sollen*

	Position 2		Satzende
Ingo	soll	zu Hause	bleiben.

ich	soll	wir	sollen
du	sollst	ihr	sollt
er/es/sie	soll	sie/Sie	sollen

c Arbeiten Sie zu zweit. Variieren Sie den Dialog.

- Guten Tag, ich habe hier ein Rezept.
- Gut. Hier sind die Tabletten. Nehmen Sie die Tabletten zweimal am Tag: morgens und abends.
- Muss ich die Tabletten vor dem Essen oder nach dem Essen nehmen?
- Nach dem Essen. Das macht dann 15,20 Euro. Und die Taschentücher bekommen Sie noch dazu.
- Vielen Dank!

d Was soll die Kundin / der Kunde tun? Spielen Sie Ihren Dialog im Kurs. Die anderen erzählen.

der Hustensaft

das Pflaster

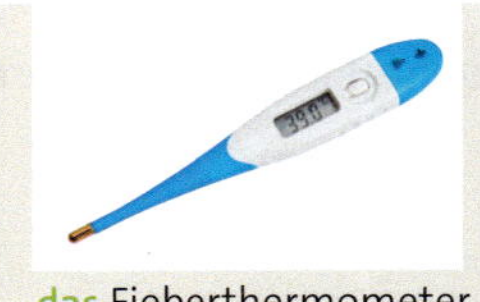
das Fieberthermometer

das Spray

das Taschentuch

C Wir haben einen Notfall!

1 Was soll man tun?

a Welches Foto passt? Lesen Sie. Ordnen Sie zu.

1 

2 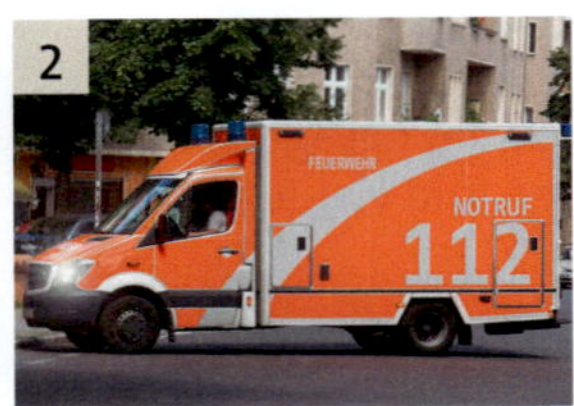

3 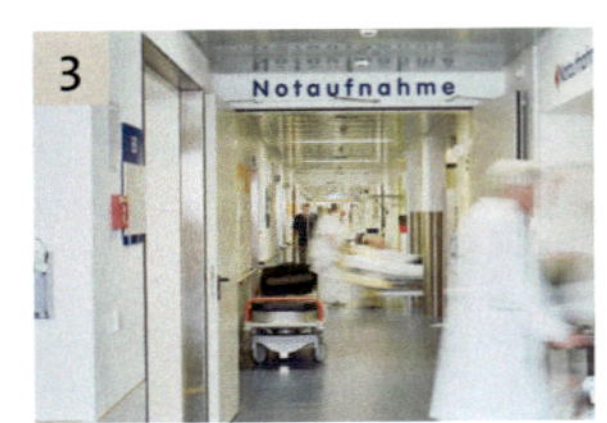

4 

Was soll man in Notfällen tun?

☐ **Sie brauchen dringend ein Medikament:**

Es ist Sonntag und die Apotheken haben geschlossen. Dann helfen die **Notapotheken**. Sie haben auch nachts und am Wochenende geöffnet. Die Adressen finden Sie im Internet oder in den Apotheken (an den Türen).

☐ 1 **Sie können nicht bis morgen warten:**

Sind Sie krank und ist die Arztpraxis zu? Oder ist es schon Nacht? Wählen Sie die Nummer 116 117! Dort bekommen Sie die Adresse vom **Bereitschaftsarzt**. Manchmal besucht der Arzt oder die Ärztin Sie auch zu Hause.

☐ **Sie brauchen sofort Hilfe:**

Es ist Nacht, es geht Ihnen sehr schlecht oder Sie sind verletzt. Dann fahren Sie zu einem Krankenhaus. Fast alle Krankenhäuser haben eine **Notaufnahme**. Sie hat 24 Stunden geöffnet.

☐ **Jede Minute ist wichtig:**

Eine Person hatte einen Unfall und ist sehr schwer verletzt. Oder eine Person hat starke Schmerzen und es muss sehr schnell gehen. Dann rufen Sie die **Notruf**-Nummer 112 an.

b Richtig oder falsch? Lesen Sie noch einmal. Kreuzen Sie an.

	richtig	falsch
1. Am Wochenende kann man Medikamente nur im Internet kaufen.	☐	☐
2. Der Bereitschaftsarzt kommt manchmal zu Ihnen nach Hause.	☐	☐
3. In die Notaufnahme kann man nur nachts gehen.	☐	☐
4. Die 112 ruft man nur bei sehr schlimmen Notfällen an.	☐	☐

c Was machen Sie? Welcher Notdienst in a hilft? Sprechen Sie im Kurs.

1. Es ist Mittwochabend. Ihr Kind hat 40,2 Grad Fieber und hustet stark.
2. Sie hatten einen Fahrradunfall und Ihre Hand tut sehr weh.
3. Sie sehen einen Unfall. Eine Person ist schwer verletzt.
4. Es ist Sonntag. Sie haben Zahnschmerzen und Sie brauchen Schmerztabletten.

In Situation 1 rufe ich den Bereitschaftsarzt an.

Hm, ich fahre lieber ...

d Wo gibt es Notdienste in Ihrer Stadt? Suchen Sie im Internet. Sprechen Sie im Kurs.

Lernziele: ein Infoblatt zu Notfällen verstehen • über das Verhalten in Notfällen sprechen • ein Notruf-Telefonat führen •

2 Wir brauchen Hilfe!

29

a Was ist passiert? Sehen Sie das Video. Sprechen Sie im Kurs.

bluten • nicht gut gehen • Kopfschmerzen haben • verletzt sein • bewusstlos sein • die 112 anrufen

29

b Was fragt der Mann in der Notrufzentrale? Sehen Sie das Video noch einmal. Ordnen Sie die Fragen.

- [ ] Wo ist es passiert? Wo sind Sie?
- [ ] Ist die Person verletzt? Wie viele Personen sind verletzt?
- [ ] Was ist passiert?
- [ ] Wer ruft an? Wie heißen Sie?
- [5] Warten Sie auf weitere Fragen!

c Was ist beim Notruf wichtig? Sprechen Sie zu zweit. Vergleichen Sie dann im Kurs.

sehr langsam sprechen • viel sagen • nur die wichtigen Informationen sagen • laut sprechen • schnell sprechen • ruhig bleiben

d Welche Frage in b passt? Ergänzen Sie.

NOTRUF 112

1. W*er*___? ______________________
2. W_____? ______________________
3. W_____? ______________________
4. W_____ __________? ______________________
5. Warten! *Warten Sie auf weitere Fragen!*

e Arbeiten Sie zu zweit. Überlegen Sie sich einen Notfall. Arbeiten Sie mit einem Wörterbuch. Variieren Sie den Dialog.

- Notrufzentrale, Schneider am Apparat.
- Hallo, wir haben einen Notfall! Sie müssen schnell kommen!
- Ich verstehe. Wie heißen Sie?
- Hadid. Karim Hadid.
- Herr Hadid, wo sind Sie?
- Ähm, am Kiosk, U-Bahn-Station Stadtmitte.
- U-Bahn-Station Stadtmitte, gut. Was ist passiert?
- Eine Frau liegt hier, sie ist bewusstlos.
- Ist sie verletzt?
- Verletzt? Ich glaube nicht. Aber sie ist bewusstlos. Bitte kommen Sie schnell!
- Wir schicken einen Notarzt. Er kommt in wenigen Minuten. Bitte warten Sie und bleiben Sie am Telefon.
- Ja, gut, ich warte.

f Spielen Sie den Dialog. Haben Sie alle Informationen gesagt? Die anderen kontrollieren.

D Jule soll viel Tee trinken.

1 Mein Kind ist krank.

2.22

a Was ist richtig? Hören Sie. Kreuzen Sie an.

1. Was hat Jule?

a ☐ Schnupfen

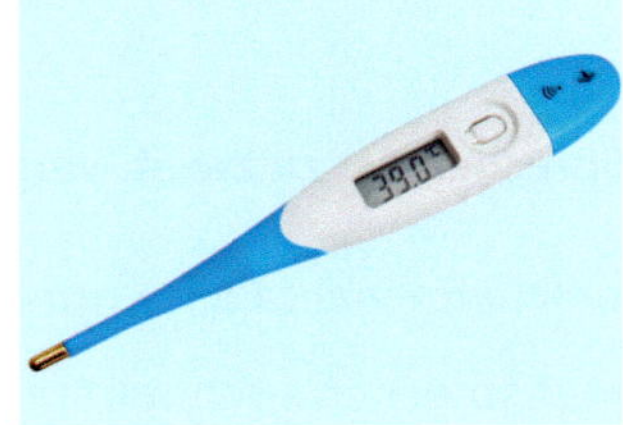

b ☐ Fieber

c ☐ Husten

2. Was soll Jule trinken?

a ☐ Saft

b ☐ Wasser

c ☐ Tee

3. Wie oft soll Jule die Tabletten nehmen?

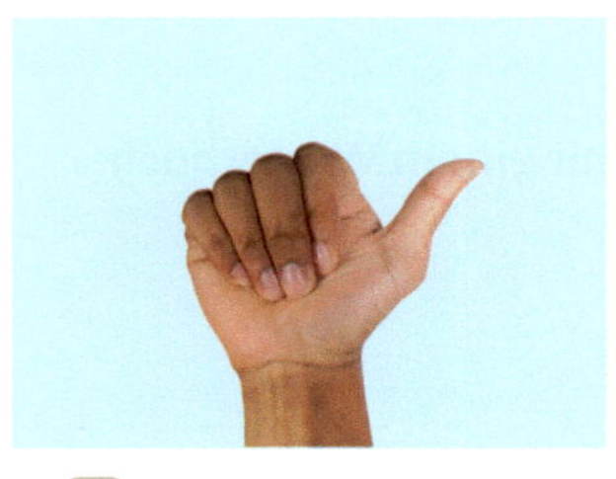
a ☐ einmal am Tag

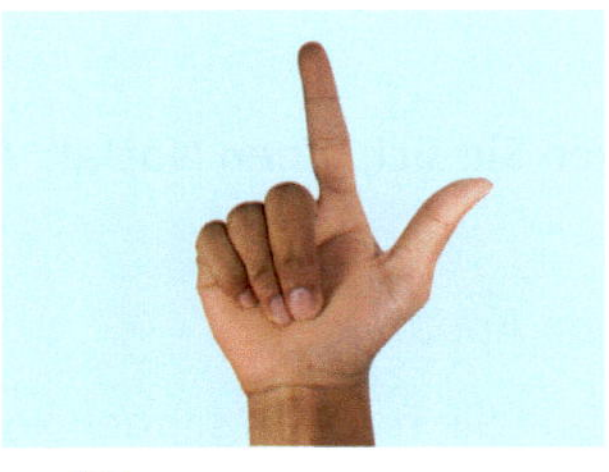
b ☐ zweimal am Tag

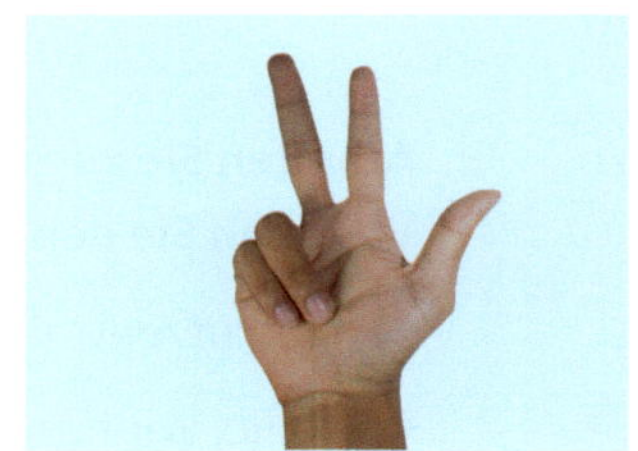
c ☐ dreimal am Tag

4. Wann soll Jule den Hustensaft nehmen?

a ☐ vor dem Essen

b ☐ beim Essen

c ☐ nach dem Essen

b Was soll Jule machen? Arbeiten Sie zu dritt: Eine Person ist die Ärztin, eine Person ist der Vater, eine Person ist Jule. Sprechen Sie wie im Beispiel.

eine Woche zu Hause bleiben • viel Tee trinken • viel schlafen • Tabletten nehmen • Hustensaft nehmen

- Jule muss eine Woche zu Hause bleiben.
- Jule, du sollst eine Woche zu Hause bleiben.
- Ich will aber nicht zu Hause bleiben.

Lernziele: ein Arztgespräch verstehen • eine Entschuldigung für die Schule schreiben • Modalverb *sollen* •

2 Bitte entschuldigen Sie das Fehlen von Jule.

a Wie schreibt man eine Entschuldigung für ein Kind? Ordnen Sie.

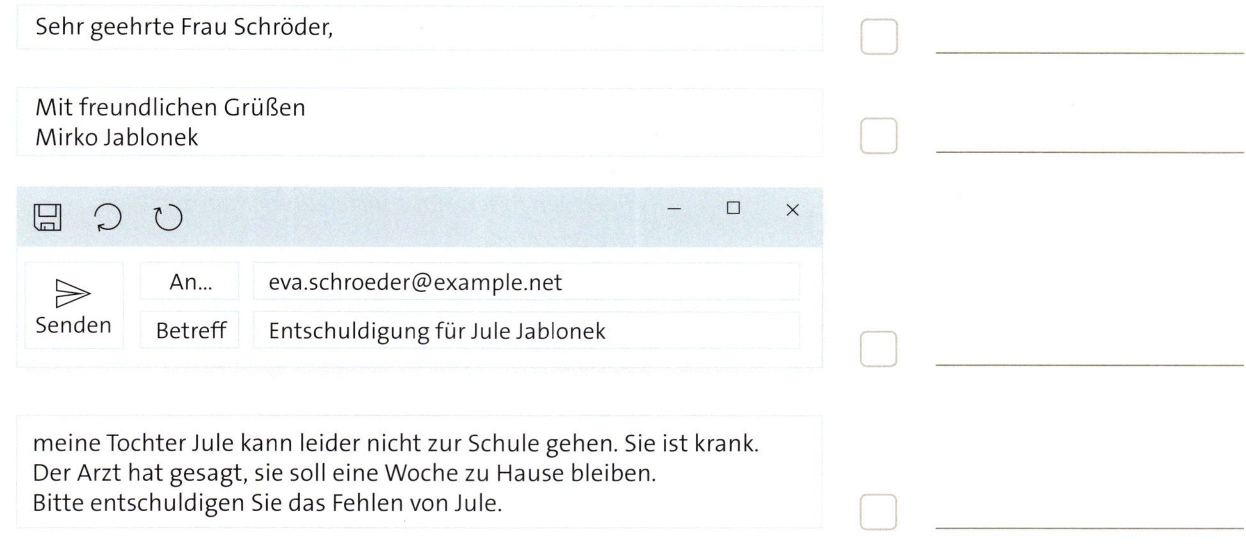

b Was passt? Ordnen Sie in a zu.

Betreff • Anrede • Entschuldigung • Gruß

c Wählen Sie eine Situation (A oder B). Schreiben Sie eine E-Mail an die Lehrerin / den Lehrer.

A **Ihr Sohn** ist krank und kann nicht zur Schule gehen. Sie waren mit ihm beim Arzt. Er soll drei Tage zu Hause bleiben.

B **Ihre Tochter** ist krank und kann nicht zur Schule gehen. Sie gehen heute mit ihr zum Arzt. Sie rufen später in der Schule an.

Sehr geehrte ...,
...

d Haben Sie nichts vergessen? Kontrollieren Sie. Vergleichen Sie mit b.

e Die Korrekturfunktion am Computer nutzen. Schreiben Sie Ihre E-Mail am Computer in Word. Stellen Sie Deutsch als Sprache ein. Gibt es Fehler? Korrigieren Sie.

Lieber Herr Krause,

meine tochter Boryana kan heute leider nicht zur Schule gehen. Sie hat Schnufen und Husten. Bitte entschuldigen Sie das Fehlen von Boryana.

Mit freundlichen Grüsen
Mariana Nikolova

3 Alles klar? Wollen Sie mehr üben?

a Was hat Ihnen gefallen? Was war schwer? Was war leicht? Sprechen Sie im Kurs.

b Wiederholen Sie und üben Sie in der App. Wählen Sie A (leichte Übungen) oder B (schwere Übungen).

7 Magazin

TREFFPUNKT

Gesundheitstipps:

Schlafen Sie gut!

1. Stehen Sie immer zur selben Zeit auf.
2. Machen Sie regelmäßig Sport.
3. Essen Sie am Abend nicht viel. Essen Sie zum Beispiel nur einen Salat.
4. Trinken Sie keine Getränke mit Koffein – also keinen Kaffee und keinen Tee!
5. Baden Sie am Abend und entspannen Sie.
6. Trinken Sie am Abend warme Milch mit Honig.
7. Schlafen Sie in einem dunklen Zimmer.
8. Machen Sie Ihr Handy aus.

Was hilft bei einer Erkältung?

Haben Sie Husten, Halsschmerzen oder eine Erkältung? Wir zeigen Ihnen Hausmittel aus der ganzen Welt. Gute Besserung!

Goldene Milch
Menschen in Indien trinken bei einer Erkältung gern eine Tasse Milch mit Kurkuma.

Knoblauchtee
In Mexiko trinkt man Zitronentee mit Zwiebeln oder Knoblauch.

Honig mit Pfeffer
Bei Husten essen Menschen in Südindien einen Löffel Honig mit Pfeffer.

Hühnersuppe
In Deutschland empfiehlt man eine Suppe aus Huhn, Möhren und Zwiebeln.

Lugaw
Auf den Philippinen isst man bei einer Erkältung Reis mit Ingwer und Huhn.

1 Schlafen Sie gut!

a **Welche Tipps möchten Sie probieren? Lesen Sie. Sprechen Sie zu zweit.**

- Immer zur selben Zeit aufstehen – das finde ich gut.
- Warme Milch mit Honig trinken? Oh nein, ich mag keine Milch.

b **Haben Sie andere Tipps? Sammeln Sie im Kurs.**

2 Was hilft bei einer Erkältung?

a **Welche Hausmittel kennen Sie? Lesen Sie. Markieren Sie.**

b **Was machen Sie bei einer Erkältung? Sprechen Sie im Kurs.**

c Projekt. **Welche Hausmittel helfen bei Kopfschmerzen? Arbeiten Sie zu viert. Machen Sie ein Plakat. Arbeiten Sie mit dem Wörterbuch.**

Grüne Damen und Herren

Im Krankenhaus arbeiten Ärzte, Krankenschwestern und Pfleger und ... Grüne Damen und Herren. *Wer ist das? Und was machen sie? Wir sprechen heute mit Frau Santos und Herrn Linke.*

Frau Santos, Herr Linke, Sie sind eine *Grüne Dame* und ein *Grüner Herr*.

Was machen Sie?

Santos: Wir besuchen Menschen im Krankenhaus oder im Pflegeheim. Sie haben keine Familie und Freunde, sie sind allein.

Welche Wünsche haben die Menschen?

Linke: Sie möchten mit uns sprechen. Sie haben wenig Kontakt und sie reden gern mit uns. Wir gehen zusammen spazieren oder wir kaufen für sie im Kiosk ein. Wir spielen oft zusammen Karten oder ein Spiel.

Das ist sehr interessant! Geben Sie auch Medikamente?

Linke: Oh nein, das dürfen wir nicht! Unsere grüne Kleidung zeigt: Wir sind keine Ärzte, Krankenschwestern oder Pfleger.

Bekommen Sie Geld für Ihre Arbeit?

Santos: Nein, wir wollen den Menschen helfen. Geld verdienen wir in unserem anderen Beruf.
Linke: Genau. Frau Santos arbeitet als Ingenieurin und ich bin Friseur.

Und wie oft arbeiten Sie als *Grüne Damen und Herren*?

Santos: Meistens an einem Nachmittag in der Woche. Im Krankenhaus sehen wir Menschen oft nur einmal. Im Pflegeheim besuchen wir sie viele Monate oder Jahre. Das ist wunderbar.

Vielen Dank für das Gespräch!

3 Grüne Damen und Herren

2.23

a Was machen *Grüne Damen und Herren*? Lesen Sie und hören Sie. Kreuzen Sie an.

1. ☐ kranke oder alte Menschen besuchen
2. ☐ mit den Menschen sprechen
3. ☐ zusammen essen
4. ☐ Medikamente geben
5. ☐ für die Menschen einkaufen
6. ☐ zusammen spielen

b Was erfahren Sie über die Arbeit von den *Grünen Damen und Herren* noch? Lesen Sie noch einmal. Sprechen Sie im Kurs.

Sie besuchen Menschen ohne Familie im Krankenhaus.

c Möchten Sie als *Grüne Dame* oder *Grüner Herr* arbeiten? Sprechen Sie im Kurs.

15 Wege in der Stadt

A Gehen Sie die Treppe hoch.

1 Entschuldigung, wo ist die Führerscheinstelle?

a Was ist was? Ordnen Sie auf dem Foto zu.

die Treppe • der Aufzug • der Schalter • die Information

2.24 **b Phonetik: lange Wörter sprechen. Hören Sie die Wörter oben. Sprechen Sie nach. Klatschen Sie die Silben.**

c Wohin müssen Sie gehen? Sprechen Sie im Kurs.

einen Ausweis abholen • eine Wohnung anmelden/abmelden • die Aufenthaltserlaubnis beantragen • bezahlen • einen EU-Führerschein beantragen • ein Foto machen • ein Visum verlängern • ein Formular abholen

- Ich möchte einen EU-Führerschein beantragen.
- Dann musst du zur Führerscheinstelle gehen.

d Wo ist ...? Fragen Sie und antworten Sie.

- Wo ist die Führerscheinstelle?
- Die Führerscheinstelle ist oben im dritten Stock.

im Erdgeschoss (EG)	im zweiten Stock (2. OG)
im ersten Stock (1. OG)	im dritten Stock (3. OG)

e Wie zählt und benennt man die Stockwerke in Ihren Sprachen? Vergleichen Sie im Kurs.

Lernziele: eine Wegbeschreibung im Gebäude verstehen • Informationen am Schalter erfragen • einen Weg (im Gebäude) beschreiben •

2 Gehen Sie im dritten Stock nach rechts.

2.25
a Was möchte Herr Ahmadi machen? Wo ist das Wartezimmer? Hören Sie. Sprechen Sie im Kurs.

Herr Ahmadi möchte ... Das Wartezimmer ist ...

(nach) links (nach) rechts

2.26
b Phonetik: Ach-Laut und Ich-Laut. Hören Sie. Sprechen Sie nach.

1. Ach-Laut (*nach a, o, u, au*): nach – noch – suchen – auch
2. Ich-Laut: ich möchte – rechts – nicht – manchmal

2.27
c Wo sprechen Sie den Ach-Laut? Markieren Sie. Hören Sie dann. Sprechen Sie nach.

Ich suche noch die Toilette.

Gehen Sie nach rechts. Dann noch einmal nach rechts.

d Lesen Sie zu zweit laut. Variieren Sie den Dialog mit den Wörtern in 1c.

Guten Tag, ich möchte meinen Führerschein abholen.

Haben Sie einen Termin?

Ja, ich habe online einen Termin gemacht: heute um 11 Uhr.

Gut, wie ist die Nummer?

K312.

Dann gehen Sie die Treppe hoch. Oder Sie können auch den Aufzug benutzen. Im dritten Stock gehen Sie nach rechts. Da ist das Wartezimmer.

Also, die Treppe hoch bis zum dritten Stock, dann nach rechts.

Ja, genau.

Entschuldigung, können Sie mir noch sagen: Wo gibt es hier eine Toilette?

Hier unten rechts.

Vielen Dank.

es gibt + **Akkusativ**

Gibt es hier **einen** Aufzug?

Ja, es gibt **einen** Aufzug, hier links.

e Wege in unserer Sprachschule. Wählen Sie eine Situation (A, B oder C) oder einen anderen Ort (D). Schreiben Sie zu zweit einen Dialog.

Sie sind am Eingang.

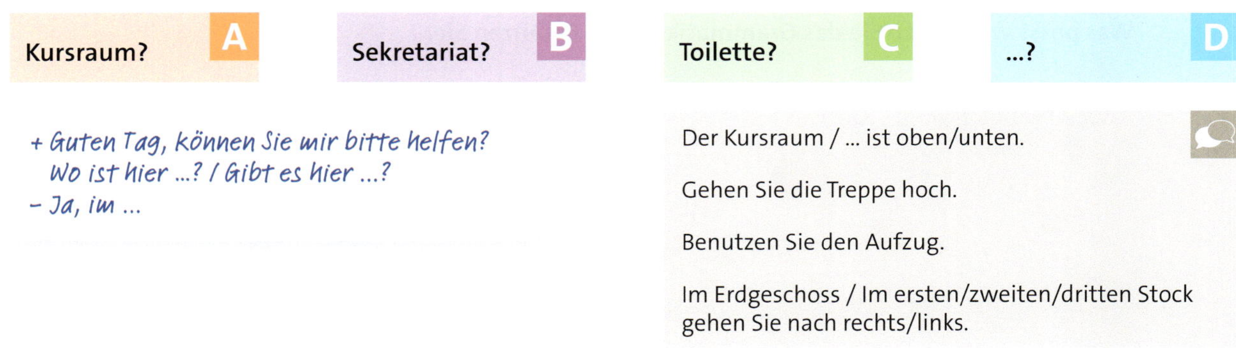

Der Kursraum / ... ist oben/unten.

Gehen Sie die Treppe hoch.

Benutzen Sie den Aufzug.

Im Erdgeschoss / Im ersten/zweiten/dritten Stock gehen Sie nach rechts/links.

f Spielen Sie den Dialog im Kurs.

g Kursspaziergang. Schreiben Sie einen Ort in Ihrer Sprachschule auf einen Zettel. Fragen Sie. Ihre Partnerin / Ihr Partner beschreibt den Weg. Tauschen Sie dann die Zettel.

Guten Tag, können Sie mir bitte helfen? Wo ist hier ...?

B Wie komme ich zum Bürgerbüro?

1 Das Bürgerbüro ist rechts neben dem Sportplatz.

a Was bedeuten die Icons? Ordnen Sie zu. Die Bildleiste hilft.

die U-Bahn-Station • der Bahnhof • das Café • der Parkplatz • die Bank • der Supermarkt • die Bäckerei • das Restaurant • die Haltestelle

Nummer 5 ist eine Bäckerei.

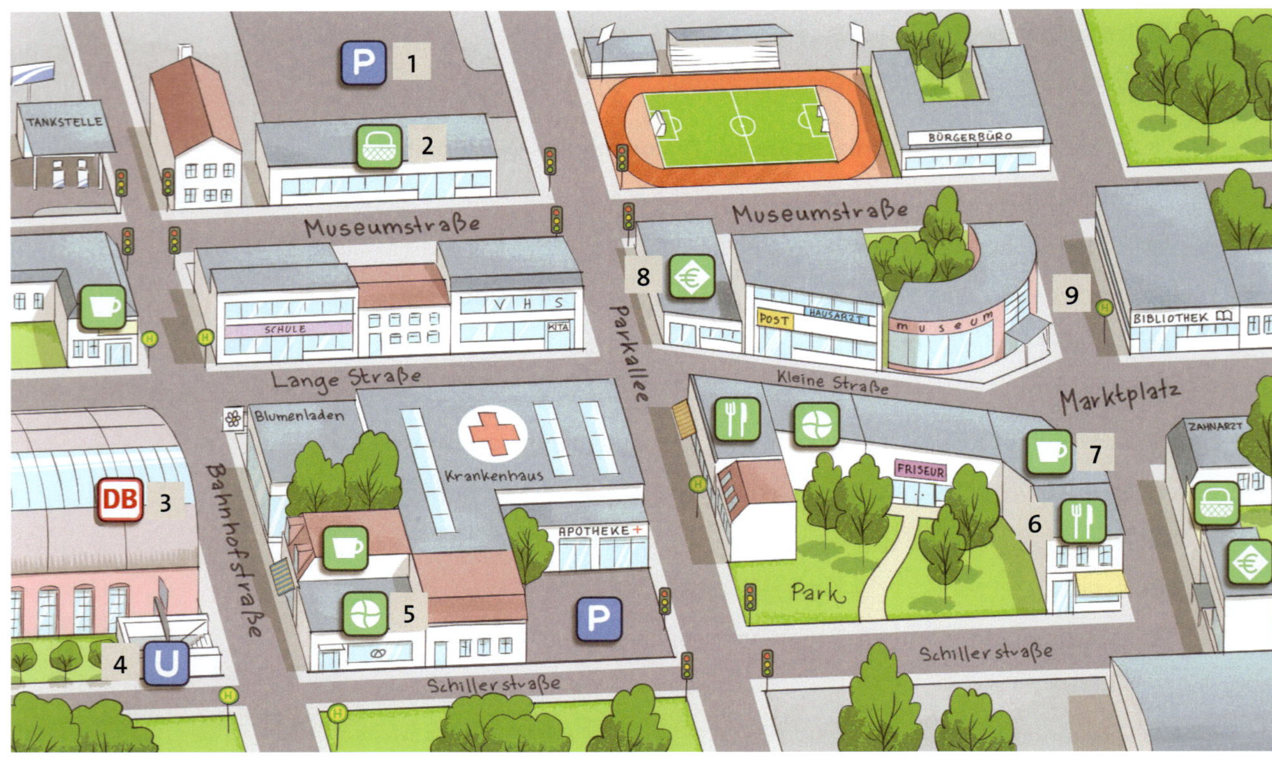

b Was kann man wo machen? Sammeln Sie zu zweit. Vergleichen Sie dann zu viert.

die Tankstelle – tanken, Zigaretten und Süßigkeiten kaufen
der Parkplatz – das Auto parken, ...

Wo kann man ...?

Hier ist ein/eine ... Da kann man ...

30

c Was passt wo? Sehen Sie das Grammatik-Video. Ergänzen Sie.

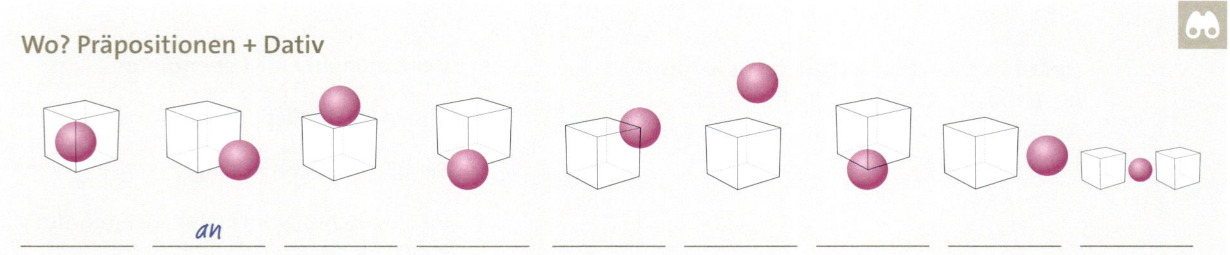

die Haltestelle

der Platz

die Ampel

die Kreuzung

der Parkplatz

Lernziele: Stadtpläne und Hinweisschilder verstehen • eine Wegbeschreibung verstehen • einen Weg beschreiben •

d Wo ist …? Fragen Sie und antworten Sie. Arbeiten Sie mit dem Stadtplan in a.

- Können Sie mir helfen? Gibt es hier eine Apotheke?
- Ja, die Apotheke ist vor dem Krankenhaus.
- Ah, vielen Dank!

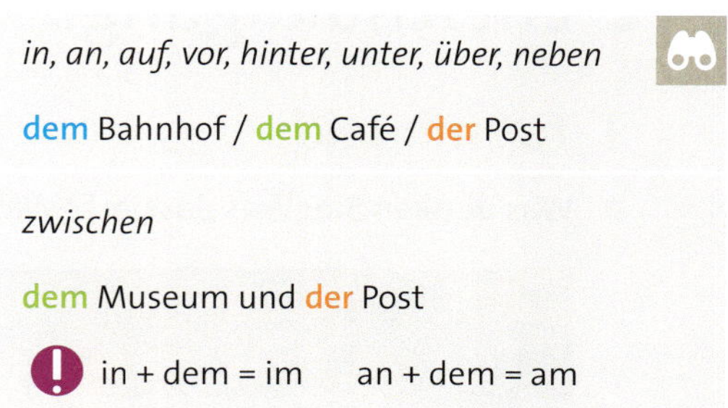
in, an, auf, vor, hinter, unter, über, neben

dem Bahnhof / dem Café / der Post

zwischen

dem Museum und der Post

! in + dem = im   an + dem = am

2 Wie komme ich zum Bürgerbüro?

a Wie muss Karim gehen? Lesen Sie. Zeichnen Sie den Weg auf dem Stadtplan in 1a.

Karim 9:43
Hi, Todor, ich muss meinen Pass abholen. Ich fahre mit der U-Bahn bis zum Hauptbahnhof. Wie komme ich dann zum Bürgerbüro?

Todor 9:49
Ganz einfach. 😊 Du gehst am Hauptbahnhof nach links, dann geradeaus bis zur zweiten Kreuzung. An der Kreuzung gehst du nach rechts und dann weiter geradeaus. Links ist ein Sportplatz und hinter dem Sportplatz ist das Bürgerbüro.

Karim 9:50
DANKE! 👍

b Wie komme ich zu …? Arbeiten Sie zu zweit. Wählen Sie eine Situation (A oder B). Spielen Sie einen Dialog. Markieren Sie das Ziel auf dem Stadtplan in 1a.

A Sie sind vor dem **Supermarkt** (in der Museumstraße). Sie möchten zum **Café *Baris***. Ihre Partnerin / Ihr Partner erklärt den Weg mit dem Stadtplan in der App.

B Sie sind vor der **U-Bahn** (in der Bahnhofstraße). Sie möchten zur **KG Bank**. Ihre Partnerin / Ihr Partner erklärt den Weg mit dem Stadtplan in der App.

- Wie komme ich zum/zur …?
- Gehen Sie …

Oh, das weiß ich nicht. Ich bin nicht von hier.

Ich schaue aber in der App nach, Moment bitte.

Gehen Sie geradeaus / nach links / nach rechts.

Gehen Sie bis zur Kreuzung / bis zur Ampel / bis zur Ecke.

Gehen Sie an der Kreuzung / an der Ampel / an der Ecke nach links / nach rechts. Der/Das/Die … ist links/rechts.

c Ein Freund fragt nach dem Weg von Ihrer Sprachschule zum Café. Wählen Sie eine Aufgabe (A oder B).

A **Eine Nachricht schreiben**
Schreiben Sie eine Nachricht.

B **Eine Nachricht sprechen**
Schicken Sie eine Audio-Nachricht.

der Sportplatz

der Kindergarten / die Kita

das Museum

die Tankstelle

das Krankenhaus

C Entschuldigung!

1 Tut mir leid!

a Was denken Sie: Was passiert? Was denken und sagen die Personen? Schreiben Sie.

31

b Was ist passiert? Sehen Sie das Video. Ordnen Sie die Sätze.

a ☐ Martina sagt: „Sorry."
b ☐ Karim sagt: „Sorry."
c ☐ Karim stößt gegen eine Frau.
d ☐ Martina verschüttet den Kaffee.
e ☐ Die Frau ist sauer.

31

c Was sagen Karim, Martina und die Gäste? Sehen Sie das Video noch einmal. Unterstreichen Sie.

Entschuldigung! Tut mir leid!
Oh, sorry! Entschuldigen Sie, bitte.
Kein Problem. Das kann passieren.
Macht nichts. Nicht so schlimm.

2 Der Ton ist wichtig.

31

a Was denken Sie: Haben die Personen höflich oder unhöflich *Entschuldigung* gesagt? Sehen Sie das Video noch einmal. Markieren Sie auf der Skala. Sprechen Sie im Kurs.

a 

b 

c 

d 

sehr unhöflich 0 — neutral 5 — sehr höflich 10

b Was finden Sie bei einer Entschuldigung wichtig? Sprechen Sie im Kurs.

Nur *Entschuldigung* oder *sorry* – das ist nicht genug. Das ist unhöflich.

c Wählen Sie zu zweit eine Situation (A, B oder C). Spielen Sie einen Dialog. Die anderen entscheiden: höflich oder unhöflich.

A 

B 

C 

Lernziele: sich höflich entschuldigen • Beiträge in einem Forum verstehen • vergleichen, wie man sich entschuldigt •

3 Ich habe immer *Tschuldigung* gehört.

a Welche Reaktion passt? Lesen Sie. Ordnen Sie zu. Schreiben Sie den Namen.

Geschichten aus dem Deutschkurs × +

Siroko: Ich habe immer „Tschuldigung" gehört: in der S-Bahn, auf der Straße, überall. Im Wörterbuch habe ich das Wort zuerst nicht gefunden. Das Wort „Entschuldigung" ist sehr lang und es ist auch sehr kompliziert. Mein Freund hat gesagt, „Tschuldigung" ist kurz und einfach, aber es ist nicht so höflich. Man soll lieber richtig „Entschuldigung!" sagen oder man sagt einfach: „Entschuldigen Sie, bitte." Ich finde, das ist kompliziert. Ich möchte schnell reagieren. Meistens sage ich: „Sorry!"

Enigma: Ich lerne Deutsch. Ich höre oft das Wort „Entschuldigung", aber ich verstehe das manchmal nicht. Zum Beispiel habe ich gestern auf der Straße meinen Schlüssel verloren. Ein Mann hat das gesehen und er hat dann laut gerufen: „Entschuldigung, Sie haben Ihren Schlüssel verloren." Warum sagt er „Entschuldigung"? Er hat nichts falsch gemacht.

Ufuk: Ich fahre jeden Tag mit dem Bus. Die Busse sind oft sehr voll und ich kann nicht sitzen. Ich muss stehen. Viele Busfahrer fahren schnell. Manchmal stoße ich gegen eine andere Person. Ich sage dann „Entschuldigung". Die andere Person antwortet auch „Entschuldigung" oder wir sagen beide: „Tut mir leid." Aber ich finde, das ist nicht unser Fehler. Der Busfahrer muss „Entschuldigung" sagen. Er ist schnell gefahren.

Stimmt! Man sagt „Entschuldigung" in komischen Situationen. Zum Beispiel: Ich kenne eine Person nicht und ich möchte sie ansprechen. Dann sage ich auch: „Entschuldigung!"

____

Ich kann das Wort „Entschuldigung" auch nicht gut aussprechen. „Sorry" ist einfach!

____

Ja, das ist richtig. Der Busfahrer muss auch „Entschuldigung" sagen. Aber viele Busfahrer machen es nicht.

____

b Was passt zusammen? Verbinden Sie.

1. Das Wort „Entschuldigung" ist lang
2. „Tschuldigung" ist kurz,
3. Man kann „Entschuldigung!" sagen

a aber es ist nicht so höflich.
b oder man sagt: „Entschuldigen Sie, bitte."
c und es ist auch sehr kompliziert.

c Lesen Sie noch einmal in a. Ergänzen Sie.

Hauptsätze verbinden: ***und, aber, oder***

	Position 2		Position 0		Position 2	
Ein Mann	hat	das gesehen	und	er	___	dann laut gerufen.
Ich	höre	oft „Entschuldigung",	aber	___	___	das manchmal nicht.
Die Person	antwortet	auch „Entschuldigung"	oder	___	___	beide: „Tut mir leid."
Hauptsatz 1				**Hauptsatz 2**		

d Wie entschuldigen Sie sich? Was sagen Sie? Was machen Sie? Sprechen Sie und zeigen Sie im Kurs.

D Mein Haus ist neben der Bank.

1 Wo?

a Welche Präposition passt? Spielen Sie Pantomime. Ihre Partnerin / Ihr Partner sagt die Präposition.

in • an • auf • vor • hinter • über • unter • neben • zwischen

Auf! Auf dem Kopf.

Zwischen!
Zwischen den Händen.

b Suchspiel: Wo ist das Buch? Zwei Personen gehen aus dem Raum. Verstecken Sie das Buch. Die Personen kommen zurück und fragen. Antworten Sie. Wer findet das Buch zuerst?

Ist das Buch hinter der Tafel?

Nein, es ist nicht hinter der Tafel.

Ist das Buch in der Tasche?

c Wo steht das Haus? Wählen Sie drei Häuser auf dem Stadtplan auf Seite 136. Schreiben Sie drei Sätze.

Das Haus steht zwischen dem Blumenladen und der Bäckerei.

d Arbeiten Sie zu zweit. Lesen Sie Ihre Sätze aus c vor. Ihre Partnerin / Ihr Partner zeigt das Haus.

Das Haus steht zwischen dem Blumenladen und der Bäckerei.

Das ist ein Café.

Richtig.

2 Wollen wir zusammen lernen?

2.28

a Wie kommt man zum Haus von Anna? Hören Sie. Ergänzen Sie.

am Donnerstag, um 16 Uhr

an der ______________ *nach* ______________

bis zur ______________, *dann wieder nach* ______________

Schillerstraße, Hausnummer: ______________

zwischen dem ______________ *und der* ______________

b Wo ist das Haus von Anna? Markieren Sie den Weg von der VHS und das Haus auf dem Stadtplan auf Seite 136.

Lernziele: sagen, wo was ist • eine Wegbeschreibung verstehen • sich zum gemeinsamen Lernen verabreden • Strategie: Informationen

3 Informationen wiederholen

a Lesen Sie den Dialog zu zweit laut.

- Wie komme ich zu deiner Wohnung?
- Das ist einfach: Du gehst an der Kreuzung nach rechts.
- Okay, an der Kreuzung nach rechts.
- Genau. Dann geradeaus bis zur Ampel und wieder nach rechts.
- Gut, bis zur Ampel und an der Ampel wieder nach rechts.
- Ja, das ist die Schillerstraße. Dort wohne ich.
- Und die Hausnummer?
- 35. Mein Haus steht hinter dem Parkplatz, neben der Bäckerei.
- Also, hier nach rechts und dann geradeaus und an der Ampel wieder nach rechts. Dein Haus steht neben der Bäckerei. Die Adresse ist: Schillerstraße 35. Alles klar, dann bis Donnerstag!
- Super, tschüs!

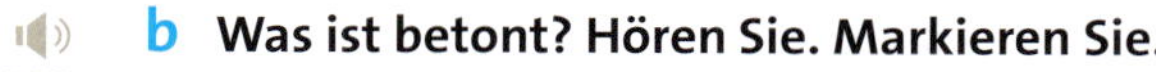

2.29 **b Was ist betont? Hören Sie. Markieren Sie.**

Hier an der Kreuzung nach rechts.

Dann geradeaus bis zur Ampel und wieder nach rechts.

Hinter dem Parkplatz, neben der Bäckerei.

2.29 **c Hören Sie noch einmal. Sprechen Sie nach.**

d Arbeiten Sie zu zweit. Lesen Sie laut. Ihre Partnerin / Ihr Partner wiederholt auswendig.

- Du gehst zuerst geradeaus und dann nach links.
- Okay, zuerst ...
- Dann an der Kreuzung nach rechts.
- Gut, ...
- Dann siehst du eine Bank und eine Haltestelle. Mein Haus ist links neben der Bank.
- Also, hier zuerst ...
- Genau.

e Wählen Sie ein Haus auf dem Stadtplan auf Seite 136. Markieren Sie das Haus.

f Kursspaziergang. Sie sind in der VHS. Verabreden Sie sich für das Wochenende. Beschreiben Sie den Weg zu Ihrem Haus auf dem Stadtplan. Die App hilft.

4 Alles klar? Wollen Sie mehr üben?

a Was hat Ihnen gefallen? Was war schwer? Was war leicht? Sprechen Sie im Kurs.

b Wiederholen Sie und üben Sie in der App. Wählen Sie A (leichte Übungen) oder B (schwere Übungen).

16 Im Geschäft

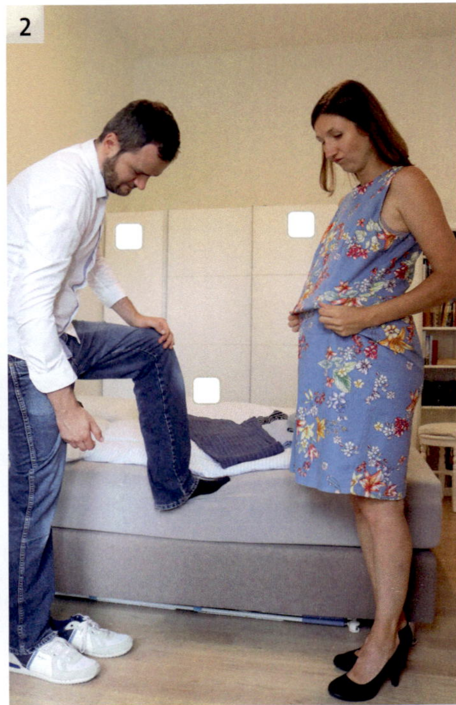

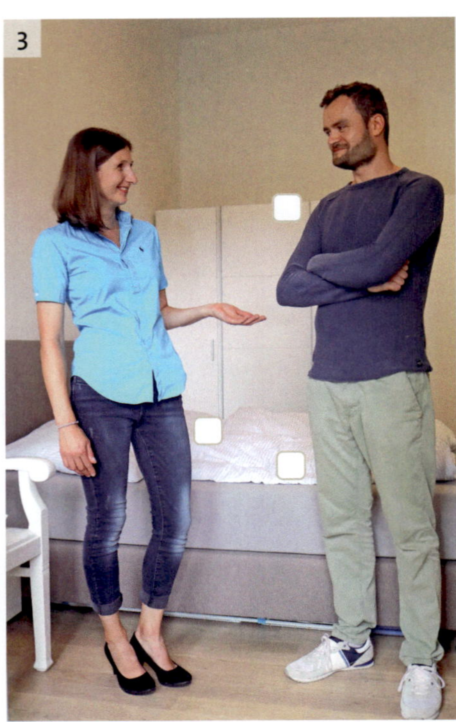

A Die Hose gefällt mir.

1 Was ziehst du bei der Feier an?

a Welche Kleidung tragen Isabel und Marvin? Sprechen Sie zu zweit. Die Bildleiste hilft.

Auf Foto 1 trägt Isabel eine ...

b Welche Kleidung passt nicht? Sprechen Sie im Kurs.

Das Kleid ist zu groß. Es ist zu weit.

zu groß: zu weit, zu lang
zu klein: zu kurz, zu eng

2.30 **c Welche Kleidung ziehen Isabel und Marvin für die Feier an? Hören Sie. Kreuzen Sie oben an.**

d Welche Kleidung tragen Sie wann? Sprechen Sie zu zweit. Arbeiten Sie mit dem Wörterbuch.

bei einer Feier • bei der Arbeit • zu Hause • im Kurs

Bei einer Feier trage ich gern einen Anzug. Und du?

Ich nicht. Ich trage lieber eine Jeans.

2.30 **e Was passt zusammen? Hören Sie noch einmal. Verbinden Sie.**

1. Die Schuhe gefallen mir.
2. Das Kleid passt dir nicht.
3. Die Bluse steht dir.
4. Der Anzug passt dir nicht.

a Es ist zu weit.
b Er ist zu eng.
c Sie sind schön.
d Sie ist schön.

die Kleidung

die Hose

die Jeans

das T-Shirt

die Bluse

das Hemd

der Pullover

Lernziele: über Kleidung sprechen • Gefallen ausdrücken • Komplimente machen • Wortfeld: Kleidung • Personalpronomen: Dativ,

2 Der Anzug steht dir gut.

a Wer ist *ihm* und *ihr*? Markieren Sie. Ergänzen Sie den Grammatikkasten.

- Ich finde, der Anzug steht Marvin nicht.
- Ja, der Anzug steht ihm nicht so gut.

- Die Jeans passt Isabel gut.
- Stimmt, die Jeans passt ihr gut.

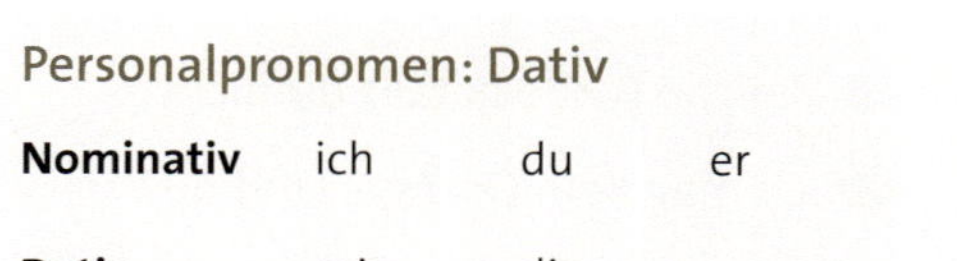
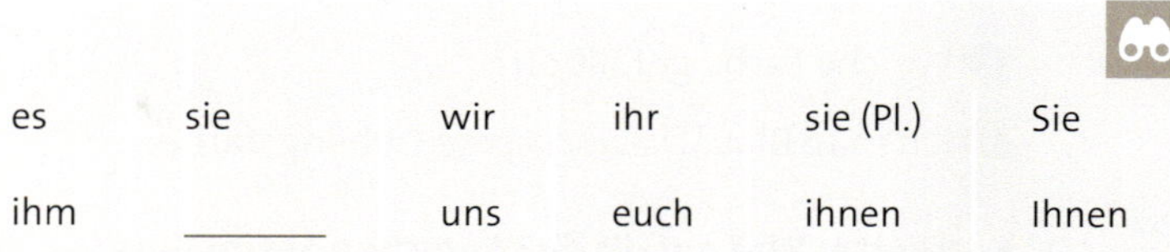

Personalpronomen: Dativ

Nominativ	ich	du	er	es	sie	wir	ihr	sie (Pl.)	Sie
Dativ	mir	dir	______	ihm	______	uns	euch	ihnen	Ihnen

Der Pullover **gefällt/steht/passt** mir.
Die Schuhe **gefallen/stehen/passen** mir.

b Was passt? Ergänzen Sie.

Dani 18:15

Das ist mein Freund Oleg – bei einer Firmenfeier am letzten Freitag. Sieht er nicht toll aus?

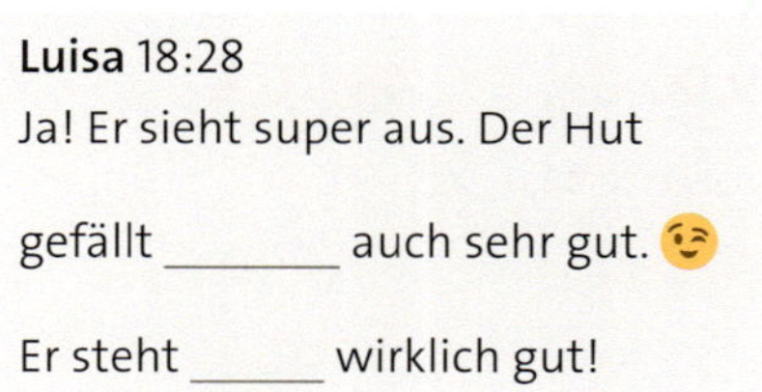

Luisa 18:28
Ja! Er sieht super aus. Der Hut gefällt ______ auch sehr gut. 😉 Er steht ______ wirklich gut!

Marina 9:43

Lina hatte gestern Geburtstag. Sie hat so schön ausgesehen! 🙂

Tom 10:04
Wie schön! Sie ist schon groß! Das Kleid gefällt ______ sehr. Und die Schuhe passen ______ perfekt! 😂

c Welche Kleidung gefällt Ihnen? Lesen Sie. Schreiben Sie eine Antwort. Die App hilft.

Liebe Mascha, ...

Mascha 20:33

Ihr Lieben, Hilfe! Was ziehe ich an? Isabel macht am Samstag eine Party. Was steht mir besser? Was gefällt euch? Schreibt mir bitte!

d Vergleichen Sie Ihre Antworten.

- Welche Kleidung hast du Mascha empfohlen?
- Ich finde, ... steht ihr sehr gut.

die Jacke

der Mantel

die Schuhe

der Anzug

das Kleid

der Rock

die Mütze

B Welchen Mantel nehmen Sie?

1 Das ist heute im Angebot.

a Welche Farbe gefällt Ihnen (nicht)? Sprechen Sie zu viert. Die Bildleiste hilft.

- Welche Farbe gefällt dir?
- Ich mag Blau. Das ist meine Lieblingsfarbe.

- Welche Farbe gefällt dir nicht?
- Ich mag kein Orange. Und du?

b Kurskette: Was gefällt dir? Sprechen Sie im Kurs.

- Gefällt dir die Bluse?
- Ja, die Bluse gefällt mir. Ich nehme sie in Rosa. Gefällt dir …?

c Was bedeuten die Abkürzungen *S, M, L* und *XL*? Sprechen Sie im Kurs.

- Ich denke, *S* bedeutet auf Englisch *small*. Bei uns gibt es diese Größe nicht. Wir haben …

d Richtig oder falsch? Lesen Sie in b. Kreuzen Sie an.

	richtig	falsch
1. Es gibt Kleider in Weiß oder Schwarz für 80 €.	☐	☐
2. Es gibt Mäntel in Orange in Größe 38.	☐	☐
3. Es gibt Jeans in Dunkelblau für 49,90 €.	☐	☐
4. Es gibt Jacken in Grün in Größe S, M, L und XL.	☐	☐

2.31 **e Was ist heute im Angebot? Hören Sie. Korrigieren Sie in b.**

2 Haben Sie den Mantel auch in Blau?

2.32 **a Was kauft die Kundin? Hören Sie. Markieren Sie in 1b.**

rot | grün | blau | gelb | weiß | schwarz

Lernziele: Werbeprospekte verstehen • Durchsagen verstehen • Bezeichnungen für Größen in verschiedenen Sprachen vergleichen •

b Was sagt die Kundin, was die Verkäuferin? Ordnen Sie zu.

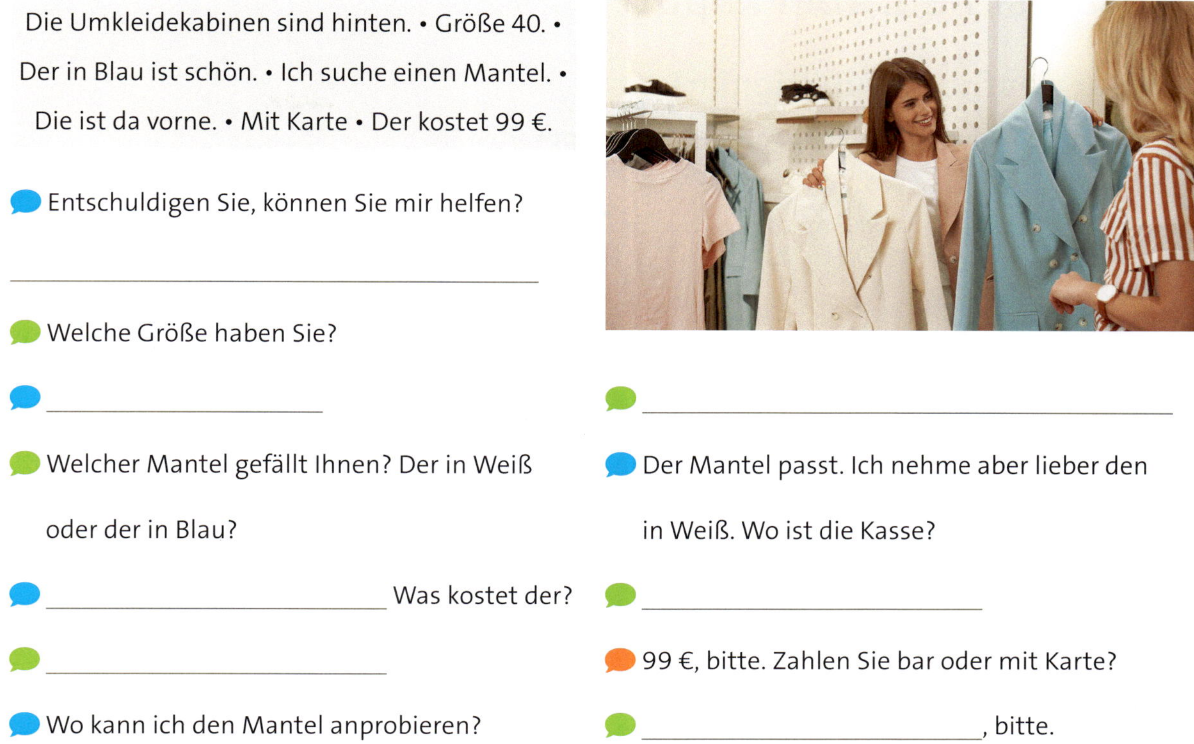

Die Umkleidekabinen sind hinten. • Größe 40. • Der in Blau ist schön. • Ich suche einen Mantel. • Die ist da vorne. • Mit Karte • Der kostet 99 €.

- Entschuldigen Sie, können Sie mir helfen?
- ______________________
- Welche Größe haben Sie?
- ______________________
- Welcher Mantel gefällt Ihnen? Der in Weiß oder der in Blau?
- ______________________ Was kostet der?
- ______________________
- Wo kann ich den Mantel anprobieren?
- ______________________
- Der Mantel passt. Ich nehme aber lieber den in Weiß. Wo ist die Kasse?
- ______________________
- 99 €, bitte. Zahlen Sie bar oder mit Karte?
- ______________________, bitte.

c Lesen Sie noch einmal in b. Ergänzen Sie.

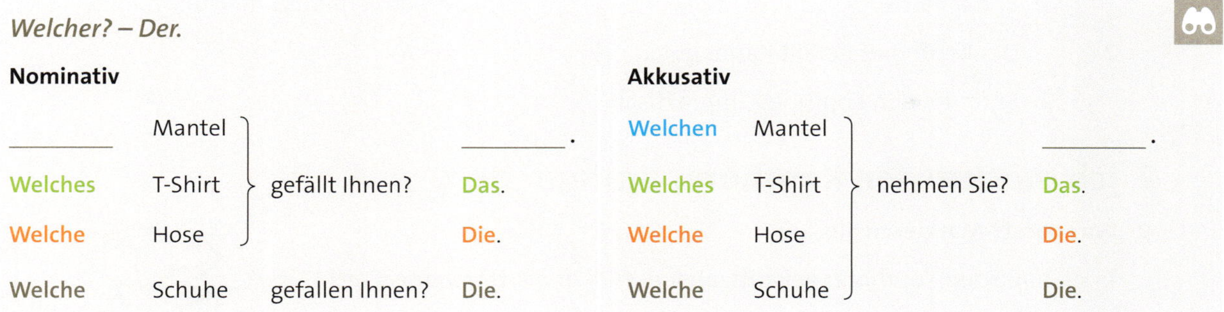

Welcher? – Der.

Nominativ				**Akkusativ**			
______	Mantel	gefällt Ihnen?	______.	Welchen	Mantel	nehmen Sie?	______.
Welches	T-Shirt		Das.	Welches	T-Shirt		Das.
Welche	Hose		Die.	Welche	Hose		Die.
Welche	Schuhe	gefallen Ihnen?	Die.	Welche	Schuhe		Die.

d Fragen Sie und antworten Sie. Arbeiten Sie mit dem Angebot in 1b.

- Welcher Mantel gefällt dir?
- Der in Orange.

- Welchen Mantel nimmst du?
- Den in Orange.

2.33

e Phonetik: *p* und *b*. Hören Sie. Sprechen Sie nach.

1. p – passen – der Pullover – super – perfekt
2. b – bitte – blau – braun – die Farbe
3. Bitte probieren Sie den Pullover in Blau an. Der Pullover passt super! Die Farbe ist perfekt.

f Wählen Sie eine Rolle (A oder B). Ihre Partnerin / Ihr Partner wählt die andere Rolle. Arbeiten Sie mit der App. Spielen Sie zu zweit einen Dialog.

Verkäuferin/Verkäufer **A**	Kundin/Kunde **B**

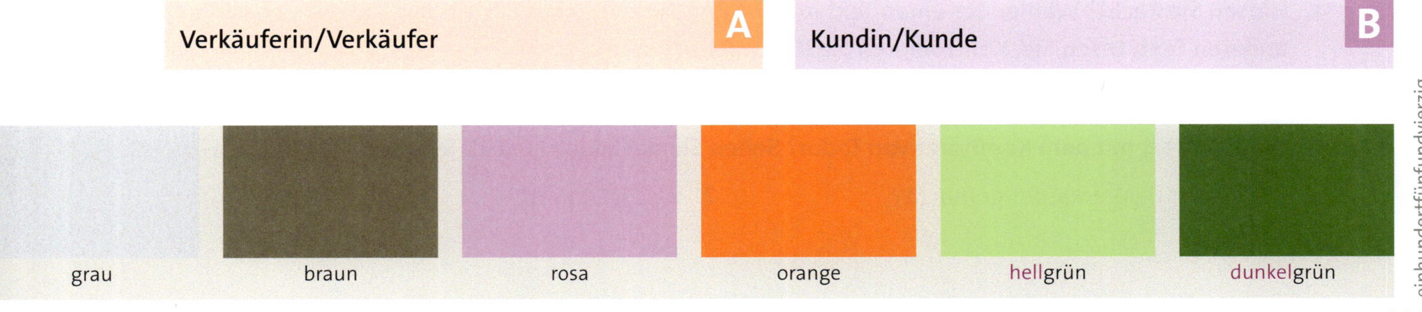

C Das ist neu, aber kaputt!

1 Der Kopfhörer funktioniert nicht.

a Welche Informationen sind auf der Rechnung? Antworten Sie.

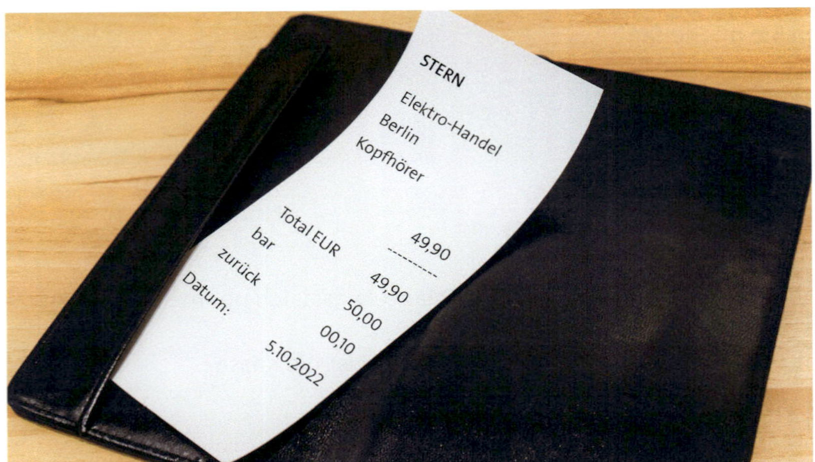

1. Was hat Todor gekauft?
2. Wie teuer war es?
3. Wo hat Todor es gekauft?
4. Wie hat Todor gezahlt?

32 **b Was ist passiert? Sehen Sie das Video (Teil 1) ohne Ton. Sprechen Sie im Kurs.**

32 **c Was ist richtig? Sehen Sie das Video (Teil 1) mit Ton. Kreuzen Sie an.**

1. ☐ a Karim hat Feierabend.
   ☐ b Er hat Pause.
2. ☐ a Der Kopfhörer gefällt Karim gut.
   ☐ b Er findet den Kopfhörer unpraktisch.
3. ☐ a Todor geht in das Geschäft zurück.
   ☐ b Todor repariert den Kopfhörer.

2 Ich möchte den Kopfhörer umtauschen.

a Was passt? Markieren Sie.

1. Ich habe den Kopfhörer gekauft, aber er *funktioniert / repariert* nicht.
2. Der Kopfhörer ist kaputt. Ich möchte ihn *zurücknehmen / umtauschen*.
3. Hier ist die Rechnung. Ich möchte den *Kopfhörer zurückgeben / zeigen*.

umtauschen

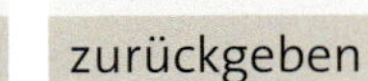
zurückgeben

b Was denken Sie: Was ist in Deutschland richtig? Kreuzen Sie an. Es gibt mehrere Möglichkeiten.

1. ☐ Todor muss den Kopfhörer im Geschäft zurückgeben.
2. ☐ Der Verkäufer muss das Geld zurückgeben.
3. ☐ Todor kann den Kopfhörer ins Geschäft schicken.
4. ☐ Todor muss im Geschäft die Rechnung zeigen.
5. ☐ Der Verkäufer muss den Kopfhörer umtauschen.
6. ☐ Das Geschäft repariert den Kopfhörer. Todor muss warten.

c Hatten Sie Recht? Wählen Sie einen Text in der App (A oder B). Ihre Partnerin / Ihr Partner wählt den anderen Text. Lesen Sie. Kontrollieren Sie Ihre Antworten in b.

d Vergleichen Sie Ihre Lösungen zu zweit (A und B). Korrigieren Sie Ihre Antworten in b.

33 **e Was passiert mit dem Kopfhörer von Todor? Sehen Sie das Video (Teil 2). Sprechen Sie im Kurs.**

1. Was hat der Verkäufer gemacht?
2. Was ist kaputt?

Lernziele: Informationen über Reklamation verstehen • ein Produkt reklamieren • Wortfeld: Reklamation, Umtausch

3 Das Handy ist kaputt.

a Was denken Sie: Was sagen die Personen? Schreiben Sie zu zweit.

b Was passt? Ergänzen Sie.

- Guten Tag, kann ich Ihnen helfen?
- Ja, bitte. Ich habe das Handy hier gekauft. Aber es __________ nicht.
- Haben Sie die __________?
- Ja, hier bitte.
- Okay, ich danke Ihnen. Einen Moment bitte, der Service kontrolliert es. ... Ja, das Handy ist __________. Wir __________ es.
- Wie lange dauert das?
- Drei Wochen.
- Oh, das ist zu lange. Ich möchte es __________ oder ich möchte das __________ zurück.
- Einen Moment, ich frage meine Kollegin. ... In Ordnung. Wir tauschen es um.
- Vielen Dank!
- Gerne.

c Das Gerät ist kaputt. Wählen Sie zu zweit ein Gerät (A, B oder C). Spielen Sie einen Dialog wie in b.

A das Radio

B der Fernseher

C die Kaffeemaschine

D Ich bestelle das T-Shirt in Weiß.

1 Im Internet bestellen

a Kursspaziergang. Wählen Sie A oder B. Fragen Sie und antworten Sie.

mode.example.org

Damen • Herren • Kinder • Sport • Schuhe

Fahrradhose
S–XL

Badehose
S–2XL

Sporthose
S–XL

Sportjacke
S–2XL

Skianzug
S–3XL

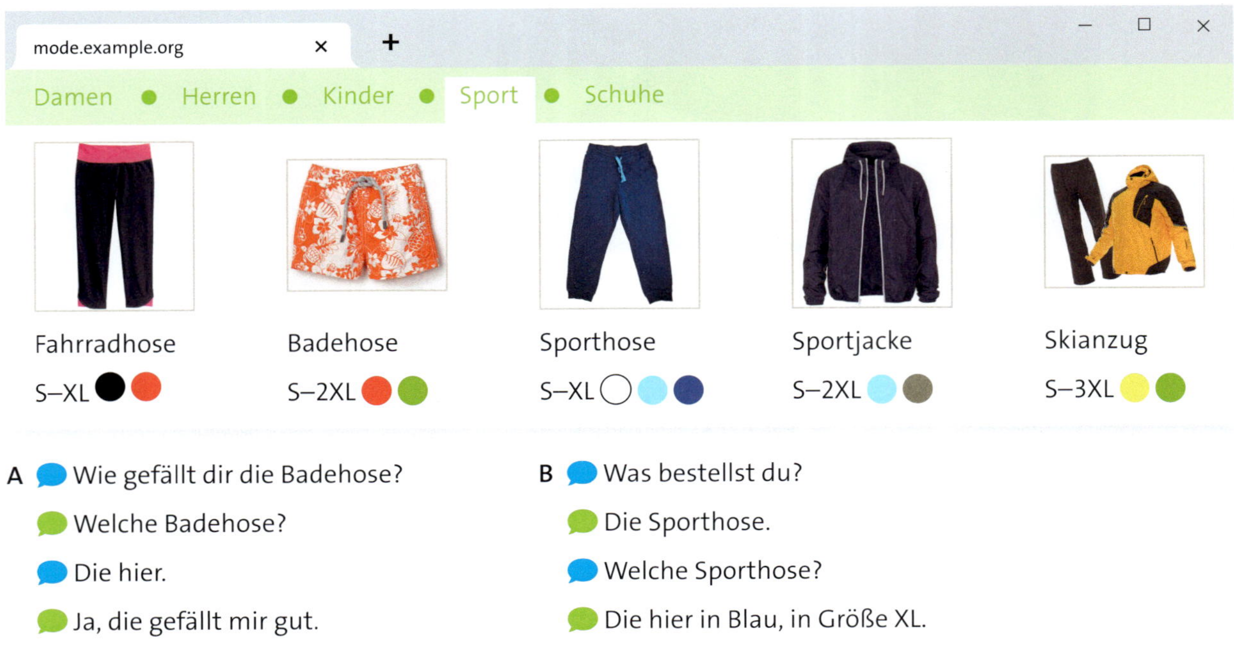

A
- Wie gefällt dir die Badehose?
- Welche Badehose?
- Die hier.
- Ja, die gefällt mir gut.

B
- Was bestellst du?
- Die Sporthose.
- Welche Sporthose?
- Die hier in Blau, in Größe XL.

2.34

b Was bestellt Helen? Hören Sie. Kreuzen Sie an.

mode.example.org

Damen • Herren • Kinder • Sport • Schuhe

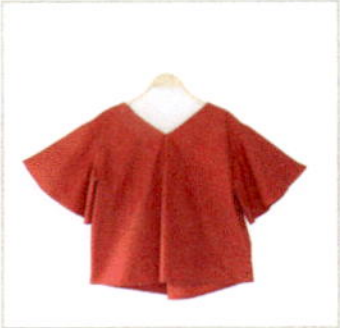

Farbe: ☐ ☐ ☐ ☐
Größe: ☐ 34 ☐ 36 ☐ 38 ☐ 40
Preis: ~~€ 49,90~~ Angebot: **€ 35,90**

In den Warenkorb

mode.example.org

Damen • Herren • Kinder • Sport • Schuhe

Farbe: ☐ ☐ ☐ ☐
Größe: ☐ XS ☐ S ☐ M ☐ L
Preis: **€ 19,90**

In den Warenkorb

mode.example.org

Damen • Herren • Kinder • Sport • Schuhe

Farbe: ☐ ☐ ☐
Größe: ☐ XS ☐ S ☐ M ☐ L
Preis: **€ 69,90**

In den Warenkorb

Lernziele: etwas online bestellen • ein Formular online ausfüllen • Informationen bei einer Online-Bestellung weitergeben •

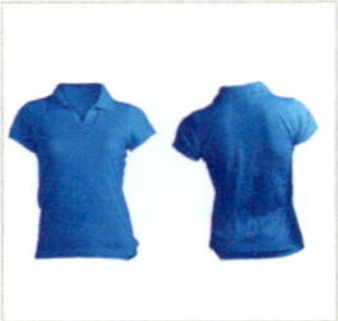

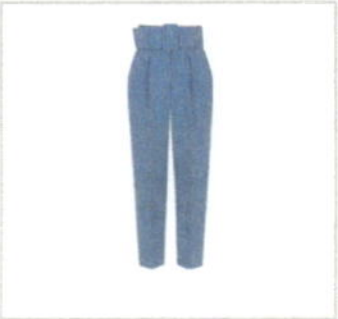

2 Meine Wörter: So kann ich sie gut lernen.

a Welche Wörter aus Kapitel 16 passen? Suchen Sie viele Wörter. Machen Sie ein Plakat.

b Was ist gleich? Vergleichen Sie zu dritt.

- Ich trage oft Hosen.
- Das ist interessant, ich auch. Und du?
- Ich trage Hosen nicht oft. Ich trage lieber Kleider.

c Welche Wörter aus a können Sie in einem Satz kombinieren? Sprechen Sie zu dritt.

3 Alles klar? Wollen Sie mehr üben?

a Was hat Ihnen gefallen? Was war schwer? Was war leicht? Sprechen Sie im Kurs.

b Wiederholen Sie und üben Sie in der App. Wählen Sie A (leichte Übungen) oder B (schwere Übungen).

Magazin

TREFFPUNKT

Wir fragen: Was ist Ihre Lieblingskleidung?

Mike Kadenge (Kenia)
Ich mag Hüte. Ich habe keinen Lieblingshut, aber ich habe viele Hüte. Ich trage immer wieder einen anderen Hut: zur Arbeit oder zu einer Party. Meine Hüte sind elegant, bequem, cool. Ein Hut ist wichtig für mich, ohne Hut gehe ich nicht aus dem Haus.

Abwa Dehi (Indien)
Meine Lieblingskleidung ist der Sari. Das ist ein traditionelles Kleidungsstück aus Indien. Ich habe einen Sari, er ist grün und gelb. Ich mag ihn sehr gerne. Ich trage ihn nur bei Festen – wie zum Beispiel bei der Hochzeit von meiner Schwester.

Allan de Souza (Brasilien)
Meine Lieblingskleidung sind ein T-Shirt und Shorts. Ich habe viele T-Shirts und viele Shorts. Das ist bequem. Bei der Arbeit muss ich einen Anzug tragen. Das mag ich nicht so gerne. T-Shirt und Shorts – das heißt für mich: Ich habe frei, ich chille mit meinen Freunden. Das mag ich.

Jalal Musa (Iran)
Mein Lieblingskleidungsstück? Oh, ich weiß nicht. Ich mag Röcke, Blusen und Kleider, aber ich trage auch Hosen. Bei der Arbeit trage ich etwas anderes als in der Freizeit. Ich habe keine Lieblingskleidung. Aber ich habe einen Lieblingsschmuck: meine Ohrringe. Ich habe sie von meiner Oma. Ich trage sie fast jeden Tag, sie sind wichtig für mich.

1 Was ist Ihre Lieblingskleidung?

a **Was tragen die Menschen gern? Lesen Sie. Ergänzen Sie.**

	Land	Lieblingskleidung	Wann? Wie oft?
Mike Kadenge			
Abwa Dehi			
Allan de Souza			
Jalal Musa			

b Projekt. **Was ist Ihre Lieblingskleidung? Wann tragen Sie sie? Machen Sie ein Foto. Schreiben Sie einen Text.**

Du musst hier nach links fahren ...

Falsch gefahren und die Liebe gefunden. Marina und Amine erzählen ihre Geschichte.

Marina, wo hast du Amine zum ersten Mal getroffen?
Marina: Na ja, eigentlich auf der Straße.

Auf der Straße?
Marina: Ja, das war lustig. Amine war neu hier. Er hat die Elisabethstraße gesucht. Dann hat er mich gesehen und er hat mich gefragt. Ich habe ihm gesagt: „Du musst hier nach links fahren und an der Ampel wieder links." Amine hat immer „Ja, ja" gesagt. Aber er hat nicht richtig zugehört.
Amine: Stimmt. Ich habe nur dich gesehen. Ich bin dann mit dem Fahrrad geradeaus gefahren. Ich habe aber keine Ampel gesehen.

Marina: Ja, du bist falsch gefahren. Auf dem Hauptplatz gibt es keine Ampel!
Amine: Das weiß ich jetzt auch. Ich bin dann nach links und noch einmal nach links gefahren und ich habe dich wieder getroffen! Und du hast gelacht.
Marina: Ja, ich habe gelacht. Du hast gesagt, du willst zum Deutschkurs bei der VHS in der Elisabethstraße fahren. Du warst neu im Kurs.
Amine: Richtig. Und dann warst du auch in dem Kurs! Das war ein toller Zufall.

Seid ihr seit dem Tag ein Paar?
Amine: Ja! Ich bin falsch gefahren und habe die Liebe gefunden!

Spiel & Spaß: Wo ist die Mütze?

2 Du musst hier nach links fahren ...

2.35

Richtig oder falsch? Lesen Sie und hören Sie. Kreuzen Sie an.

	richtig	falsch
1. Marina war neu in Freiburg.	☐	☐
2. Amine ist mit dem Fahrrad zum Deutschkurs gefahren.	☐	☐
3. Amine hat Marina den Weg gezeigt.	☐	☐
4. Amine und Marina waren zusammen im Deutschkurs.	☐	☐

3 Spiel & Spaß: Wo ist die Mütze?

Spielen Sie zu viert. Suchen Sie neun Mützen. Schreiben Sie. Wer ist zuerst fertig?

Die Frau hat eine Mütze auf ...
Eine Mütze liegt ...

17 Arbeiten

A Was war Ihr erster Job?

1 Das hat Spaß gemacht.

a Was war der erste Job von Luca Lenz-Mamani? Was hat er gemacht? Sprechen Sie im Kurs.

Ich glaube, sein erster Job war ...

2.36 **b Was hat Herr Lenz-Mamani gemacht? Hören Sie. Kreuzen Sie an.**

1. ☐ Pakete tragen
2. ☐ mit dem Chef sprechen
3. ☐ mit dem Auto fahren
4. ☐ Musik hören
5. ☐ mit Kollegen sprechen
6. ☐ manchmal eine Pause machen
7. ☐ mit dem Auto zur Werkstatt fahren
8. ☐ viel laufen

Er ist viel mit dem Auto gefahren.

2.36 **c Richtig oder falsch? Hören Sie noch einmal. Kreuzen Sie an.**

	richtig	falsch
1. Luca Lenz-Mamani hat am Morgen die Tour organisiert.	☐	☐
2. Er hat am Tag zwanzig Pakete abgegeben.	☐	☐
3. Die Schicht hat um 15 Uhr aufgehört.	☐	☐

 Lernziele: über den ersten Job sprechen • über Berufserfahrungen sprechen • Wortfeld: Tätigkeiten am Arbeitsplatz •

d Was passt? Markieren Sie die Verben in c. Ergänzen Sie.

Perfekt:	...ge...(e)t	❗	...ge...(e)n	❗	...t
ab|holen	er hat abgeholt	ab|geben	er hat ___	organisieren	er hat ___
auf|hören	sie hat ___	an|ziehen	er hat angezogen	telefonieren	er hat telefoniert
ein|kaufen	er hat eingekauft	an|rufen	er hat angerufen	reparieren	er hat repariert

2 Zuerst hat er die Arbeitskleidung angezogen.

a Was hat Herr Lenz-Mamani gemacht? Schreiben Sie.

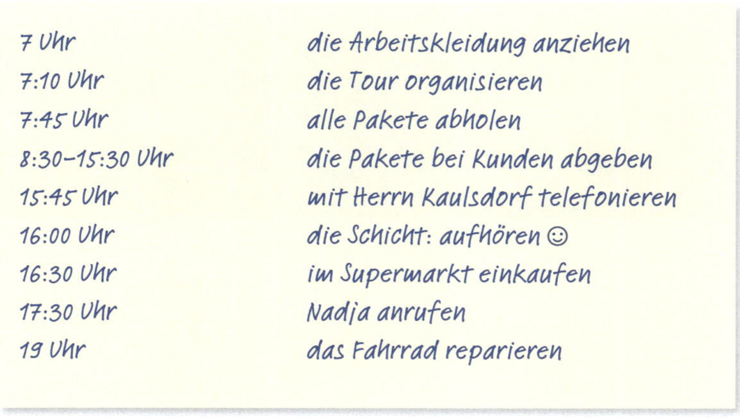

Herr Lenz-Mamani hat um ...

b Lesen Sie die Sätze in a zu zweit laut.

Er hat um sieben Uhr die Arbeitskleidung ...

... angezogen.

2.36

c Wie war der Job? Was sagt Herr Lenz-Mamani? Hören Sie noch einmal. Kreuzen Sie an.

1. ☐ wenig Arbeit haben
2. ☐ viel Stress haben
3. ☐ oft Rückenschmerzen haben
4. ☐ im Auto Musik hören
5. ☐ alleine arbeiten
6. ☐ mit Kunden und Kundinnen sprechen
7. ☐ keine Zeit für Pausen haben
8. ☐ viel Freizeit haben
9. ☐ am Abend immer sehr müde sein
10. ☐ sehr fit sein

d Was war gut? Was war schlecht? Sprechen Sie zu zweit.

Er hat im Auto Musik gehört. Das war gut.

Aber er hatte sehr viel Stress. Das war schlecht.

3 Mein erster Job war ...

a Was war Ihr erster Job, Ihr erstes Praktikum oder Ihr erster Ferienjob? Was haben Sie gemacht? Was war gut? Was war schlecht? Schreiben Sie. Die App hilft.

Mein erster Job war ...

b Wer hat den Text geschrieben? Hängen Sie die Texte im Kursraum auf. Lesen Sie. Raten Sie.

c Welche Information ist neu für die anderen? Sprechen Sie im Kurs.

Amir, du hast ...? Das ist interessant.

B Ich suche Arbeit.

1 Der Arbeitsvertrag ist unbefristet.

a Wie haben Sie Ihren ersten Job gefunden? Wie kann man Arbeit suchen? Sprechen Sie im Kurs.

- Ich habe meinen ersten Job im Internet gefunden.
- Ich habe Verwandte gefragt.

b Welcher Beruf passt? Lesen Sie. Ergänzen Sie.

Taxifahrer/in • Verkäufer/in • Umzugshelfer/in

1

MOMO XXL

_______________ (m/w/d)

Ihre Aufgaben:

- mit Kundinnen/Kunden sprechen
- Produkte präsentieren und verkaufen

Wir suchen Sie:

- Sie verkaufen gern.
- Sie sprechen gut Deutsch.

Wir bieten:

- Gehalt: 450 €/Monat
- Arbeitszeiten: flexibel von Mo bis Sa
- nettes Team

Kontakt:
Joana Hanse
joana@momo.example.net

2

_______________ (m/w/d)

Ihre Aufgaben:

- Möbel transportieren
- Möbel tragen und aufbauen

Wir suchen Sie:

- Sie sprechen Deutsch.
- Sie haben einen Führerschein.
- Sie sind pünktlich.

Wir bieten:

- Die Stelle ist ab sofort und befristet (1 Jahr).
- Sie verdienen 12 €/Stunde.
- Die Arbeitszeiten sind flexibel (auch am Wochenende).

Kontakt:
Klaas Hampel
Tel: 01622081430

3

_______________ (m/w/d)

Fahren Sie gern und gut Auto? Möchten Sie Taxi fahren?

Wir suchen Sie:

- Sie haben einen Führerschein.
- Sie arbeiten selbstständig.
- Sie sind freundlich.

Wir bieten:

- Sie arbeiten Vollzeit oder Teilzeit.
- Der Vertrag ist unbefristet.
- Sie arbeiten im Schichtdienst.

Kontakt:
Herr Salib
U.Salib@example.org

die Stellenanzeige

die Teilzeit

die Vollzeit

männlich (m)

weiblich (w)

Lernziele: Stellenanzeigen verstehen • sich über ein Stellenangebot informieren • die Bezeichnung von Geschlechtern in verschiedenen

c **Welche Informationen gibt es? Lesen Sie noch einmal. Ergänzen Sie. Die Bildleiste hilft.**

Beruf	Was muss ich machen?	Was muss ich haben? Was muss ich gern machen?	Arbeitszeiten	wichtige Informationen
Verkäufer/in	mit Kundinnen/Kunden sprechen, ...	gern verkaufen, ...	flexibel	450 €/Monat ...

d **Welche Stelle finden Sie interessant? Welche nicht? Warum? Sprechen Sie im Kurs.**

e **Was bedeutet *m/w/d*? Wie sagt man das in Ihren Sprachen? Vergleichen Sie im Kurs.**

2 Ich brauche Arbeit.

34 **a** **Welche Stelle in 1b findet Todor interessant? Sehen Sie das Video bis 00:50. Sprechen Sie im Kurs.**

34 **b** **Welche Fragen hören Sie? Sehen Sie das Video ganz. Kreuzen Sie an.**

1. ☐ Braucht man eine Ausbildung? ____________________
2. ☐ Ist es eine Vollzeitstelle oder eine Teilzeitstelle? ____________________
3. ☐ Wie sind die Arbeitszeiten? ____________________
4. ☐ Arbeitet man im Team? ____________________
5. ☐ Ab wann ist die Stelle? ____________________
6. ☐ Wie viel verdient man? ____________________

34 **c** **Sehen Sie das Video noch einmal. Schreiben Sie Antworten in b.**

2.37 **d** **Todor ruft an. Hören Sie. Schreiben Sie weitere Antworten in b.**

2.38 **e** **Phonetik: *w* und *v*. Hören Sie. Sprechen Sie nach.**

1. w: wenig – das Wochenende – die Bewerbung – schwer
2. v *(wie w)*: das Video – divers
3. v *(wie f)*: viel – der Vertrag – verdienen – die Vollzeit
4. Arbeiten Sie viel am Wochenende? – Was bedeutet *divers*?

3 Ich habe noch Fragen.

a **Arbeiten Sie zu zweit. Wählen Sie Anzeige 1 oder 3 in 1b und eine Rolle (A oder B). Ihre Partnerin / Ihr Partner wählt die andere Rolle. Spielen Sie einen Dialog. Die Fragen in 2b helfen.**

A Sie suchen eine Stelle.
Sie finden die Stelle interessant. Sie rufen die Firma an und Sie haben noch Fragen.

B Sie sind die Arbeitgeberin / der Arbeitgeber.
Eine Person ruft an und sie hat Fragen zu der Stellenanzeige. Arbeiten Sie mit der App.

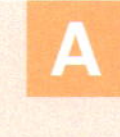

Guten Tag, mein Name ist ... Ich habe Ihre Anzeige gelesen. Ich habe noch Fragen: ...

b **Ist die Stelle interessant? Warum? Sprechen Sie im Kurs.**

c **Suchen Sie eine Stellenanzeige im Internet. Zeigen Sie die Anzeige im Kurs. Erzählen Sie.**

divers (d)

verdienen

der Arbeitsvertrag

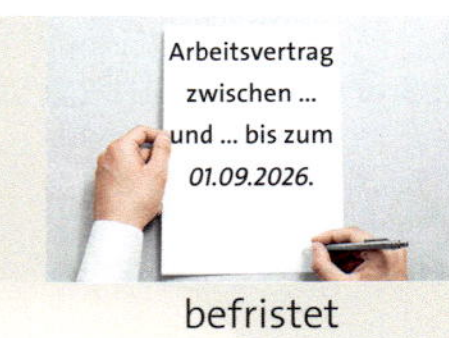

befristet

unbefristet

C Wir brauchen eine Kita.

1 Die Betreuungszeiten sind von 7 bis 17 Uhr.

2.39

a Was sucht Bülent? Hören Sie. Kreuzen Sie an.

1. ☐ einen Job
2. ☐ eine Kinderbetreuung

2.39

b Was passt? Hören Sie noch einmal. Ordnen Sie zu.

3 • 8 • 14 • 17 • 20

1. ___ Monate arbeitslos
2. bis ___ Uhr arbeiten
3. Sohn: ___ Jahre alt
4. Tochter: ___ Monate alt
5. Frau: bis ___ Uhr arbeiten

c Wählen Sie einen Text (1, 2, 3 oder 4). Lesen Sie die Einleitung und Ihren Text. Schreiben Sie Antworten.

1. Wie alt sind die Kinder?
2. Was machen die Kinder?
3. Wie viele Kinder sind in der Gruppe?
4. Was kostet die Betreuung?
5. Wann sind die Betreuungszeiten?

Kita:
Krippe: 8 Wochen bis 3 Jahre
Kindergarten: 3 bis 6 Jahre

Kinderbetreuung in Mainz

Brauchen Sie eine Kinderbetreuung, denn Sie arbeiten oder beginnen bald eine neue Stelle? In einer Kinderbetreuung spielen und singen die Kinder, sie haben Musikunterricht, machen Sport und Ausflüge und sie lernen auch viel. Die Kosten für eine Kinderbetreuung sind unterschiedlich. Manchmal bezahlen Sie nichts, manchmal 70 Euro im Monat oder mehr. Hier finden Sie wichtige Informationen.

1 Kita (Kindertagesstätte)

Die Krippe ist für Kinder von acht Wochen bis drei Jahre. In einer Gruppe sind acht bis zehn Kinder. Im Kindergarten sind die Kinder zwischen drei und sechs Jahre alt. In einer Gruppe sind 15 bis 25 Kinder. Eine Erzieherin betreut drei bis zehn Kinder. Die Betreuungszeiten sind von 7 bis 17 Uhr.

2 Tagesmutter/Tagesvater

Eine Tagesmutter/Ein Tagesvater betreut Kinder zwischen acht Wochen und drei Jahren. Sie haben viel Zeit für die Kinder, denn die Gruppen sind nicht so groß. In der Gruppe sind nur ein bis fünf Kinder. Die Betreuungszeiten sind flexibel und sehr unterschiedlich.

3 Hort

Der Hort ist für Kinder von sechs bis 14 Jahren. Die Kinder gehen vor oder nach der Schule in den Hort. Sie machen hier Hausaufgaben und spielen. Oft sind sie auch in den Ferien dort, denn viele Eltern arbeiten. In einer Gruppe sind zwischen 15 und 25 Kinder.

4 Deutschkurs mit Kind

Ein **Integrationskurs mit Kinderbetreuung** ist sehr praktisch, denn die Eltern können ihr Kind zur Sprachschule mitnehmen. Die Zeiten von Sprachkurs und Kinderbetreuung sind gleich. Die meisten Kinder sind zwischen 18 Monate und 6 Jahre alt.

Lernziele: Informationen über Kinderbetreuung verstehen • Informationen aus Texten weitergeben • Kinderbetreuung vergleichen •

d **Was wissen Sie über die Kinderbetreuung? Bilden Sie Gruppen (1, 2, 3 und 4). Erzählen Sie.**

In der Kita sind die Kinder acht Wochen bis 6 Jahre alt.

e **Warum? Lesen Sie noch einmal in 1c. Verbinden Sie.**

1. Die Eltern brauchen eine Kinderbetreuung,
2. Sprachkurse mit Kinderbetreuung sind praktisch,
3. Viele Kinder sind auch in den Ferien im Hort,
4. Ein Tagesvater hat viel Zeit für die Kinder,

a denn ihre Eltern haben dann nicht frei.
b denn sie beginnen bald eine neue Stelle.
c denn die Gruppen sind klein.
d denn auch Eltern mit Kindern können dort Deutsch lernen.

2 Ich suche eine Kinderbetreuung, denn ...

a **Was passt? Ergänzen Sie. Der Grammatikkasten hilft.**

seine Kinder: in die Kita gehen • Kinder mögen • eine Ausbildung beginnen • seine Eltern: am Nachmittag arbeiten • die Sprachschule: eine Kinderbetreuung haben

1. Ich suche eine Kinderbetreuung, denn ____________________
2. Jana kann auch mit Kind Deutsch lernen, denn ____________________
3. Anton geht nach der Schule in den Hort, denn ____________________
4. Frau Allegro arbeitet gern als Tagesmutter, denn ____________________
5. Paolo kann vormittags arbeiten, denn ____________________

Sätze mit *denn*

Hauptsatz 1				Hauptsatz 2		
	Position 2		**Position 0**		**Position 2**	
Sie	brauchen	eine Kinderbetreuung,	denn	sie	beginnen	bald eine neue Stelle.

b **Welche Kinderbetreuung kennen Sie aus anderen Ländern? Sprechen Sie im Kurs.**

Ich betreue meine Kinder selbst. Die Kinder von meinem Freund gehen in ...

3 Haben Sie noch einen Platz frei?

a **Arbeiten Sie zu dritt. Wählen Sie eine Rolle (A, B oder C). Die anderen wählen die anderen Rollen. Spielen Sie Dialoge. Die Fragen in 1c helfen.**

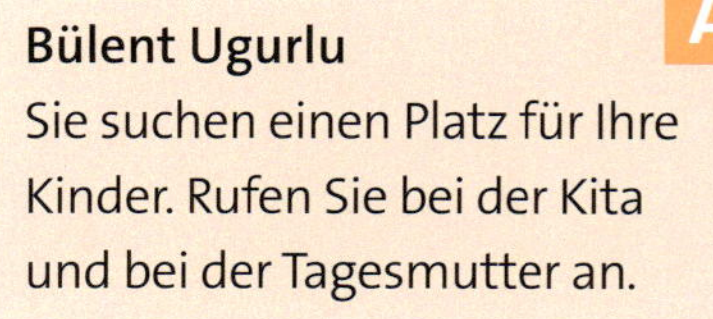

A **Bülent Ugurlu**
Sie suchen einen Platz für Ihre Kinder. Rufen Sie bei der Kita und bei der Tagesmutter an.

B **Erzieher Max Honrath**
(Kita *Stadtkinder*)
Arbeiten Sie mit der App.
Geben Sie Informationen.

C **Tagesmutter Lena Klein**
Arbeiten Sie mit der App.
Geben Sie Informationen.

Guten Tag. Mein Name ist Bülent Ugurlu. Ich brauche eine Kinderbetreuung. Ich habe Fragen ...

b **Welche Kinderbetreuung passt für Bülent? Sprechen Sie im Kurs.**

D Ich habe in Italien eine Ausbildung gemacht.

1 Ihre Anzeige ist sehr interessant.

a Lesen Sie die Anzeige. Was erfahren Sie über die Stelle? Fragen Sie und antworten Sie.

1. Was muss man als Erzieherin oder Erzieher machen?
2. Was muss eine Erzieherin oder ein Erzieher gern machen?
3. Braucht man eine Ausbildung?
4. Was ist noch wichtig?

Erzieher*in

(m/w/d)

Ihre Aufgaben:
- Sie betreuen die Kinder im Team.
- Sie organisieren Mittagessen und Ausflüge.
- Sie informieren die Eltern.

Wir suchen Sie:
- Sie haben eine Ausbildung als Erzieher*in.
- Sie arbeiten gern mit Kindern.
- Sie haben mindestens zwei Jahre Erfahrung in einer Kita.
- Sie haben viele Ideen für Spiele und Ausflüge.

Wir bieten:
- Die Stelle ist unbefristet.
- Das Gehalt ist sehr gut.
- Sie haben 28 Urlaubstage.
- Das Team ist international und sehr nett.
- Die Gruppen sind klein und international.

Interessant für Sie? Dann schicken Sie Ihre Bewerbung an Frau Regener:
regener@wir-sind-bunt.example
www.kita-wir-sind-bunt.example.org

Was muss man als Erzieherin oder Erzieher machen?

Man betreut Kinder. Man organisiert …

Lernziele: über Berufserfahrung sprechen • über eigene Fähigkeiten sprechen • Stellenanzeigen verstehen • Strategie: auswendig sprechen

2.40 **b Was fragt Frau Regener? Hören Sie. Ordnen Sie.**

- ☐ Was möchten Sie noch machen?
- ☐ Wer sind Sie? Was haben Sie schon gemacht?
- ☐ Was machen Sie jetzt?

2.40 **c Was sagt Frau Esposito? Hören Sie noch einmal. Kreuzen Sie an.**

1. Chiara Esposito kommt aus ☐ Deutschland. ☐ Italien.
2. Sie hat eine Ausbildung zur ☐ Lehrerin ☐ Erzieherin gemacht.
3. Sie ist vor ☐ zwei Jahren ☐ drei Jahren nach Hamburg gezogen.
4. Sie arbeitet jetzt ☐ nicht. ☐ als Erzieherin.
5. Sie möchte ☐ Vollzeit ☐ Teilzeit arbeiten.

2 Ich habe immer um 9 Uhr angefangen.

Was hat Frau Esposito jeden Tag gemacht? Arbeiten Sie zu dritt. Sprechen Sie wie im Beispiel.

1. anfangen: immer um 8 Uhr
2. spielen: mit den Kindern
3. organisieren: die Ausflüge
4. essen: mit den Kindern zusammen zu Mittag
5. anziehen: die Kinder
6. gehen: mit den Kindern auf den Spielplatz
7. informieren: die Eltern

anfangen

Sie hat angefangen.

Sie hat immer um acht Uhr angefangen.

3 Auswendig sprechen

a Wer sind Sie? Schreiben Sie.

Wer sind Sie? *Ich heiße ... und ich komme aus ...*

Was haben Sie schon gemacht? / Welche Jobs hatten Sie?

Was machen Sie jetzt?

Was möchten Sie noch machen/lernen?

b Lesen Sie die Sätze in a mehrmals laut. Schließen Sie die Augen. Sprechen Sie die Sätze auswendig.

c Arbeiten Sie zu zweit. Erzählen Sie. Ihre Partnerin / Ihr Partner liest Ihre Sätze aus a und hilft.

d Wer sind Sie? Arbeiten Sie mit einer anderen Partnerin / einem anderen Partner. Erzählen Sie.

4 Alles klar? Wollen Sie mehr üben?

a Was hat Ihnen gefallen? Was war schwer? Was war leicht? Sprechen Sie im Kurs.

b Wiederholen Sie und üben Sie in der App. Wählen Sie A (leichte Übungen) oder B (schwere Übungen).

18

Beim Amt

A Könnten Sie mir bitte helfen?

1 Ich war schon einmal im Bürgerbüro.

a Wo sind die Personen auf dem Foto? Was machen sie? Sprechen Sie im Kurs.

b Waren Sie schon einmal bei einem Amt? Was haben Sie dort gemacht? Wie war es? Schreiben Sie drei Sätze. Die Bildleiste hilft.

bei der Ausländerbehörde • beim Bürgerbüro • beim Wohnungsamt • beim Standesamt • bei der Führerscheinstelle • bei der Agentur für Arbeit

etwas beantragen • heiraten • etwas bezahlen • lange warten • das Zimmer suchen • helfen • nicht alles verstehen • viel fragen

Ich war schon einmal bei der Ausländerbehörde.
Ich habe dort die Aufenthaltsgenehmigung beantragt.
Auf dem Formular habe ich nicht alles verstanden,
aber die Beamtin hat mir geholfen.

!

beantragen	ich habe beantragt
bezahlen	ich habe bezahlt
verstehen	ich habe verstanden

c Sind Ihre Erfahrungen gleich? Lesen Sie im Kurs vor. Sprechen Sie im Kurs.

Genau! So war es auch bei mir.

Bei mir war es anders: ...

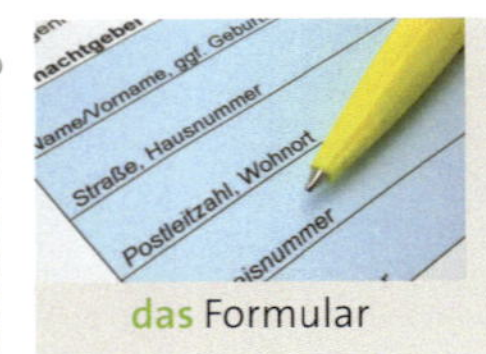

das Formular

ein Formular ausfüllen

die Unterschrift

unterschreiben

die Papiere (Pl.)

Lernziele: über Erfahrungen mit Ämtern sprechen • um Auskunft und Hilfe bitten • Informationen erfragen • Wortfeld: Ämter •

2 Würden Sie mir bitte helfen?

2.41

a Wo ist Frau Abramovic? Was will sie machen? Hören Sie. Sprechen Sie im Kurs.

Ich glaube, sie ist ... Sie will ...

2.42

b Was braucht Frau Abramovic? Hören Sie. Kreuzen Sie an.

1. ☐ die Geburtsurkunde
2. ☐ den Pass
3. ☐ das Passfoto
4. ☐ das Formular

2.42

c Wohin muss sie zuerst gehen? Wohin dann? Hören Sie noch einmal. Ordnen Sie.

a zur Information

b zum Ein-/Ausgang

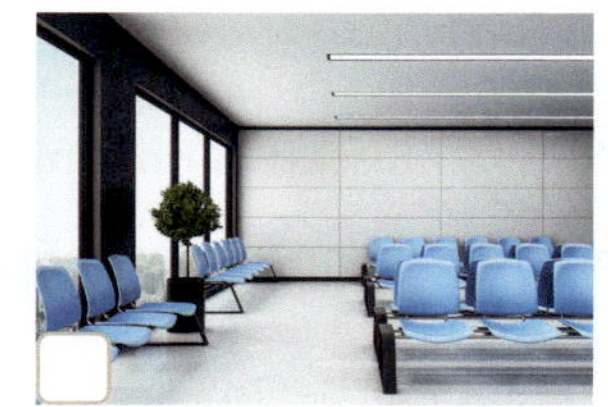

c zum Warteraum

d in den zweiten Stock

d Wie fragt man höflich? Wie fragt man sehr höflich? Markieren Sie die Unterschiede.

höflich	sehr höflich
Können Sie mir helfen?	Könnten Sie mir (vielleicht) helfen?
Helfen Sie mir, bitte?	Würden Sie mir bitte helfen?

2.43

e Phonetik: *h*. Hören Sie. Sprechen Sie nach.

1. *Man spricht* h: helfen – höflich – die Behörde – das Haus – da hinten
2. *Man spricht kein* h: bezahlen – die Gebühr – die Genehmigung
3. Würden Sie mir bitte helfen? Wo kann man die Gebühren bezahlen?
4. Könnten Sie mir vielleicht helfen? Wo ist das Wohnungsamt?

3 Entschuldigen Sie, könnten Sie ...?

a Wie kann man höflich fragen? Schreiben Sie Fragen.

das Wort *Gebühr* erklären • die Frage / das wiederholen • mir die Formulare zeigen • mir mit dem Formular helfen • mir helfen? Wo muss ich unterschreiben?

Könnten Sie das Wort Gebühr erklären?
Würden Sie das bitte wiederholen?

b Kursspaziergang: Könnten Sie ...? Würden Sie ...? Fragen Sie und antworten Sie.

Könnten Sie das Wort *Gebühr* erklären?

Gern. Das bedeutet: Sie müssen etwas bezahlen.

Ja, gern, hier.
Gern. Das bedeutet: ...
Tut mir leid, das weiß ich nicht.
Ich zeige es Ihnen.

die Papiere mitbringen

die (Warte-)Nummer

eine (Warte-)Nummer ziehen

die Gebühr

eine Gebühr bezahlen

B Wir brauchen für die Anmeldung das Formular.

1 Ihr kommt zu spät!

35 **a Wohin wollen Karim und Todor gehen? Sehen Sie das Video. Sprechen Sie im Kurs.**

35 **b Was findet Martina nicht gut? Sehen Sie das Video noch einmal. Kreuzen Sie an.**

1. ☐ Karim und Todor haben nicht alle Dokumente.
2. ☐ Karim hat die Uhr kaputt gemacht.
3. ☐ Sie kommen vielleicht zu spät.

c Was denken Sie: Warum müssen Karim und Todor pünktlich sein? Wie kennen Sie es? Sprechen Sie im Kurs.

d Was ist für Sie pünktlich? Wann kommen Sie? Schreiben Sie eine Uhrzeit. Vergleichen Sie im Kurs.

1. Sie haben eine Einladung zu einer Party um 19:30 Uhr. um ________ Uhr ☐
2. Sie haben um 16 Uhr einen Termin bei der Ausländerbehörde. um ________ Uhr ☐
3. Sie treffen eine Freundin / einen Freund um 18 Uhr im Café. um ________ Uhr ☐
4. Ihr Kurs beginnt um 9 Uhr. um ________ Uhr ☐
5. Sie haben um 14:30 Uhr einen Termin beim Arzt. um ________ Uhr ☐
6. Sie haben um 8 Uhr eine Prüfung. um ________ Uhr ☐

e Sie kommen zu spät. Was sagen Sie? Wie kann man antworten? Ordnen Sie in d zu.

a Tut mir leid, ich bin zu spät. Ach, kein Problem.

b Bitte entschuldigen Sie. Das kann passieren. Das nächste Mal kommen Sie bitte pünktlich.

c Sorry, ich bin zu spät. Das ist nicht so schlimm.

d Entschuldigung, ich bin zu spät. Dann brauchen Sie leider einen neuen Termin.

f Arbeiten Sie in Gruppen mit den Situationen 1 bis 6 in d. Würfeln Sie. Sie kommen zu spät. Entschuldigen Sie sich. Ihre Nachbarin / Ihr Nachbar reagiert.

Tut mir leid, Maria, ich bin zu spät.

Ach, kein Problem. Ich habe Zeit.

2 Was muss man mitbringen?

a Sie möchten eine Wohnung anmelden. Was brauchen Sie? Sprechen Sie im Kurs.

Man braucht für die Anmeldung den Mietvertrag.

Denkst du? Ich glaube, man braucht ...

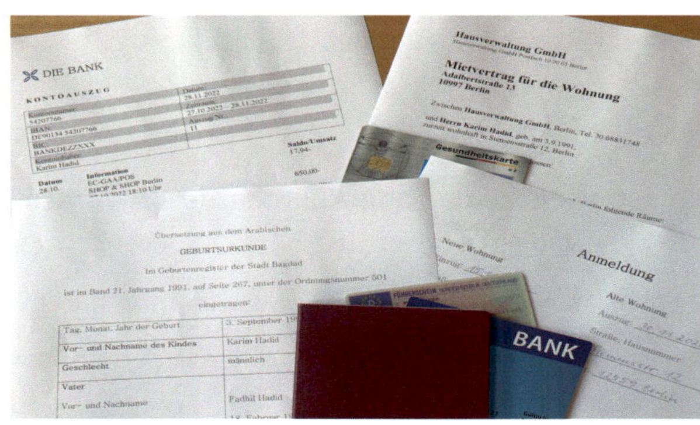

für + Akkusativ

für **den** Antrag für **das** Formular für **die** Anmeldung

der Mietvertrag • der Kontoauszug • das Formular • der Führerschein • der Ausweis • die Gesundheitskarte • die Geburtsurkunde

Lernziele: über Pünktlichkeit sprechen • sich entschuldigen • Informationen erfragen • Präposition *für*

b Was ist für die Anmeldung wichtig? Lesen Sie. Schreiben Sie oder kreuzen Sie an.

Bürgerbüro Service × +

Service für Bürgerinnen und Bürger: Anmeldung einer Wohnung

Sind Sie umgezogen? Möchten Sie Ihre neue Wohnung anmelden?
Sie müssen Ihre Wohnung spätestens 14 Tage nach dem Umzug anmelden.
Sie müssen persönlich kommen.

Welche Dokumente müssen Sie mitbringen?
- Personalausweis oder Reisepass
- Anmeldeformular: Zwei Personen können zusammen ein Formular benutzen.
- Mietvertrag oder Dokument vom Vermieter mit Unterschrift

Ist es Ihre erste Wohnung in Berlin?
- Geburtsurkunde

Formulare: Das Anmeldeformular können Sie hier herunterladen.

Gebühren: keine

Termine: Termine können Sie online hier vereinbaren.

1. Wann müssen Sie Ihre Wohnung anmelden? ______
2. Kann man die Wohnung online anmelden? ja ☐ nein ☐
3. Was brauchen Sie für die Anmeldung? ______
4. Wo bekommt man die Formulare? im Bürgerbüro ☐ im Internet ☐
5. Muss man etwas bezahlen? ja ☐ nein ☐
6. Wie kann man einen Termin vereinbaren? telefonisch ☐ im Internet ☐

c Haben Sie schon mal eine Wohnung angemeldet? Wie war es? Sprechen Sie im Kurs.

3 Ich möchte Wohngeld beantragen.

a Arbeiten Sie zu zweit. Wählen Sie eine Situation (A oder B). Ihre Partnerin / Ihr Partner wählt die andere Situation. Hören Sie oder lesen Sie in der App. Schreiben Sie Antworten.

2.44

Telefonat mit dem Bürgerbüro **A**	Chat mit einer Freundin **B**

1. Wo kann man das machen?
2. Was braucht man?
3. Wo gibt es die Formulare?
4. Was kostet es?

b Was ist gleich? Was fehlt? Vergleichen Sie zu zweit. Schreiben Sie ein Infoblatt wie in 2b.

c Wo sind das Bürgerbüro und das Wohnungsamt in Ihrer Stadt? Suchen Sie im Internet.

Adresse: *Telefonnummer:* *Sprechzeiten:*

C Hier Ihre Unterschrift, bitte.

1 Haben Sie alles dabei?

2.45

a Was haben Karim und Todor vergessen? Hören Sie. Kreuzen Sie an.

1. ☐ den Pass von Todor
2. ☐ den Mietvertrag

2.45

b Welche Informationen fehlen? Hören Sie noch einmal. Ergänzen Sie.

Anmeldung

Neue Wohnung	**Alte Wohnung**
Einzug: 15.11.2022	Auszug: 30.11.2022
Straße, Hausnummer: ______	Straße, Hausnummer: Siemensstr. 12
Ort: 10997 Berlin	Ort: 12459 Berlin
Die Wohnung ist: Hauptwohnung ☐ Nebenwohnung ☐	

Persönliche Angaben:

Familienname: MILEV	Familienname: HADID
Vorname: TODOR	Vorname: KARIM
Geschlecht: m ☐ w ☐ d ☐	Geschlecht: m ☐ w ☐ d ☐
Geburtsort: Sofia	Geburtsort: Bagdad
Geburtsdatum: 22. August 1988	Geburtsdatum: 3. September 1991
Staatsangehörigkeit: ______	Staatsangehörigkeit: irakisch
Familienstand: ______	Familienstand: ______

c Fragen Sie und antworten Sie.

1. Welche Staatsangehörigkeit haben Sie? — Rumänisch.
2. Was ist Ihr Geburtsort?
3. Wie ist Ihr Familienstand?

1 der Januar | 2 der Februar | 3 der März | 4 der April | 5 der Mai | 6 der Juni

Lernziele: ein Formular ausfüllen • Datumsangaben in verschiedenen Sprachen vergleichen • ein Behördengespräch führen •

2 Wann bist du geboren?

a Kurskette: In welchem Monat sind Sie geboren? Sprechen Sie wie im Beispiel. Die Bildleiste hilft.

Ich bin im Mai geboren.

Jumana ist im Mai geboren. Ich bin im September geboren.

b An welchem Tag sind Sie geboren? Schreiben Sie. Der Grammatikkasten hilft.

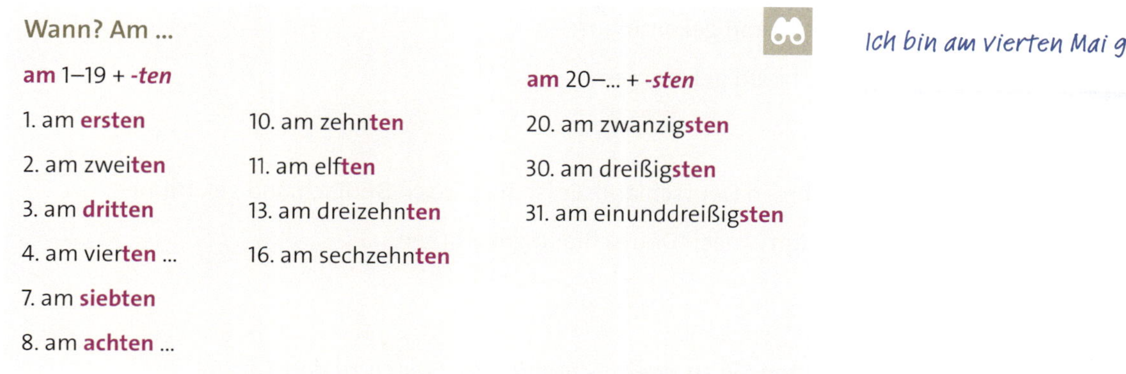

Wann? Am ...

am 1–19 + *-ten*		am 20–... + *-sten*
1. am **ersten**	10. am zehn**ten**	20. am zwanzig**sten**
2. am zwei**ten**	11. am elf**ten**	30. am dreißig**sten**
3. am **dritten**	13. am dreizehn**ten**	31. am einunddreißig**sten**
4. am vier**ten** ...	16. am sechzehn**ten**	
7. am **siebten**		
8. am **achten** ...		

Ich bin am vierten Mai geboren.

c Wann haben Sie Geburtstag? Bilden Sie eine Reihe.

Ich habe am vierten Mai Geburtstag. Und du?

Ich bin am vierzehnten Juli geboren.

Okay, dann stehe ich hier.

d Der Wievielte war gestern? Der Wievielte ist heute und morgen? Sprechen Sie zu zweit.

Gestern war der zwanzigste ...

Heute ist der ...

Datum

Heute ist **der** zwanzig**ste** Mai.

e Wie schreibt man das Datum in Ihrem Land? Vergleichen Sie im Kurs.

in Deutschland:

3 Ich möchte meine Wohnung anmelden.

Arbeiten Sie zu zweit. Wählen Sie eine Rolle (A oder B). Ihre Partnerin / Ihr Partner wählt die andere Rolle. Spielen Sie einen Dialog. Die App hilft.

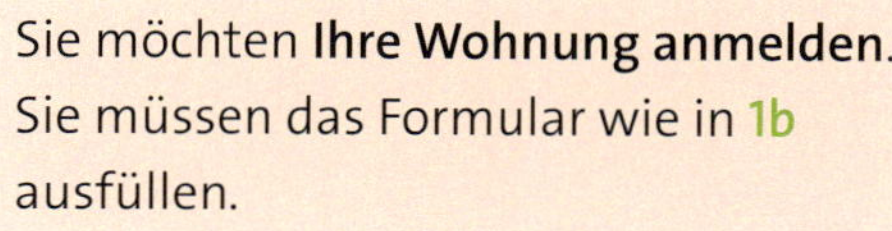

A Sie möchten **Ihre Wohnung anmelden.** Sie müssen das Formular wie in 1b ausfüllen.

B Sie sind **Beamtin / Beamte.** Sie helfen der Kundin / dem Kunden mit dem Formular. Stellen Sie Fragen.

der Juli

der August

der September

der Oktober

der November

der Dezember

D Ich habe eine Bitte.

1 Wann sind Sie nach Deutschland gekommen?

a Kursspaziergang. Fragen Sie und antworten Sie. Schreiben Sie Daten für fünf Personen.

- Wann bist du nach Deutschland gekommen?
- Ich bin am ... nach Deutschland gekommen.

b Berichten Sie im Kurs.

- Kamil lebt schon zwei Jahre in Deutschland. Er ist am ... nach Deutschland gekommen.
- Ja, das ist richtig. Ich bin am ... nach Deutschland gekommen.

2 Würden Sie bitte ...?

a Wie kann man fragen? Arbeiten Sie zu zweit. Schreiben Sie Fragen zu den Karten.

Könnten Sie / Würden Sie ...? • Wo ...? • Der Wievielte ...? • Welche(s) ...? • Was ...? • ...

Ämter und Behörden	Ämter und Behörden	Ämter und Behörden
Gebühren?	unterschreiben?	Führerschein?

Ämter und Behörden	Ämter und Behörden	Ämter und Behörden
Ausweis?	Datum?	Formular?

1. Was kostet der Führerschein?
2. Würden Sie mir bitte Ihren Ausweis zeigen?
3. Könnten Sie mir bitte helfen? Wo kann man die Gebühren bezahlen?

b Überlegen Sie Antworten auf die Fragen aus a. Schreiben Sie die Antworten zu den Fragen.

c Arbeiten Sie zu dritt. Person 1 zeigt auf eine Karte in a. Person 2 fragt, Person 3 antwortet. Die Fragen und Antworten in Ihrem Heft helfen.

- Könnten Sie mir bitte helfen? Wo kann man die Gebühren bezahlen?
- Dort hinten – am Kassenautomaten.

Lernziele: um Auskunft und Hilfe bitten • Informationen erfragen • Strategie: bei Nichtverstehen nachfragen • Datum

3 Bei Nichtverstehen nachfragen

2.46

a Was versteht die Person nicht? Hören Sie. Kreuzen Sie an.

1. ☐ Warteraum im zweiten Stock
2. ☐ eine Wartenummer ziehen
3. ☐ Fotoautomat hinten
4. ☐ ins Zimmer 3 gehen
5. ☐ eine Prüfung machen
6. ☐ Formular von der Fahrschule

2.46

b Wie kann man nachfragen? Hören Sie noch einmal. Verbinden Sie.

1. Wie bitte? Könnten Sie das
2. Tut mir leid, ich habe Sie
3. Entschuldigung, was haben Sie
4. Entschuldigung, könnten Sie das
5. Entschuldigung, das

a bitte erklären?
b gerade gesagt?
c nicht verstanden.
d verstehe ich nicht.
e noch einmal wiederholen?

c Arbeiten Sie zu zweit. Wählen Sie eine Situation (A oder B). Spielen Sie einen Dialog. Ergänzen Sie die Fragen und fragen Sie nach. Arbeiten Sie mit den Sätzen in b.

A *Frau Schröder? Wann? In welchem Zimmer? Name?*

B *Kurs A2? Wann? Um wie viel Uhr? Welches Buch?*

A

- ...?
- Guten Tag, Frau Schröder ist heute leider nicht da. Sie können morgen ab 15 Uhr kommen.
- ...?
- Ab 15 Uhr. Oder Sie fragen im Zimmer 485.
- ...?
- 485. Dort sitzt Herr Ösgül.
- ...?
- Ösgül. Vielleicht kann er helfen.
- ...
- Gern und auf Wiedersehen.

B

- ...?
- Ja, der Kurs A2 fängt am 4. September an.
- ...?
- Am 4. September. Der Kurs ist immer montags und mittwochs von 17 bis 21 Uhr.
- ...?
- Von 17 bis 21 Uhr. Sie brauchen für den Kurs das Kursbuch *Treffpunkt A2*.
- ...?
- *Treffpunkt*.
- ...
- Gern und auf Wiedersehen.

4 Alles klar? Wollen Sie mehr üben?

a Was hat Ihnen gefallen? Was war schwer? Was war leicht? Sprechen Sie im Kurs.

b Wiederholen Sie und üben Sie in der App. Wählen Sie A (leichte Übungen) oder B (schwere Übungen).

9 Magazin

TREFFPUNKT

Nachnamen und Berufe

Viele deutsche Nachnamen stammen von Berufen: Koch, Fleischer, Fischer, Kaufmann … Aber arbeiten Menschen mit dem Nachnamen „Koch“ immer als Koch oder Köchin? Wir haben fünf Personen gefragt.

Ich heiße Florian Bäcker, aber ich bin kein Bäcker. Ich kann nicht backen. Warum heiße ich nicht Koch? Ich bin Koch von Beruf und ich koche gut!

Ich heiße Max Tischler und ich mache gerade eine Ausbildung zum … ja, zum Tischler, richtig. Findet ihr das komisch? Ich finde das super!

Ich heiße Marie Fleischer, aber ich bin keine Fleischerin. Ich arbeite als Lehrerin. Ich esse auch kein Fleisch. Aber mein Opa war Fleischer. Das ist lustig, oder?

Ich heiße Mona Kaufmann und ich bin wirklich Kaufmann, also Kauffrau, von Beruf. Meine Kollegen sagen immer: „Ah, die Frau Kauffrau Kaufmann!“ Und dann lachen wir.

Quiz: Wer war was?

1. Walentina Tereschkowa war

a ☐ die zweite Frau auf dem Mount Everest.
b ☐ die erste Astronautin.
c ☐ der dritte Mensch auf dem Mond.

2. Angela Merkel war

a ☐ die dritte Präsidentin in Deutschland.
b ☐ die zweite Direktorin an der Universität in Berlin.
c ☐ die erste Bundeskanzlerin in Deutschland.

3. Barack Obama war

a ☐ der erste schwarze Basketballspieler.
b ☐ der elfte Präsident in den USA.
c ☐ der erste schwarze Präsident in den USA.

4. Marie Curie war

a ☐ die erste Frau mit einem Nobelpreis.
b ☐ die zweite Professorin an der Universität in Paris.
c ☐ die erste Pilotin in Polen.

1 Nachnamen und Berufe

2.47

a Welchen Beruf haben die Personen? Lesen Sie und hören Sie. Verbinden Sie.

1. Florian Bäcker	a Kauffrau
2. Marie Fleischer	b Tischler
3. Max Tischler	c Koch
4. Mona Kaufmann	d Lehrerin

b Projekt. Was bedeuten Nachnamen in Ihren Ländern? Machen Sie ein Plakat. Schreiben Sie bekannte Nachnamen und die Übersetzung. Suchen Sie auch Bilder dazu. Präsentieren Sie im Kurs.

c Was bedeutet Ihr Nachname? Übersetzen Sie ins Deutsche. Vergleichen Sie im Kurs.

Und was machst du so?

Ali Mahlodji hatte 40 Jobs, heute hilft er vor allem anderen Menschen.

Ali ist mit seinen Eltern 1983 aus dem Iran nach Österreich gekommen. Da war er zwei Jahre alt. Der Vater war sehr krank, die Mutter hatte viel Arbeit.

Ali hat mit 17 Jahren – kurz vor dem Abitur – mit der Schule aufgehört und er hatte dann viele verschiedene Jobs. Er hat als Putzhilfe, Briefträger oder Lagerist gearbeitet.

Dann hat er an der Abendschule Abitur gemacht, er hat studiert und bei Siemens als IT-Manager Karriere gemacht. Da war er 27. Er hatte Geld und Erfolg, aber er hatte auch viel Stress. Dann war er lange krank und hat seinen Job verloren. Später hat er als Lehrer gearbeitet und – er war glücklich! Anderen helfen: Das war schön!

Dann hatte Ali eine Idee: Er hat eine Kamera gekauft und er hat Interviews mit anderen Menschen gemacht. Er hat sie gefragt: Was bist du von Beruf? Warum machst du diese Arbeit? Macht dir der Beruf Spaß? Bist du glücklich?

2011 hat er zusammen mit Freunden die Webseite *watchado.com* gegründet. Auf dieser Seite kann man die Interviews sehen. Man kann dort auch Informationen über Berufe finden oder Tests zu verschiedenen Berufen machen und Jobs suchen. Heute ist diese Website sehr bekannt und erfolgreich.

2017 hat er ein Buch geschrieben, es heißt *Und was machst du so?*. Es ist ein Buch über sein Leben und ein Buch für junge Menschen mit Fragen: Wer bin ich? Was will ich machen? Wie finde ich eine gute Arbeit? Wie kann ich glücklich sein?

2 Quiz: Wer war das?

a Was ist richtig? Machen Sie das Quiz. Kreuzen Sie an. Kontrollieren Sie dann auf der rechten Seite unten.

b Arbeiten Sie zu zweit. Schreiben Sie eine fünfte Quiz-Frage. Fragen Sie und antworten Sie.

3 Und was machst du so?

a Was war wann? Lesen Sie. Ergänzen Sie.

1981	1983	ab 1998	2008	2011	2017
		in verschieden Jobs arbeiten ...	*Manager bei ...*		

b Welche Berufe passen zu Ihnen? Machen Sie den Test auf *https://www.whatchado.com/de/interest-test*. Welche Berufe haben Sie gefunden? Sprechen Sie im Kurs.

Der Test sagt: Ich kann als ... oder ... arbeiten. Ich finde, das passt gut zu mir. Ich arbeite gern ...

Lösung zu 2a: 1b; 2c; 3c; 4a

19 Unterwegs in Deutschland

A Wie ist das Wetter?

1 Am Samstag regnet es.

a Was denken Sie: Was sagen die Personen auf dem Foto? Schreiben Sie. Die Bildleiste hilft.

b Wie ist das Wetter in Berlin? Fragen Sie und antworten Sie. Die Bildleiste hilft.

- Wie ist das Wetter am Samstag?
- Am Samstag ist es stark bewölkt und es regnet. Es sind minus ein bis fünf Grad.

2.48 **c Phonetik: *s* und *sch*. Hören Sie. Sprechen Sie nach.**

1. s: die Sonne – der Sonntag – super – sehr
2. s/ss/ß: es – ist – heiß – nass – am Dienstag
3. sch: der Schnee – scheinen – schön

2.49 **d Hören Sie. Sprechen Sie nach.**

Die Sonne scheint am Sonntag. Am Samstag ist es heiß. Am Dienstag ist es nass.

e Wie ist das Wetter jetzt bei Ihnen? Welches Wetter mögen Sie? Sprechen Sie im Kurs.

- Heute scheint die Sonne. Das Wetter mag ich.
- Ja, ich mag die Sonne auch. Aber es ist windig. Das mag ich nicht.

Die Sonne scheint.

die Sonne

Es regnet.

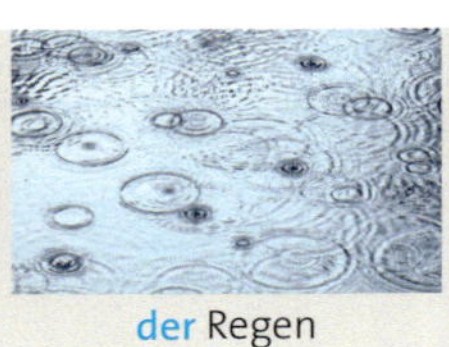
der Regen

Es schneit.

der Schnee

Lernziele: über das Wetter sprechen • eine Wettervorhersage verstehen • über Aktivitäten in den Jahreszeiten sprechen •

2 Auf keinen Fall!

36

a Welche Jahreszeit ist jetzt? Wie ist das Wetter in Berlin und in Bagdad? Sehen Sie das Video (Teil 1). Sprechen Sie im Kurs.

der Frühling

der Sommer

der Herbst

der Winter

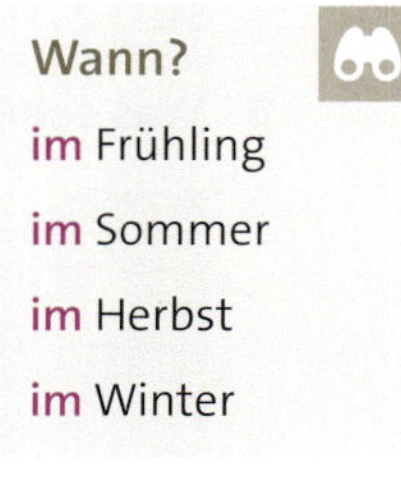
Wann?
im Frühling
im Sommer
im Herbst
im Winter

36

b Wer möchte was bei einem Ausflug machen? Sehen Sie noch einmal. Verbinden Sie.

1. Karim möchte
2. Helen möchte
3. Martina möchte

a mit dem Boot fahren.
b nichts machen.
c am Fluss sitzen und Fisch essen.
d im Wald wandern.

der Wald
der Fluss

37

c Was ist richtig? Sehen Sie das Video (Teil 2). Kreuzen Sie an.

1. ☐ Karim möchte einen Ausflug machen.
2. ☐ Im Schwimmbad gibt es auch Bäume.
3. ☐ Im Schwimmbad kann man nicht essen.
4. ☐ Karim möchte schwimmen.

d Was kann man bei einem Ausflug machen? Sammeln Sie im Kurs.

e Was möchten Sie machen? Schreiben Sie zwei Aktivitäten aus d.

f Was machen wir zusammen? Arbeiten Sie in Gruppen. Einigen Sie sich.

Wollen wir im Park ein Picknick machen?

Das ist eine gute Idee.

Das finde ich nicht so gut. Ich möchte lieber ...

3 Was kann man im Frühling, Sommer, Herbst und Winter machen?

a Wählen Sie eine Aufgabe (A oder B). Beantworten Sie die Fragen. Machen Sie ein Plakat.

Ihre Lieblingsjahreszeit in Deutschland 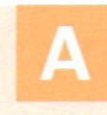

Eine Jahreszeit in einem anderen Land B

1. Wie ist das Wetter?
2. Was kann man bei einem Ausflug machen?

b Was ist interessant für Sie? Hängen Sie Ihre Plakate auf. Lesen Sie. Sprechen Sie im Kurs.

In Brasilien kann man im Dezember schwimmen gehen. Das finde ich toll.

Ich auch.

Es ist windig.

der Wind

Es ist bewölkt.

die Wolke

Es ist heiß.

Es ist nass.

B Der Zug fährt von Gleis 10 ab.

1 Ich bin mit dem Zug nach Hamburg gefahren.

a Was sehen Sie auf dem Foto? Sprechen Sie zu zweit. Die Bildleiste hilft.

Man sieht eine Bahnhofshalle. Vorne ist ...

b Wohin sind Sie das letzte Mal gefahren oder geflogen? Was haben Sie dort gemacht? Sprechen Sie im Kurs.

Ich bin im Sommer zu meiner Familie nach Dhaka geflogen.

Ich bin mit dem Zug zu meinem Bruder nach Hamburg gefahren.

Wohin?	
nach	Hamburg, Deutschland (*Stadt, Land*)
zu	Marian, meinem Bruder, meiner Schwester (*Person*)

2 Wann fährt der Zug ab?

2.50

a Karim kauft eine Fahrkarte. Wann fährt der Zug ab? Wie viel kostet die Fahrt? Hören Sie. Ergänzen Sie.

Abfahrt: __________ *Uhr*

Ankunft: __________ *Uhr*

Preis: __________ *Euro*

der Schalter

die Halle

das Gleis

der Bahnsteig

die Abfahrt (abfahren)

Lernziele: Fahrkarten am Schalter kaufen • Durchsagen am Bahnhof verstehen • Informationen an Anzeigetafeln vergleichen •

2.50 **b Welcher Zug ist das? Hören Sie noch einmal. Kreuzen Sie an.**

- Guten Tag. Wir hätten gern eine Fahrkarte zum *Tropical Islands*. Wir sind fünf Personen.
- Fünf Erwachsene? Hin- und Rückfahrt oder nur einfach?
- Ja, fünf Erwachsene. Und ja, hin und zurück. Für heute, bitte.
- Dann ist ein Gruppenticket günstig. Das gilt für die Hin- und Rückfahrt. Es kostet 33 Euro.
- Oh, das ist nicht teuer. Und wann fährt der nächste Zug?
- Moment ... Die Abfahrt ist 8:35 Uhr von Gleis 10. Sie müssen nicht umsteigen, die Ankunft ist dann um 9:25 Uhr in Brand Tropical Islands.
- Vielen Dank.
- Das macht 33 Euro. Danke, 40 Euro ... und 7 Euro zurück. Hier ist die Fahrkarte.
- Danke schön!

Abfahrt ***Departure/Départ***

Zeit ***Time/Temps***		**Ziel** ***Destination***	**Gleis** ***Platform/Voie***		
8:05	ICE 1003	Frankfurt (Main)	14		☐
8:21	RB 21	Potsdam	1		☐
8:26	IC 2173	Dresden	4		☐
8:30	ICE 505	München	11	Verspätung 10 Min.	☐
8:35	RE 2	Cottbus	10		☐
8:42	RE 3	Stralsund	5	Verspätung 25 Min.	☐

c Wann? Von welchem Gleis? Fragen Sie und antworten Sie.

1. Von welchem Gleis fährt der Zug nach ... ab?
2. Wann fährt der Zug nach ... ab?
3. Hat der Zug nach ... Verspätung?

d In welchen Sprachen gibt es Anzeigen an den Bahnhöfen in Deutschland? Wie ist es in Ihren Ländern? Sprechen Sie im Kurs.

2.51 **e Welche Durchsage ist für Karim, Todor, Helen, Felix und Martina wichtig? Hören Sie. Kreuzen Sie an.**

☐ Durchsage 1 ☐ Durchsage 2

2.51 **f Was ist das Problem? Hören Sie noch einmal. Sprechen Sie im Kurs.**

g Arbeiten Sie zu zweit. Wählen Sie ein Ziel in b. Wählen Sie eine Rolle (A oder B). Ihre Partnerin / Ihr Partner wählt die andere Rolle. Spielen Sie Dialoge wie in b.

A Sie möchten zwei Fahrkarten (hin und zurück) nach ... kaufen.

B Sie arbeiten am Fahrkarten-Schalter. In der App finden Sie Informationen zu den Zügen.

die Ankunft (ankommen)

die Hinfahrt

die Rückfahrt

die Anzeigetafel

der Fahrkartenautomat

C Die Stadt liegt im Norden.

1 Wo liegt …?

a Was bedeuten die Farben auf der Karte? Ergänzen Sie. Die Bildleiste hilft.

blau: ____________,

____________,

____

braun: ____________

rot/gelb/schwarz:

____________,

grün: *flaches Land*

b Wo liegt Ihre Stadt? Suchen Sie. Zeigen Sie.

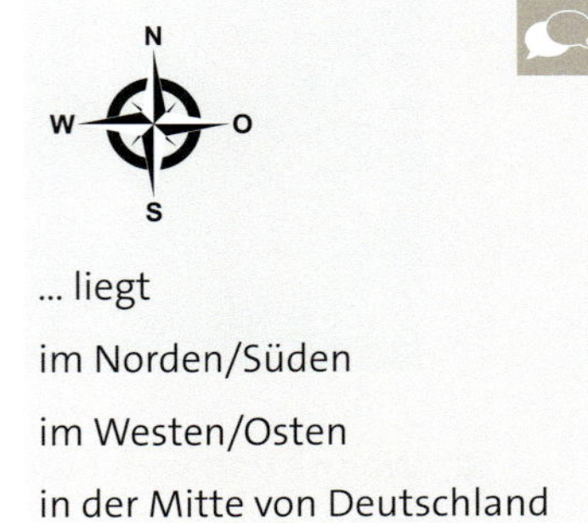

… liegt

im Norden/Süden

im Westen/Osten

in der Mitte von Deutschland

c Deutschland-Quiz: Wer findet die Informationen zuerst? Arbeiten Sie in Gruppen. Suchen Sie auf der Karte.

1. Wo liegen die Städte: Berlin, München, Hamburg, Köln, Frankfurt am Main?
2. Wo sind die Flüsse: die Donau, der Rhein, die Elbe, die Oder, der Main?
3. Wie heißen die Meere im Norden von Deutschland?
4. Suchen Sie den Namen von einer Insel.
5. Wie heißen die Berge im Süden von Deutschland?
6. Wie heißt ein Fluss, ein See und wie heißen Berge in Ihrer Nähe?

1. Hamburg liegt im Norden von Deutschland.
2. Der Rhein ist im Westen von Deutschland.

d Welche Städte oder Dörfer kennen Sie? Wo waren Sie schon einmal? Wo liegen sie? Sprechen Sie im Kurs.

Ich kenne München. München liegt im Süden von Deutschland. Ich habe dort einen Freund besucht.

das Meer

der See

die Insel

der Berg

Lernziele: Landkarten verstehen • die geografische Lage beschreiben • eine E-Mail verstehen und schreiben • Wortfeld: Landschaft,

2 Ich möchte euch einladen.

a Wo wohnt Tsvetelina? Lesen Sie. Suchen Sie auf der Karte links.

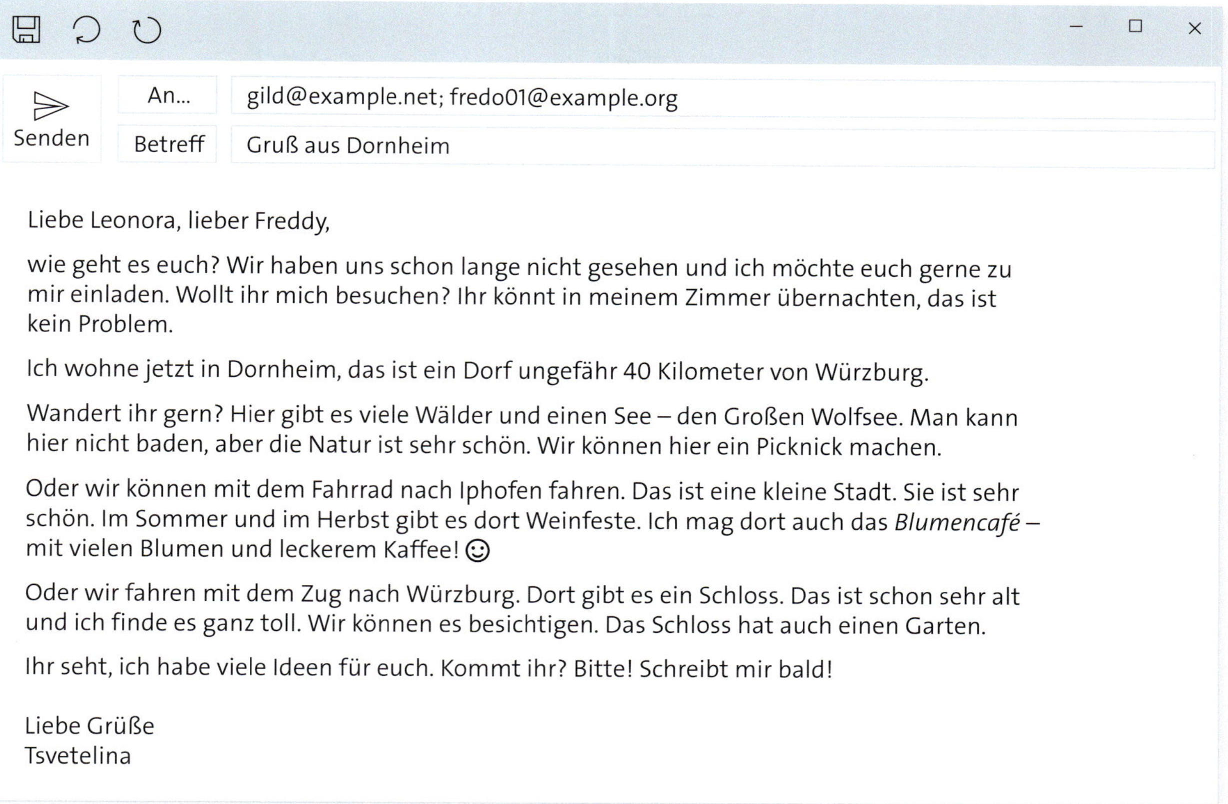

Senden | An... gild@example.net; fredo01@example.org
Betreff: Gruß aus Dornheim

Liebe Leonora, lieber Freddy,

wie geht es euch? Wir haben uns schon lange nicht gesehen und ich möchte euch gerne zu mir einladen. Wollt ihr mich besuchen? Ihr könnt in meinem Zimmer übernachten, das ist kein Problem.

Ich wohne jetzt in Dornheim, das ist ein Dorf ungefähr 40 Kilometer von Würzburg.

Wandert ihr gern? Hier gibt es viele Wälder und einen See – den Großen Wolfsee. Man kann hier nicht baden, aber die Natur ist sehr schön. Wir können hier ein Picknick machen.

Oder wir können mit dem Fahrrad nach Iphofen fahren. Das ist eine kleine Stadt. Sie ist sehr schön. Im Sommer und im Herbst gibt es dort Weinfeste. Ich mag dort auch das *Blumencafé* – mit vielen Blumen und leckerem Kaffee! ☺

Oder wir fahren mit dem Zug nach Würzburg. Dort gibt es ein Schloss. Das ist schon sehr alt und ich finde es ganz toll. Wir können es besichtigen. Das Schloss hat auch einen Garten.

Ihr seht, ich habe viele Ideen für euch. Kommt ihr? Bitte! Schreibt mir bald!

Liebe Grüße
Tsvetelina

b Welche Informationen gibt es zu den Orten? Lesen Sie noch einmal. Schreiben Sie.

1 Schloss Würzburg

____

____

2 Großer Wolfsee

____

____

3 Iphofen

____

____

c Laden Sie eine Freundin / einen Freund in Ihre Stadt ein. Schreiben Sie eine E-Mail wie in a. Die App hilft.

1. Wo liegt Ihr Ort?
2. Was gibt es in Ihrem Ort?
3. Was mögen Sie besonders gern?
4. Was kann man im Frühling, Sommer, Herbst oder Winter machen?

d Arbeiten Sie zu zweit. Lesen Sie Ihre E-Mail vor. Was ist gleich? Markieren Sie.

der Wald

der Fluss

die Stadt

das Dorf

D Wie funktioniert der Automat?

1 Wann fahren wir? Zu wem fahren wir? Wohin fahren wir?

a Schreiben Sie zu jeder Frage vier Beispiele. Nummerieren Sie die Karten 1, 2 und 3 auf der Rückseite.

Wann? (*Monat, Jahreszeit*) Zu wem? (*Person*) Wohin? (*Land, Stadt*)

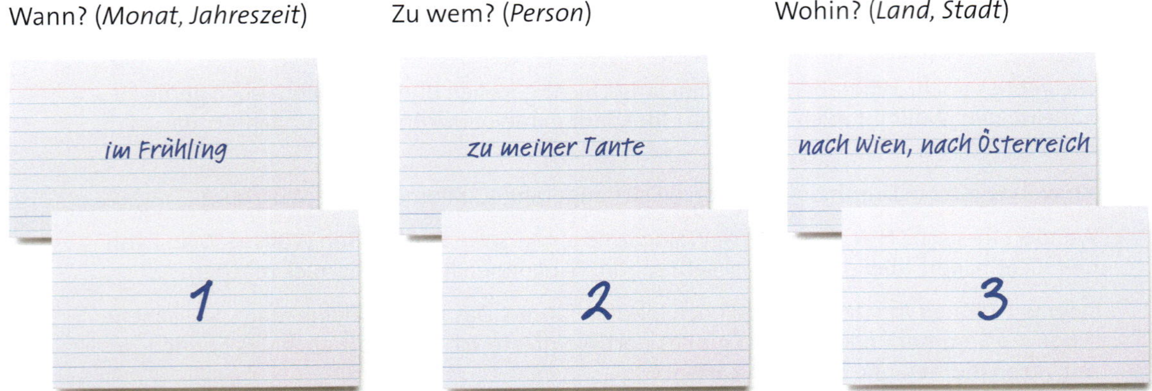

b Arbeiten Sie zu zweit. Ziehen Sie drei Karten (1, 2 und 3). Sagen Sie einen Satz mit den Informationen.

Ich fahre im Frühling zu meiner Tante nach Österreich.

2 Ich möchte eine Fahrkarte kaufen.

2.52 **a Welcher Zug passt? Hören Sie. Markieren Sie.**

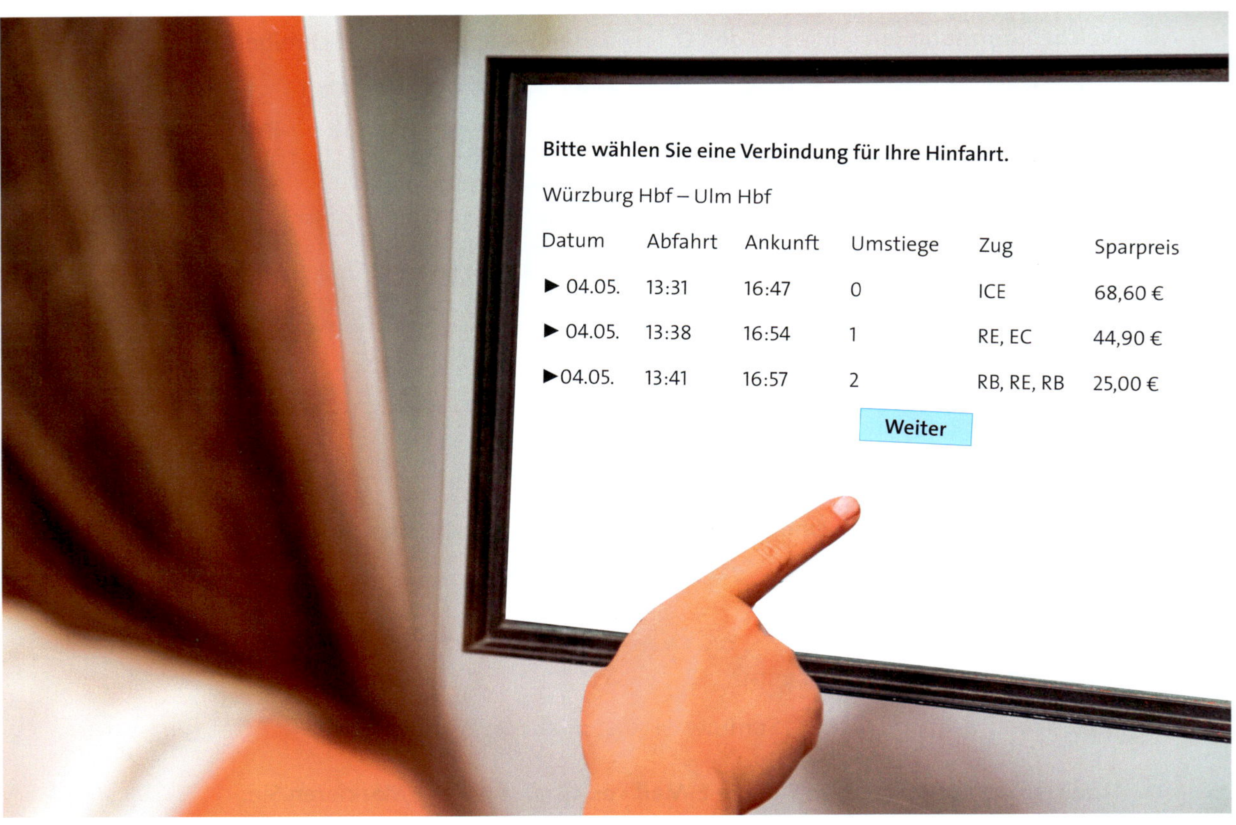

2.52 **b Welche Wörter versteht die Frau nicht? Hören Sie noch einmal. Schreiben Sie.**

Lernziele: Fahrkarten am Fahrkartenautomaten kaufen • erklären, wie ein Fahrkartenautomat funktioniert •

c Lesen Sie. Kontrollieren Sie Ihre Lösung in b.

- Entschuldigung, würden Sie mir bitte helfen? Ich möchte eine Fahrkarte kaufen.
- Ja, gern. Also: Wohin wollen Sie fahren?
- Nach Ulm.
- Okay. Dann schreiben Sie bei *Ziel* Ulm. So, hin und zurück?
- Nein, nur hin.
- Gut, dann ist das eine einfache Fahrt, 2. Klasse. Weiter.
- Okay. Hier: Was bedeutet *ab sofort*?
- Möchten Sie jetzt gleich fahren? Dann wählen Sie *ab sofort*.
- Ja. Aha, gut. Hier, das verstehe ich nicht: Was bedeutet *Ankunft*?
- Auf Englisch: *arrival*.
- Aha, danke. Ich nehme den Zug um 13:41 Uhr. Der ist nicht so teuer.
- Aber Sie müssen zweimal umsteigen.
- Das macht nichts. Und jetzt?
- Jetzt kontrollieren Sie: Ulm, eine Erwachsene, das Datum. Alles richtig. Sie können bezahlen.

d Arbeiten Sie zu zweit. Wählen Sie eine Stadt auf der Karte (Seite 174). Suchen Sie eine Zugverbindung im Internet. Variieren Sie den Dialog in c.

3 Wörter erklären

a Welches Wort passt? Suchen Sie die Wörter in 2c. Schreiben Sie.

Strategie 1: das Wort auf Deutsch erklären

Das bedeutet: Wohin möchtest du fahren?

____

Strategie 3: das Gegenteil sagen

Das Gegenteil von *Kind*.

____

Strategie 2: das Wort mit Pantomime erklären

fahren

Strategie 4: es in einer anderen Sprache sagen

Auf Englisch: *arrival*.

____

b Welche zwei Strategien hat die Frau in 2c benutzt? Sprechen Sie im Kurs.

c Ratespiel. Arbeiten Sie in zwei Gruppen. Von jeder Gruppe geht eine Person raus. Wählen Sie ein Wort. Die Personen kommen zurück. Erklären Sie das Wort mit Strategien in a. Wer errät das Wort zuerst?

4 Alles klar? Wollen Sie mehr üben?

a Was hat Ihnen gefallen? Was war schwer? Was war leicht? Sprechen Sie im Kurs.

b Wiederholen Sie und üben Sie in der App. Wählen Sie A (leichte Übungen) oder B (schwere Übungen).

20 Feste und Feiertage

Liebe Ira,
lieber Máté,

herzlichen Glückwunsch zur Hochzeit! Bleibt glücklich und verliebt!

Eure Silvie

Hallo, Franjo!
Du hast Tag und Nacht gelernt und viele Tassen Kaffee getrunken. 📚 🍫 ☕ Jetzt bist du Programmierer! 👍
Wir gratulieren dir zum Abschluss der Berufsschule!
Du hast die Prüfung geschafft!
Wunderbar! 🎈
Dora und Maduka

Liebe Frau da Costa,
lieber Herr Fink-da Costa,

herzlichen Glückwunsch zur Geburt von Sina! Alles Liebe für Sie und Ihre Tochter!

Herzliche Grüße
Ihre Nachbarn Familie Dang

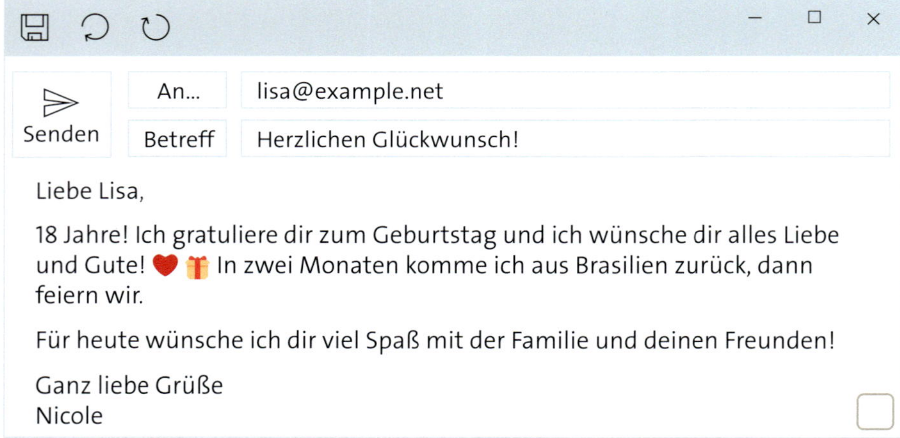

Senden | An... lisa@example.net
Betreff: Herzlichen Glückwunsch!

Liebe Lisa,

18 Jahre! Ich gratuliere dir zum Geburtstag und ich wünsche dir alles Liebe und Gute! ❤️ 🎁 In zwei Monaten komme ich aus Brasilien zurück, dann feiern wir.

Für heute wünsche ich dir viel Spaß mit der Familie und deinen Freunden!

Ganz liebe Grüße
Nicole

A Herzlichen Glückwunsch!

1 Alles Gute!

2.53 **a Welcher Text passt? Hören Sie. Ordnen Sie zu.**

b Wann gratulieren Sie noch? Sammeln Sie Situationen im Kurs.

- Ein Freund hat einen Job gefunden.
- Eine Freundin hat den Führerschein gemacht.

Lernziele: jemandem gratulieren • sich bedanken • über Geburtstagsfeiern sprechen • eine Glückwunschkarte schreiben •

2 Wen lade ich ein?

2.54 **a Welcher Text links passt? Hören Sie. Sprechen Sie im Kurs.**

2.54 **b Wen lädt Lisa ein? Hören Sie noch einmal. Schreiben Sie.**

1. Wen lädt Lisa am Nachmittag ein? ______________________
2. Wen lädt sie am Abend ein? ______________________
3. Wer kommt zweimal? ______________________

c Wen laden Sie zu Ihrem Geburtstag ein? Was schenken Sie zum Geburtstag? Sprechen Sie zu viert.

Wen ladet ihr ein?

Ich lade immer alle ein: die Familie, Freunde und Freundinnen, Nachbarn und Kollegen. Und ihr?

Alle? Ich nicht. Ich lade nur ... ein.

Und was schenkt ihr zum Geburtstag? Ich schenke gern Geld.

d Was haben Sie erfahren? Was war interessant? Berichten Sie im Kurs.

3 Ich gratuliere dir zum Geburtstag!

a Wie kann man gratulieren? Lesen Sie links noch einmal. Ergänzen Sie.

Herzlichen ______________ zum/zur ...

Ich ______________ dir zum/zur ...

Ich ______________ dir alles Liebe und Gute!

Alles ______________ und ______________!

Alles Gute zum/zur ...

Viel Glück!

2.55 **b Phonetik: *r*. Wo hören Sie ein *r*? Hören Sie. Markieren Sie.**

1. r (*am Silbenanfang*): gratulieren – schreiben – ein Freund – die Prüfung – trinken
2. r (*am Silbenende*): wunderbar – verliebt – wir – dir – zur Geburt – zum Geburtstag – feiern

2.56 **c Hören Sie. Sprechen Sie nach.**

Wir wünschen dir alles Gute! – Herzlichen Glückwunsch zur Prüfung! – Alles Liebe zur Geburt!

4 Viel Glück!

a Wählen Sie eine Situation aus 1b. Schreiben Sie die Situation und Ihren Namen auf einen Zettel. Mischen Sie die Zettel im Kurs.

Prüfung A1
Nosomi

b Ziehen Sie einen Zettel. Schreiben Sie der Person eine Glückwunschkarte. Schreiben Sie mindestens drei Sätze.

c Was schenken Sie der Person? Malen Sie oder schreiben Sie es auf einen Zettel. Gratulieren Sie der Person.

Vielen Dank! Der/Das/Die ... gefällt mir sehr.

Oh, das ist aber nett. Herzlichen Dank!

Danke schön! Das ist lieb.

Herzlichen Glückwunsch zur Prüfung!

Danke schön! Das ist lieb.

B Kauf bitte ein Geschenk!

1 Kauf bitte eine Torte!

a **Was denken Sie: Warum hat Helen eine Torte? Sammeln Sie Ideen im Kurs.**

38 **b** **Hatten Sie recht? Sehen Sie das Video. Sprechen Sie im Kurs.**

38 **c** **Wer soll das machen? Sehen Sie das Video noch einmal. Kreuzen Sie an.**

	Karim	Helen	Felix	Todor
1. Geh bitte zum Bäcker!	☐	☐	☐	☐
2. Koch bitte eine Suppe!	☐	☐	☐	☐
3. Fahrt bitte zum Supermarkt!	☐	☐	☐	☐
4. Bringt ein paar Getränke mit!	☐	☐	☐	☐
5. Sei so nett und kauf ein Geschenk!	☐	☐	☐	☐

d **Unterstreichen Sie die Verben in c. Ergänzen Sie.**

Imperativ mit *du, ihr*

du	ihr
~~Du~~ gehst zum Bäcker.	~~Ihr~~ geht zum Bäcker.
Geh bitte zum Bäcker!	**Geht** bitte zum Bäcker!
____________ bitte eine Suppe!	**Kocht** bitte eine Suppe!
Bring ein paar Getränke **mit**!	____________ ein paar Getränke **mit**!
! **Fahr** bitte zum Supermarkt!	____________ bitte zum Supermarkt!
Hab Spaß!	**Habt** Spaß!
____________ so nett!	**Seid** so nett!

e **Wählen Sie einen Ausdruck. Schreiben Sie den Infinitiv und einen Imperativsatz auf eine Karte.**

Blumen kaufen • eine Torte bestellen • den Partyservice anrufen • einen Kuchen backen • Einladungen schreiben • zum Markt fahren • die Küche aufräumen • die Nachbarn einladen • das Geschenk mitnehmen • Musik organisieren

Blumen kaufen

Kauf bitte Blumen!

f **Kursspaziergang. Zeigen Sie einer Person die Seite mit dem Infinitiv. Sie sagt einen Imperativsatz. Kontrollieren Sie. Tauschen Sie dann die Karten. Sprechen Sie mit einer anderen Person.**

Lernziele: (höfliche) Aufforderungen/Anweisungen verstehen und geben • eine Party organisieren • etwas aushandeln •

2 Könntest du bitte die Tür schließen?

a Was ist höflich? Was ist sehr höflich? Was ist etwas unhöflich? Ordnen Sie zu.

Kannst du bitte eine Torte kaufen? • Kauf eine Torte! • Könntest du bitte eine Torte kaufen? • Kauf doch bitte eine Torte!

sehr höflich

1. ______
2. ______
3. ______
4. ______

etwas unhöflich

b Kurskette. Sprechen Sie wie im Beispiel.

die Tür schließen • das Fenster öffnen • mir einen Stift geben • laut sprechen • das Buch öffnen • die Frage wiederholen • das noch einmal erklären • das Wort buchstabieren • leise sein

- Schließ die Tür!
- Schließ doch bitte die Tür!
- Kannst du bitte die Tür schließen?
- Könntest du bitte die Tür schließen?
- Öffne ...!

3 Schreib bitte die Einladungskarten!

a Sie haben eine Wohnung gefunden und Sie machen eine Party. Was müssen Sie vorbereiten? Schreiben Sie eine Liste im Kurs.

– *die Wohnung aufräumen*
– *Getränke organisieren*
– ...

b Wer macht was? Arbeiten Sie zu dritt. Wählen Sie eine Rolle in der App (A, B oder C). Die anderen wählen die anderen Rollen. Verteilen Sie die Aufgaben aus a.

- Räum bitte die Wohnung auf.
- Oh, das mache ich nicht so gerne. Könntest du bitte die Wohnung aufräumen?
- Okay, ich mache das. Kannst du dann bitte ...?

– die Wohnung aufräumen	*Mirko*
– Getränke organisieren	*Simay*
– ...	...

Ja, das mache ich gerne.	Tut mir leid, das kann ich nicht so gut.
Okay, ich mache das.	Oh, das mache ich nicht (so) gerne.
In Ordnung, ich kann ...	Hm, das möchte ich nicht machen.
	Ich möchte lieber ...

C Ich feiere am liebsten mit meiner Familie.

1 Frohes Fest!

a Wie feiern die Personen? Arbeiten Sie zu viert (A, B, C und D). Lesen Sie alle drei Texte. Machen Sie Notizen zu Ihrer Frage (A, B, C oder D). Die Bildleiste hilft.

Ich bin Annika. Also, ich feiere Silvester immer mit meinen Freunden bei mir zu Hause. Zuerst essen wir Raclette: viel Fleisch und Gemüse, aber noch mehr Käse. Das ist sehr lecker! Dann spielen und tanzen wir. Um zwölf Uhr trinken wir Sekt. Wir wünschen den anderen viel Glück zum neuen Jahr und sagen: „Frohes neues Jahr!“ Das ist sehr schön. Wir gehen danach auf die Straße. Wir treffen unsere Nachbarn und machen ein kleines Feuerwerk. Das gefällt mir am besten!

Hi, ich bin Feliz. Ich mag Familienfeste, aber noch lieber mag ich meinen Geburtstag. Und am liebsten feiere ich das Ramadanfest – das Ende vom Fastenmonat Ramadan. Das Fest dauert drei Tage, es gibt aber kein festes Datum. Unsere Familie geht am Morgen in die Moschee und wir wünschen: „Eid mubarak!“, „Fröhliches Fest!“ Dann gehen wir zu meinen Großeltern. Viele Verwandte kommen auch. Die Kinder bekommen Geschenke. Das finde ich sehr schön. Wir essen viele Süßigkeiten und traditionelle Gerichte.

Hallo, ich bin Anton. Ich liebe Weihnachten, besonders den 24. Dezember, den Heiligabend. Am Nachmittag schmücken wir den Weihnachtsbaum, dann essen wir. Wir essen immer Gans. Danach packen wir unsere Geschenke aus. Wir spielen, sprechen und essen viele Süßigkeiten. Um zwölf Uhr in der Nacht gehen wir zur Kirche. Wir wünschen: „Frohe Weihnachten!“ Am 25. besuchen wir meine Großeltern. Das ist schön. Aber am 26. bleiben wir zu Hause und chillen. Das finde ich am besten.

A Wann und wie lange feiern die Personen?
B Mit wem und wo feiern die Personen?
C Was machen die Personen bei den Festen?
D Was wünschen die Personen zu den Festen?

A
Silvester: am 31.12., am Abend und ...
Ramadanfest: ...

gern

lieber

am liebsten

gut

besser

Lernziele: ein Fest vorstellen • sagen, wie man gern feiert • Gemeinsamkeiten bei Festen herausfinden • Glückwünsche zum neuen Jahr

b **Was wissen Sie jetzt über die Feste in a? Erzählen Sie. Schreiben Sie zusammen Steckbriefe zu den Festen.**

c **Was war für Sie neu? Sprechen Sie im Kurs.**

Das war neu für mich. Das habe ich nicht gewusst.
Das finde ich interessant.

Silvester:
Wann? am 31.12.
Mit wem?
Wo?
Was?
Glückwunsch?

2 Wie feierst du Silvester?

a **Wie sagt man *Frohes neues Jahr* in Ihren Sprachen? Sammeln Sie im Kurs.**

2.57 **b** **Über welche Feste sprechen Bulat und Annika? Hören Sie. Sprechen Sie im Kurs.**

2.57 **c** **Was antwortet Bulat: *ja, nein* oder *doch*? Hören Sie noch einmal. Schreiben Sie.**

1. Kommst du auch? __________
2. Feierst du Silvester nicht mit Freunden? __________
3. Bekommt ihr Geschenke zu Silvester? __________
4. Feiert ihr kein Weihnachten? __________

Ja, nein, doch

Feierst du heute? Bekommst du Geschenke? → Ja./Nein.

Feierst du heute **nicht**? Bekommst du **keine** Geschenke? → **Doch.** / Nein.

d **Fragen Sie und antworten Sie zu dritt.**

Hast du kein Lieblingsfest? • Feierst du Neujahr nicht mit der Familie? • Bekommst du zum Geburtstag keine Geschenke? • Ist Geld kein schönes Geschenk? • Feierst du dein Lieblingsfest nicht im Restaurant? • Isst du nicht gerne Süßigkeiten?

3 Was ist Ihr Lieblingsfest?

a **Wann und mit wem feiern Sie? Was machen Sie? Sammeln Sie Informationen zu dritt.**

1. Ist die Information für alle drei Feste gleich? Dann schreiben Sie sie in die Mitte.
2. Passt die Information nur zu zwei Festen? Dann schreiben Sie sie an die Seite.
3. Passt die Information nur zu Ihrem Fest? Dann schreiben Sie sie zu Ihrem Namen.

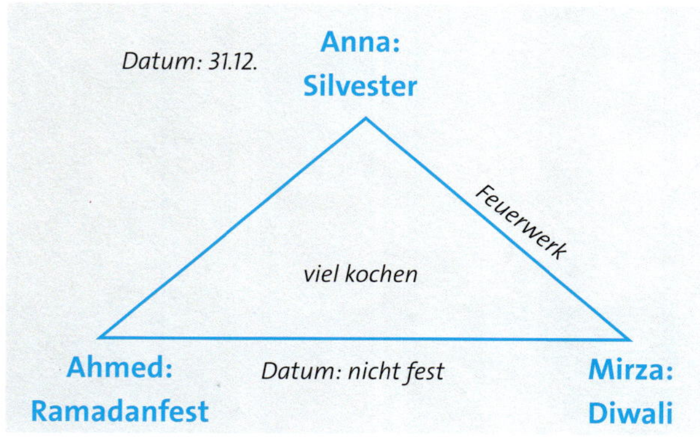

b **Was ist bei Ihren Festen gleich? Hängen Sie die Plakate auf. Erzählen Sie. Die App hilft.**

am besten

viel

mehr

am meisten

D Was und wann feiert ihr?

Kalender

Januar	Februar	März	April	Mai	Juni

1 Unser internationaler Kurskalender

Was sind Ihre Lieblingsfeste? Wann feiert man die Feste? Sprechen Sie im Kurs. Schreiben Sie im Kalender.

Mein Lieblingsfest ist ... Wir feiern am ...

Lernziele: über Feste und Feiertage sprechen • Wortfeld: Feste und Feiertage

20___

Juli	August	September	Oktober	November	Dezember

2 Alles klar? Wollen Sie mehr üben?

a Was hat Ihnen gefallen? Was war schwer? Was war leicht? Sprechen Sie im Kurs.

b Wiederholen Sie und üben Sie in der App. Wählen Sie A (leichte Übungen) oder B (schwere Übungen).

TREFFPUNKT

Mit dem Zug unterwegs

Wir fragen Menschen am Bahnhof in Frankfurt: Wohin reisen Sie?

Yanin Phongan (42) ist Ingenieurin und fährt beruflich nach Hamburg. „Ich mag Hamburg sehr und ich bleibe dort zwei Tage. Aber ich habe leider nicht viel Zeit. Ich treffe zwei Kollegen und wir müssen viel arbeiten. Am Abend kann ich aber ein bisschen in der Stadt spazieren gehen."

Mesud Günes (28) und **David Richter** (27) fahren nach Oberammergau. „Wir sind Schulfreunde und wir fahren jedes Jahr für eine Woche in die Alpen. Die Berge sind einfach toll! Wir möchten wandern und vielleicht auch baden. Die Seen sind in den Alpen aber immer sehr kalt!"

Simone Kronberger (32) fährt nach Bingen am Rhein und besucht ihre Eltern. „Ich bin vor acht Jahren nach Duisburg gezogen. Zu meinen Eltern fahre ich aber oft. Ich mag die Natur dort: Der Rhein ist schön, ich kann dort immer sehr gut entspannen – zum Beispiel beim Fahrradfahren."

1 Mit dem Zug unterwegs

2.58

a Welche Informationen sind falsch? Lesen Sie und hören Sie. Markieren Sie.

1. Yanin Phongan trifft in Hamburg zwei Freunde. Sie gehen zusammen spazieren.
2. Mesud Günes und David Richter fahren jede Woche in die Alpen. Sie wollen dort spazieren gehen.
3. Simone Kronberger besucht ihre Eltern in Duisburg. Sie macht dort gern Ausflüge mit dem Boot.

b Lesen Sie noch einmal. Korrigieren Sie in a.

c Welchen Ort finden Sie schön? Sprechen Sie zu dritt.

Ich finde die Alpen schön. Ich mag Berge. Dort kann man …

Unser Tipp:

Sommerfeste in Dortmund

In Dortmund wohnen 580.000 Menschen aus 180 Ländern. Und alle feiern gern. Die Feste in Dortmund sind unterschiedlich wie die Menschen. Das sind unsere Tipps:

Die Bartholomäus-Kirmes

Die Bartholomäus-Kirmes gibt es seit 1360. Immer im August stehen im Stadtviertel Lütgendortmund viele Karussells und es gibt sehr, sehr viele Süßigkeiten – das finden Kinder und Erwachsene super. Die Kirmes dauert von Freitag bis Montag. Am letzten Tag gibt es den *Krammarkt*. Hier kann man Kleidung und Gewürze kaufen. Am besten finden wir das Feuerwerk am Montagabend.

Das Afro-Ruhr-Festival

Auf dem Afro-Ruhr-Festival gibt es an drei Tagen im Mai oder Juni viel Musik und Tanz aus afrikanischen Ländern, meistens sehr modern. Es gibt auch Filme, ein Kinderprogramm und Gerichte aus Afrika. Sehr lecker! Das Festival gibt es seit 2010. Wir besuchen am liebsten die Konzerte.

Das Münsterstraßenfest

Das Münsterstraßenfest ist unser Lieblingsfest. Es ist ein Straßenfest im Juni. Man kann hier verschiedene Vereine und Projekte kennenlernen. Es gibt Konzerte mit internationaler Musik und für Familien ein Kinderprogramm. Man kann hier auch Gerichte aus der ganzen Welt probieren. Das Münsterstraßenfest gibt es seit 1998. Es ist leider zu kurz: Es dauert nur einen Tag!

2 Sommerfeste in Dortmund

a Welches Fest passt? Lesen Sie. Sprechen Sie im Kurs.

Das Fest gibt es noch nicht lange. • Man kann Vereine kennenlernen. • Das Fest dauert einen Tag. • Es gibt Filme, Musik, Tanz. • Man kann Karussell fahren. • Das Fest ist sehr alt. • Es gibt ein Feuerwerk.

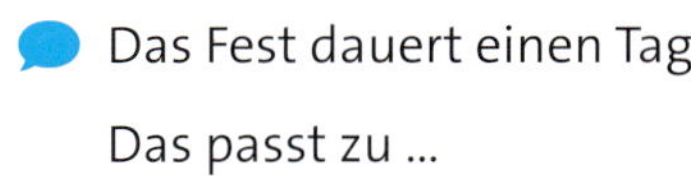

Das Fest dauert einen Tag. Das passt zu ...

b Projekt. Welche Feste feiert man in Ihrer Stadt / in Ihrer Region? Wo waren Sie schon? Schreiben Sie.

1. Was? 2. Wo? 3. Wann? 4. Was gibt es? Was kann man dort machen?

c Erzählen Sie im Kurs.

Wie war der Kurs A1?

1 Das war mein Kurs A1.

a Welche drei Lektionen haben Ihnen am besten gefallen? Schreiben Sie.

1. ______________________ 2. ______________________ 3. ______________________

b Was machen Sie gern, lieber und am liebsten? Suchen Sie Beispiele im Kursbuch. Zeigen Sie die Seiten. Sprechen Sie im Kurs.

Videos sehen • Texte hören • Grammatikübungen machen • Übungen in der App machen • Spiele spielen • Dialoge spielen • über Fotos sprechen • E-Mails schreiben • mit der Bildleiste neue Wörter lernen • Texte lesen • die Aussprache üben • Sprachen vergleichen • ...

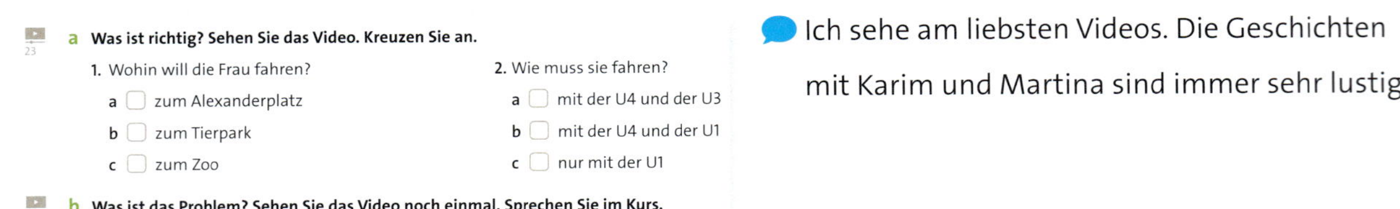

23 **a Was ist richtig? Sehen Sie das Video. Kreuzen Sie an.**

1. Wohin will die Frau fahren?
   - a ☐ zum Alexanderplatz
   - b ☐ zum Tierpark
   - c ☐ zum Zoo
2. Wie muss sie fahren?
   - a ☐ mit der U4 und der U3
   - b ☐ mit der U4 und der U1
   - c ☐ nur mit der U1

23 **b Was ist das Problem? Sehen Sie das Video noch einmal. Sprechen Sie im Kurs.**

Ich sehe am liebsten Videos. Die Geschichten mit Karim und Martina sind immer sehr lustig.

c Was finden Sie leicht, was finden Sie schwer? Markieren Sie.

1. Wörter trainieren
2. Grammatik üben
3. Phonetik-Übungen machen
4. Dialoge üben
5. Texte schreiben
6. Texte lesen
7. Texte hören
8. frei sprechen
9. Projekte machen

2 Das wünsche ich mir für den Kurs A2.

a Welche Themen wünschen Sie sich? Schreiben Sie.

Essen • Feste • Verkehr • Schule • Wohnen • Beruf • Nachbarn • Freunde • Familie • Musik • Arbeit • Lernen und Ausbildung • Freizeit • Reisen • ...

____

____

b Vergleichen Sie. Sprechen Sie im Kurs.

Grammatik im Überblick

Wörter

Sätze

Unregelmäßige Verben (Liste)

Grammatik im Überblick

Wörter

1 Verben im Präsens

1.1 Regelmäßige Verben

	kommen	**heißen**	**arbeiten**
ich	komm**e**	heiß**e**	arbeit**e**
du	komm**st**	heiß**t**	arbeit**est**
er/es/sie	komm**t**	heiß**t**	arbeit**et**
wir	komm**en**	heiß**en**	arbeit**en**
ihr	komm**t**	heiß**t**	arbeit**et**
sie/Sie	komm**en**	heiß**en**	arbeit**en**

▶ Kapitel 1, 2

1.2 Verben mit Vokalwechsel

	a → ä	*e → ie*	*e → i*	*au → äu*
	fahren	**sehen**	**sprechen**	**laufen**
ich	fahre	sehe	spreche	laufe
du	f**ä**hrst	s**ie**hst	spr**i**chst	l**äu**fst
er/es/sie	f**ä**hrt	s**ie**ht	spr**i**cht	l**äu**ft
wir	fahren	sehen	sprechen	laufen
ihr	fahrt	seht	sprecht	lauft
sie/Sie	fahren	sehen	sprechen	laufen

auch:
a → ä: schlafen (du schläfst), tragen (du trägst), einladen (du lädst ein), anfangen (du fängst an), gefallen (es gefällt)
e → ie: lesen (du liest), empfehlen (du empfiehlst), aussehen (du siehst aus)
e → i: treffen (du triffst), essen (du isst), helfen (du hilfst), nehmen (du nimmst), geben (du gibst), gelten (es gilt)

▶ Kapitel 1, 2, 5

1.3 Unregelmäßige Verben

	haben	**sein**	**mögen**	**möchte-**	**(weh)tun**
ich	habe	**bin**	**mag**	möchte	tue
du	**hast**	**bist**	**magst**	möcht**est**	tust
er/es/sie	**hat**	**ist**	**mag**	möcht**e**	tut
wir	haben	**sind**	mögen	möchten	tun
ihr	habt	**seid**	mögt	möcht**et**	tut
sie/Sie	haben	**sind**	mögen	möchten	tun

▶ Kapitel 1, 2, 4, 7, 8, 13

1.4 Trennbare Verben

auf|machen er macht ... auf

		Position 2		Satzende
	Karim	macht	die Tür	auf.
W-Frage:	Wann	kaufst	du	ein?
Ja-/Nein-Frage:		Kaufst	du gern	ein?
Perfekt:	Karim	hat	Martina	angerufen.
Imperativ:		Ruf	bitte Martina	an!

auch: zu|machen, an|machen, aus|machen, an|ziehen, aus|ziehen, auf|räumen, vor|bereiten, ...

▶ Kapitel 6, 13, 17, 20

1.5 Modalverben

	können	**müssen**	**dürfen**	**wollen**	**sollen**
ich	**kann**	**muss**	**darf**	**will**	**soll**
du	**kannst**	**musst**	**darfst**	**willst**	**sollst**
er/es/sie	**kann**	**muss**	**darf**	**will**	**soll**
wir	können	müssen	dürfen	wollen	sollen
ihr	könnt	müsst	dürft	wollt	sollt
sie/Sie	können	müssen	dürfen	wollen	sollen

	Position 2 Modalverb		**Satzende Infinitiv**	
Felix	kann	Musik	organisieren.	*= Das ist möglich.*
Ana	kann	gut Deutsch	sprechen.	*= Sie hat es gelernt.*
Ich	muss	heute	arbeiten.	*= Es ist notwendig.*
Man	darf	im Bahnhof (nicht)	rauchen.	*= Es ist verboten/erlaubt.*
Sie	will	ein Kleid	nähen.	*= Sie möchte etwas sehr.*
Ingo	soll	zu Hause	bleiben.	*= Jemand hat es gesagt.*

▶ Kapitel 8, 9, 10, 12, 14

1.6 Imperativ

Imperativ mit *Sie*

Sie schlafen viel. → Schlafen Sie viel!

Schlafen	Sie	viel!	
Atmen	Sie	tief	**ein**!

▶ Kapitel 13

Imperativ mit *du, ihr*

~~Du~~ geh~~st~~ zum Bäcker. → Geh zum Bäcker!

Geh	bitte zum Bäcker!	
Bring	ein paar Getränke	**mit**!
! **Fahr**	zum Supermarkt!	
Hab	Spaß!	
Sei	so nett!	

~~Ihr~~ geht zum Bäcker. → Geht zum Bäcker!

Geht	bitte zum Bäcker!	
Bringt	ein paar Getränke	**mit**!
Fahrt	zum Supermarkt!	
Habt	Spaß!	
Seid	so nett!	

▶ Kapitel 20

2 Verben in der Vergangenheit

2.1 Präteritum: *sein* und *haben*

	sein	**haben**
ich	war	hatte
du	warst	hattest
er/es/sie	war	hatte
wir	waren	hatten
ihr	wart	hattet
sie/Sie	waren	hatten

▶ Kapitel 13

2.2 Perfekt

Perfekt mit *haben*

	Position 2 ***haben***		**Satzende** **Partizip II**
Sie	haben	zuerst Freunde	gefragt.
Karim	hat	Anzeigen im Internet	gelesen.
Sie	haben	dann eine Wohnung	gefunden.

Die meisten Verben bilden das Perfekt mit *haben*.

▶ Kapitel 11

Perfekt mit *sein*

	Position 2 ***sein***		**Satzende** **Partizip II**
Karim	ist	zehn Jahre zur Schule	gegangen.
Er	ist	nach Deutschland	gekommen.
Er	ist	nicht in Passau	geblieben.

Verben mit Bewegung (z. B. *gehen*, *kommen*, *fahren*) und die Verben *bleiben* und *passieren* bilden das Perfekt mit *sein*.

▶ Kapitel 12

Partizip II

regelmäßig		**unregelmäßig**		**ohne *ge-***
ge...(e)t	*...ge...(e)t*	*ge...en*	*...ge...en*	*...t*
er hat **ge**mach**t**	er hat auf**ge**hör**t**	er hat **ge**gess**en**	er hat an**ge**ruf**en**	es ist passier**t**
er hat **ge**arbeit**et**	er hat ab**ge**hol**t**	er ist **ge**blieb**en**	er ist mit**ge**gang**en**	er hat organisier**t**

Alle unregelmäßigen Formen finden Sie in der Liste auf Seite 199.

▶ Kapitel 11, 12, 17

3 Verben mit Ergänzungen

3.1 Verben mit Akkusativ

- **Brauchst** du einen Tisch?
- Nein, ich **habe** einen Tisch. Aber ich **kaufe** ein Bett.

auch: möchte-, nehmen, es gibt ...

▶ Kapitel 4, 8, 15

3.2 Verben mit Dativ

Das Kleid **passt** dir nicht. Es ist zu groß. Aber die Bluse **steht** dir gut!
Ja, die Bluse **gefällt** mir auch.
auch: helfen, gehören

▶ Kapitel 16

4 Artikel und Nomen

4.1 Artikelwörter

	maskulin	neutral	feminin	Plural
definit	**der** Tisch	**das** Heft	**die** Tasche	**die** Stifte
indefinit	**ein** Tisch	**ein** Heft	**eine** Tasche	– Stifte
kein	**kein** Tisch	**kein** Heft	**keine** Tasche	**keine** Stifte
Possessivartikel	**mein** Tisch	**mein** Heft	**meine** Tasche	**meine** Stifte

▶ Kapitel 2, 3, 4, 11

4.2 Singular und Plural

Singular (ein/eine)	Plural (zwei und mehr)	Singular (ein/eine)	Plural (zwei und mehr)
der Stift	**die** Stift**e**	die Brille	**die** Brille**n**
der Stuhl	**die** St**ü**hl**e**	die Tür	**die** Tür**en**
das Bild	**die** Bild**er**	das Handy	**die** Handy**s**
das Buch	**die** B**ü**ch**er**	die Ärztin	**die** Ärztin**nen**
der Computer	**die** Computer		

▶ Kapitel 4

4.3 Nominativ, Akkusativ, Dativ

Nominativ	maskulin	neutral	feminin	Plural
definit	**der** Tisch	**das** Heft	**die** Tasche	**die** Stifte
indefinit	**ein** Tisch	**ein** Heft	**eine** Tasche	– Stifte
kein	**kein** Tisch	**kein** Heft	**keine** Tasche	**keine** Stifte

▶ Kapitel 3

Akkusativ	maskulin	neutral	feminin	Plural
definit	**den** Tisch	**das** Heft	**die** Tasche	**die** Stifte
indefinit	**einen** Tisch	**ein** Heft	**eine** Tasche	– Stifte
kein	**keinen** Tisch	**kein** Heft	**keine** Tasche	**keine** Stifte

▶ Kapitel 4, 8

Dativ	maskulin	neutral	feminin	Plural
definit	**dem** Tisch	**dem** Heft	**der** Tasche	**den** Stifte**n**
indefinit	**einem** Tisch	**einem** Heft	**einer** Tasche	– Stifte**n**
kein	**keinem** Tisch	**keinem** Heft	**keiner** Tasche	**keinen** Stifte**n**

▶ Kapitel 10

Grammatik im Überblick

4.4 Possessivartikel

Nominativ	maskulin	neutral	feminin	Plural
ich	**mein** Vater	**mein** Kind	**meine** Mutter	**meine** Eltern
du	**dein** Vater	**dein** Kind	**deine** Mutter	**deine** Eltern
er/es	**sein** Vater	**sein** Kind	**seine** Mutter	**seine** Eltern
sie	**ihr** Vater	**ihr** Kind	**ihre** Mutter	**ihre** Eltern
wir	**unser** Vater	**unser** Kind	**unsere** Mutter	**unsere** Eltern
ihr	**euer** Vater	**euer** Kind	**eure** Mutter	**eure** Eltern
sie/Sie	**ihr/Ihr** Vater	**ihr/Ihr** Kind	**ihre/Ihre** Mutter	**ihre/Ihre** Eltern

▶ Kapitel 2, 4, 11

Akkusativ	**meinen** Vater	**mein** Kind	**meine** Mutter	**meine** Eltern
Dativ	**meinem** Vater	**meinem** Kind	**meiner** Mutter	**meinen** Eltern

▶ Kapitel 4, 10

4.5 Null-Artikel

(= kein Artikel)

Ich trinke gern – Wasser.

Ich esse gern – Fisch.

▶ Kapitel 7

5 Pronomen

5.1 Personalpronomen

Nominativ	ich	du	er	es	sie	wir	ihr	sie	Sie
Akkusativ	mich	dich	ihn	es	sie	uns	euch	sie	Sie
Dativ	mir	dir	ihm	ihm	ihr	uns	euch	ihnen	Ihnen

▶ Kapitel 3, 9, 16

5.2 Das Pronomen *man*

In Deutschland isst **man** sehr gern Obst. = *In Deutschland essen viele Personen sehr gern Obst.*

▶ Kapitel 7

5.3 *Welcher? – Der.*

Nominativ

maskulin	neutral	feminin	Plural	
Welcher Mantel	**Welches** T-Shirt	**Welche** Hose	**Welche** Schuhe	gefällt/gefallen dir?
Der in Blau.	**Das** in Grün.	**Die** in Rot.	**Die** in Braun.	

Akkusativ

maskulin	neutral	feminin	Plural	
Welchen Mantel	**Welches** T-Shirt	**Welche** Hose	**Welche** Schuhe	nimmst du?
Den in Blau.	**Das** in Grün.	**Die** in Rot.	**Die** in Braun.	

▶ Kapitel 16

6.1 Lokale Präpositionen

Woher?	aus	Ich komme **aus** Berlin.	*Stadt, Ort*
		Ich komme **aus** Bulgarien.	*Land*
		❗ Ich komme **aus** dem Irak / **aus** der Türkei / **aus** den USA.	

▶ Kapitel 1

Wo?	bei	Ich arbeite **bei** Aldi.	*Firma*
		Ich bin noch **beim** Arzt.	*Person*
	in	Ich wohne **in** München.	*Stadt, Ort*
		Ich wohne **in** Deutschland.	*Land*
		❗ Ich wohne **im** Irak / **in** der Türkei / **in** den USA.	
		Ich arbeite **in** der Apotheke.	*Haus*
		München liegt **im** Süden (von Deutschland).	*Himmelsrichtung*

bei + dem = beim; in + dem = im
▶ Kapitel 2, 10, 19

Wohin?	nach	Morgen fahre ich **nach** Leipzig.	*Stadt, Ort*
		Ich bin **nach** Österreich geflogen.	*Land*
	zu	Wann gehst du **zum** Arzt?	*Person*
		Ich muss noch **zur** Bank gehen.	*Haus*
		Wie komme ich **zum** Bahnhof?	*Ort*

zu + dem = zum; zu + der = zur
▶ Kapitel 9, 10, 19

6.2 Temporale Präpositionen

Wann?	an	Ich frühstücke **am** Morgen nicht.	*Tageszeit*
		❗ Ich schlafe **in** der Nacht.	
		Am Montag habe ich Deutschkurs.	*Wochentage*
		Ich habe **am** 8. Mai Geburtstag.	*Datum*
	um	Meine Arbeit fängt **um** acht Uhr an.	*Uhrzeit*
	in	**Im** Sommer besuche ich meine Familie.	*Jahreszeit*
		Ich habe **im** August Geburtstag.	*Monate*
	von ... bis	Ich habe **von** 9:30 Uhr **bis** 10 Uhr Pause.	
		Von Montag **bis** Mittwoch habe ich frei.	
	zwischen	Ich rufe dich **zwischen** acht und neun Uhr an.	
	ab	Das Geschäft hat **ab** 10 Uhr geöffnet.	
	seit	Ich mache **seit** elf Monaten den Kurs A2.	
	vor	Ich habe **vor** einem Jahr den Kurs A1 gemacht.	
		Muss ich die Tabletten **vor** dem Essen nehmen?	
		Es ist zehn **vor** zwölf.	
	nach	Nehmen Sie die Tabletten **nach** dem Essen.	
		Es ist zehn **nach** zwölf.	
	in	Ich mache **in** einem Monat die Prüfung B1.	

▶ Kapitel 5, 6, 9, 12, 14, 18, 19

Grammatik im Überblick

6.3 Präpositionen *in, an, auf, vor, hinter, über, unter, neben, zwischen* + Dativ

Wo?

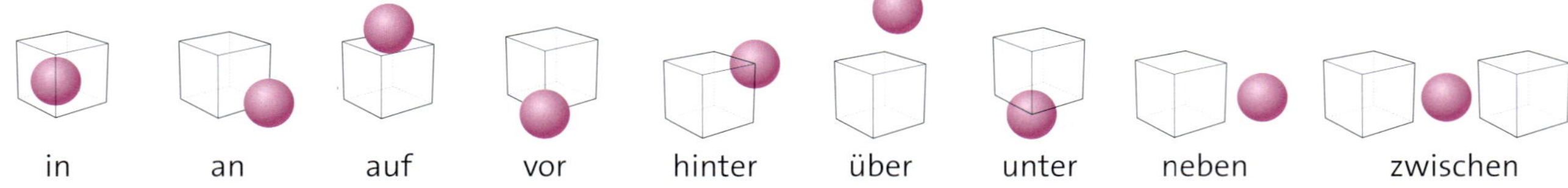

in an auf vor hinter über unter neben zwischen

Die Bank ist neben **dem** Bahnhof / **dem** Café / **der** Post / **den** Häusern.

an + dem = am; in + dem = im

▶ Kapitel 15

6.4 Präpositionen *als, für, mit, ohne, von*

als *(Nominativ)*	Karim arbeitet **als** Verkäufer.
für *(Akkusativ)*	Was ist wichtig **für** dich?
mit *(Dativ)*	Fährst du jeden Tag **mit** dem Bus?
	Ich mag Pizza **mit** Käse und Salami.
ohne *(Akkusativ)*	Ich trinke Kaffee immer **ohne** Milch.
von *(Dativ)*	Wie heißt die Mutter **von** Samira?

▶ Kapitel 2, 3, 4, 7, 10, 18

7 Adjektive und Adverbien

7.1 Adjektive nach dem Nomen

Der Laptop ist **neu**. Er ist **klein**.
Das Regal ist nicht **schön**, aber es ist **groß**.

▶ Kapitel 3

7.2 *gern, gut, viel* (Komparation)

gern lieber am liebsten gut besser am besten viel mehr am meisten

▶ Kapitel 7, 20

8 Wortbildung

8.1 Berufe: maskulin und feminin

Mann	**Frau**
der Lehrer	die Lehrer**in**
der Taxifahrer	die Taxifahrer**in**
der Hausmann	die Haus**frau**

▶ Kapitel 2

8.2 Nomen + Nomen (Komposita)

der Milch**kaffee** **das** Mittag**essen** **die** Tomaten**suppe**

▶ Kapitel 8

8.3 Datum (Ordinalzahlen)

Wann?	Der Termin ist **am**	**ersten**/zwei**ten**/**dritten**/vier**ten**/…/**siebten**/**achten**/… zwanzig**sten**/dreißig**sten**/einunddreißig**sten**/…	(*1–19 +* ***-ten***) (*20–… +* ***-sten***)
Datum	Heute ist **der**	**erste**/zweit**e**/… Mai. zwanzig**ste**/dreißig**ste**/… Mai.	(*1–19 +* ***-te***) (*20–… +* ***-ste***)

▶ Kapitel 18

Sätze

1 Aussagesätze

	Position 2		Satzende	
Karim	arbeitet	als Verkäufer.		
Er	ruft	Martina	an.	*trennbare Verben*
Er	kann	nicht	arbeiten.	*Modalverben*
Er	hat	gestern lange	gearbeitet.	*Perfekt*
Heute	hat	er frei.		

▶ Kapitel 1, 6, 8, 10, 11

2 Fragesätze

2.1 W-Fragen

	Position 2		Satzende	
Wie	heißen	Sie?		Ich heiße Martina Schmittke.
Woher	kommen	Sie?		Ich komme aus Deutschland.
Wo	wohnen	Sie?		Ich wohne in Berlin.
Was	essen	Sie gern?		Ich esse gern Fisch und Reis.
Wen	rufen	Sie	an?	Ich rufe meinen Freund Peter an.
Wann	müssen	Sie	arbeiten?	Ich arbeite von 7 bis 18 Uhr.
Wohin	sind	Sie gestern	gefahren?	Ich bin nach Hause gefahren.

▶ Kapitel 1

2.2 Ja-/Nein-Fragen

	Arbeitest	du heute?		Nein.
	Hast	du jetzt Zeit?		Ja.
	Kommst	du heute	mit?	Ja.
	Willst	du Tischtennis	spielen?	Nein.
	Hast	du gestern Felix	getroffen?	Ja.

▶ Kapitel 5

2.3 Höfliche Fragen und Bitten

	Könnten	Sie mir bitte	helfen?	Ja, gern.
	Könntest	du das Wort	erklären?	Gern. Das bedeutet …
	Würden	Sie das bitte	wiederholen?	Ja. …
	Würdest	du mir das Buch	zeigen?	Tut mir leid, ich habe es nicht.

▶ Kapitel 18

Grammatik im Überblick

3 *Ja, nein, doch*

Feierst du heute? Bekommst du Geschenke? → Ja./Nein.

Feierst du heute **nicht**? Bekommst du **keine** Geschenke? → 👍 **Doch.** / 👎 Nein.

▶ Kapitel 20

4 Verneinung im Satz

4.1 *kein*

Hier ist ein Tisch.

Hier ist **kein** Tisch.

▶ Kapitel 3

4.2 *nicht*

Wie geht es dir?	**Nicht** gut.
Was machst du beruflich?	Ich arbeite **nicht**. Ich bin Hausfrau.
Hast du gestern gearbeitet?	Nein, ich habe gestern **nicht** gearbeitet.

▶ Kapitel 1, 2

5 Sätze verbinden

5.1 *zuerst, dann, danach*

Position 1	Position 2	Position 3	
Sie	fahren	zuerst	mit der U2.
Zuerst	fahren	Sie	mit der U2.
Sie	fahren	dann	mit dem Bus.
Dann	fahren	Sie	mit dem Bus.
Sie	steigen	danach	um.
Danach	steigen	Sie	um.

▶ Kapitel 10

5.2 *und, oder, aber*

Hauptsatz 1				Hauptsatz 2		
	Position 2		Position 0		Position 2	
Das Wort	ist	sehr lang	**und**	es	ist	kompliziert.
Ich	suche	das Wort im Wörterbuch	**oder**	ich	frage	einen Freund.
Der Freund	erklärt	das Wort,	**aber**	ich	verstehe	es leider nicht.

▶ Kapitel 15

5.3 *denn*

Hauptsatz 1				Hauptsatz 2		
	Position 2		Position 0		Position 2	
Sie	brauchen	eine Kinderbetreuung,	**denn**	sie	müssen	arbeiten.

▶ Kapitel 17

Unregelmäßige Verben

Infinitiv	3. Person Sg. Präsens	3. Person Sg. Perfekt
ab|fahren	sie/er fährt ab	sie/er **ist** abgefahren
ab|geben	sie/er gibt ab	sie/er hat abgegeben
an|bieten	sie/er bietet an	sie/er hat angeboten
an|fangen	sie/er fängt an	sie/er hat angefangen
an|kommen	sie/er kommt an	sie/er **ist** angekommen
an|rufen	sie/er ruft an	sie/er hat angerufen
an|ziehen	sie/er zieht an	sie/er hat angezogen
auf|stehen	sie/er steht auf	sie/er **ist** aufgestanden
aus|sehen	sie/er sieht aus	sie/er hat ausgesehen
aus|steigen	sie/er steigt aus	sie/er **ist** ausgestiegen
aus|ziehen	sie/er zieht aus	sie/er **ist** ausgezogen
beginnen	sie/er beginnt	sie/er hat begonnen
bekommen	sie/er bekommt	sie/er hat bekommen
bleiben	sie/er bleibt	sie/er **ist** geblieben
bringen	sie/er bringt	sie/er hat gebracht
denken	sie/er denkt	sie/er hat gedacht
ein|laden	sie/er lädt ein	sie/er hat eingeladen
empfehlen	sie/er empfiehlt	sie/er hat empfohlen
essen	sie/er isst	sie/er hat gegessen
fahren	sie/er fährt	sie/er **ist** gefahren
finden	sie/er findet	sie/er hat gefunden
fliegen	sie/er fliegt	sie/er **ist** geflogen
geben	sie/er gibt	sie/er hat gegeben
gefallen	es gefällt	es hat gefallen
gehen	sie/er geht	sie/er **ist** gegangen
gelten	sie/er gilt	sie/er hat gegolten
heißen	sie/er heißt	sie/er hat geheißen
herunter|laden	sie/er lädt herunter	sie/er hat heruntergeladen
helfen	sie/er hilft	sie/er hat geholfen
kennen	sie/er kennt	sie/er hat gekannt
kommen	sie/er kommt	sie/er **ist** gekommen
laufen	sie/er läuft	sie/er **ist** gelaufen
leid|tun	es tut leid	es hat leidgetan
leihen	sie/er leiht	sie/er hat geliehen
lesen	sie/er liest	sie/er hat gelesen
liegen	sie/er liegt	sie/er hat/**ist** gelegen
mit|bringen	sie/er bringt mit	sie/er hat mitgebracht
mit|kommen	sie/er kommt mit	sie/er **ist** mitgekommen

mit|nehmen	sie/er nimmt mit	sie/er hat mitgenommen
nehmen	sie/er nimmt	sie/er hat genommen
rufen	sie/er ruft	sie/er hat gerufen
scheinen	sie scheint	sie hat geschienen
schlafen	sie/er schläft	sie/er hat geschlafen
schließen	sie/er schließt	sie/er hat geschlossen
schneiden	sie/er schneidet	sie/er hat geschnitten
schreiben	sie/er schreibt	sie/er hat geschrieben
schwimmen	sie/er schwimmt	sie/er **ist** geschwommen
sehen	sie/er sieht	sie/er hat gesehen
singen	sie/er singt	sie/er hat gesungen
sitzen	sie/er sitzt	sie/er hat/**ist** gesessen
sprechen	sie/er spricht	sie/er hat gesprochen
stehen	sie/er steht	sie/er hat/**ist** gestanden
stoßen	sie/er stößt	sie/er hat gestoßen
tragen	sie/er trägt	sie/er hat getragen
treffen	sie/er trifft	sie/er hat getroffen
trinken	sie/er trinkt	sie/er hat getrunken
tun	sie/er tut	sie/er hat getan
überweisen	sie/er überweist	sie/er hat überwiesen
um|steigen	sie/er steigt um	sie/er **ist** umgestiegen
um|ziehen	sie/er zieht um	sie/er **ist** umgezogen
unterschreiben	sie/er unterschreibt	sie/er hat unterschrieben
vergessen	sie/er vergisst	sie/er hat vergessen
verlieren	sie/er verliert	sie/er hat verloren
verstehen	sie/er versteht	sie/er hat verstanden
weh|tun	es tut weh	es hat wehgetan
werden	sie/er wird	sie/er **ist** geworden
wissen	sie/er weiß	sie/er hat gewusst
ziehen	sie/er zieht	sie/er **ist** gezogen
zurück|geben	sie/er gibt zurück	sie/er hat zurückgegeben
zurück|gehen	sie/er geht zurück	sie/er **ist** zurückgegangen
zurück|fahren	sie/er fährt zurück	sie/er **ist** zurückgefahren
zurück|kommen	sie/er kommt zurück	sie/er **ist** zurückgekommen

Hörtexte

Hier finden Sie alle Hörtexte, die nicht oder nicht vollständig im Buch abgedruckt sind.

1 Willkommen!

B, 3b

- Wie heißt du?
- Ich heiße Ariadne.
- Wie bitte? Wie schreibt man das?
- Ich buchstabiere: A–R–I–A–D–N–E.
- A–R–I–A–D–N–E, richtig?
- Ja, richtig.
- Danke.
- Bitte.

2 Berufe

A, 1b

eins

- Martina, was bist du von Beruf?
- Ich bin Verkäuferin. Ich arbeite im Kiosk.

zwei

- Felix, und was bist du von Beruf?
- Ich? Ich arbeite als Koch.

drei

- Helen, was machst du beruflich?
- Ich bin Mechatronikerin. Ich arbeite bei Mercedes-Benz.

A, 1c

- Hallo, Karim, guten Morgen! Wie geht es dir?
- Na ja, es geht. Du arbeitest schon!
- Tja, ich bin Verkäuferin ... Und du bist Verkäufer.
- Ja und nein. Ich arbeite jetzt als Verkäufer – in Deutschland. Aber ich bin Friseur von Beruf.
- Im Irak?
- Ja, im Irak.

B, 2b

- Guten Tag, Herr Schröder, und herzlich willkommen bei Radio Zwei. Sie sprechen heute über ein Buch von Rafik Schami.
- Ja, richtig. Rafik Schami ist Autor und er schreibt Bücher. Er ist aber auch Chemiker von Beruf.
- Chemiker – das ist interessant!
- Rafik Schami heißt richtig Suheil Fadel. Der Name Rafik Shami bedeutet *ein Freund aus Damaskus*.
- Aha. Damaskus ist in Syrien. Er kommt aus Syrien. Welche Sprachen spricht er? Deutsch und Arabisch?
- Ja, Deutsch und Arabisch. Er spricht auch Englisch und Französisch. Aber er schreibt auf Deutsch.
- Was macht ein Autor? Also – was macht Rafik Shami?
- Hmm, er trinkt viel Tee, spricht mit Menschen und er schreibt Bücher. Ein Buch heißt *Sami* ...

C, 1c+d

- Karim, warte. Wie ist deine Nummer?
- Wie bitte? Nummer?
- Ja, deine Telefonnummer.
- Ah, meine Handynummer! Aber das Handy ...
- Ja, Handy- oder Telefonnummer. Und? Wie ist deine Handynummer?
- Ähm, 0162 ...
- Ich schreibe ... 0163 ...
- Nein, 0162.
- Ah, 0162.
- Und dann: 2 0 8 3 ...
- Wie bitte? 2 0 8 2?
- Nein, 2 0 8 3.
- Aha.
- 6 4 0.
- ... 6 4 0.
- Richtig. Aber ...
- So, ich lese noch einmal: 0162 2083640.
- Ja, richtig. Aber ...
- Ja?
- Mein Handy ist kaputt.
- Kaputt? Oh.

D, 1b+c

- Guten Tag, hier ist der Altenpflegeservice Eterna? Richtig?
- Ja, richtig. Guten Tag. Wer sind Sie?
- Ich heiße Amalia Rodriguez.
- Ach ja, sehr gut, kommen Sie, Frau Rodriguez. Ich bin Frau Braun. Ich bin die Chefin hier.
- Aha, gut.
- Frau Rodriguez, was sind Sie von Beruf? Altenpflegerin?
- Ich bin Krankenpflegerin.
- Ah, das ist gut. Hier arbeiten Sie als Altenpflegerin.
- Ja, sehr gern.
- Gut, hier ist ein Formular.
- Entschuldigung, ich spreche nur ein bisschen Deutsch und ich brauche Hilfe.
- Okay, ich helfe gern.

D, 1d

- Okay, ich helfe gern. Was ist das Problem?
- Ähm, hier: *Familienname*. Ich verstehe das nicht.
- Familienname – das ist der Nachname.
- Ah, mein Nachname! Also Rodriguez ... und mein Vorname ist Amalia.
- Richtig.
- So. Jetzt die Adresse ... Oh, was ist der *Wohnort*?
- *Wohnort* bedeutet: Wo wohnen Sie?
- Ich wohne in Stuttgart.
- Gut, dann schreiben Sie: Stuttgart. Ja. Und hier die Postleitzahl.

- Ah, PLZ – Postleitzahl. 70439. So, jetzt die Straße: Korntaler Straße. Aber wie schreibt man das?
- Korntaler Straße? K–O–R–N–T–A–L–E–R. Und dann Straße: S–T–R–A–ß–E.
- Ah, danke. So, und die Hausnummer ist 19.
- Gut, jetzt noch der Beruf: Krankenpflegerin. Das schreiben Sie hier … Krankenpflegerin … genau. Und hier die Telefonnummer. Wie ist Ihre Telefonnummer?
- Die Nummer ist 0162 2082682. Puh, fertig. Vielen Dank!
- Gerne. Sie lernen Deutsch, oder?
- Ja, im Kurs.
- Sehr gut, Sie verstehen bald alles. Auf Wiedersehen, Frau Rodriguez, bis Montag!
- Ja, danke. Auf Wiedersehen!

3 Orte und Dinge

B, 1b+c

eins

- Hallo, Sara, wo arbeitest du?
- Hallo. Ich arbeite bei MediCom. Ich bin Programmiererin. Und das ist mein Büro: Hier ist ein Tisch, ein Stuhl und ein Laptop. Der Laptop ist neu. Er ist klein, das ist super.

zwei

- Hallo, Tom, wo arbeitest du?
- Ich arbeite im Lager, ich bin Lagerist. Das ist gut, aber schwer. Schau, ich arbeite hier: Hier ist ein Tisch und ein Stuhl und hier steht ein Regal. Ich finde, das Regal ist nicht schön, aber es ist groß. Und hier ist ein Computer. Er ist wichtig.

drei

- Hi, Yangmei, wo arbeitest du?
- Ich bin Kellnerin. Ich arbeite im Café *Alfredo*. Hier ist eine Kasse und hier eine Kaffeemaschine. Die Kaffeemaschine ist alt, aber sie funktioniert. Ich finde, der Kaffee ist sehr lecker.

C, 1b

- Meier.
- Guten Tag, hier ist Bauer. Ist die Waschmaschine noch da?
- Ja, sie ist noch da.
- Ich habe zwei Fragen: Wie alt ist die Waschmaschine?
- Sie ist alt – 18 Jahre.
- Oh, okay. Und was kostet die Waschmaschine?
- Sie kostet 20 Euro.
- Aha. Das ist gut! Wie ist Ihre Adresse?
- Friedensstraße 115, hier in Münster.
- Danke, ich komme dann …

4 Familie

A, 1b

- Die Fotos sind sehr schön, Felix! Wer ist das?
- Also, hier: Das ist meine Mutter und …
- Ah ja, klar, das ist Martina. Und das, das ist Peter – der Freund von Martina. Aber wer ist das?
- Das ist mein Großvater Georg. Großvater ist toll. Er wohnt auch in Berlin!
- Und wer ist das?
- Das ist Christian, der Bruder von Mama, also mein Onkel. Er ist 53 Jahre alt. Und das ist Steffi, die Frau von Christian.
- Aha, dann ist Steffi deine Tante.
- Genau. Sie wohnen in Frankfurt.
- Oh, in Frankfurt. Das ist weit!!! Und wer ist das?
- Das sind Sven und Timo. Sie wohnen und arbeiten in Köln. Sven ist der Sohn von Christian und Steffi.
- Aha, dann ist Sven dein Cousin. Und wer ist Timo?
- Timo ist der Partner von Sven.
- Aha, cool.
- Schau mal, Karim, und das ist meine Cousine Hannah.
- Wohnt sie auch in Köln? Wie Sven und Timo?
- Nein, sie wohnt jetzt in Spanien und sie arbeitet in einem Hotel in Madrid.
- Madrid – oh, das ist toll! Felix, deine Familie ist sehr interessant!

C, 2d, A

Meine Familie ist nicht so groß. Ich habe einen Sohn, Felix. Ich bin geschieden, aber ich habe einen Partner, er heißt Peter. Felix, Peter, mein Vater und ich, wir wohnen in Berlin. Ich sehe Felix, Peter und meinen Vater sehr oft. Mein Bruder Christian und seine Frau wohnen in Frankfurt. Sie haben einen Sohn, er wohnt in Köln. Ihre Tochter Hannah wohnt und arbeitet in Spanien. Ich besuche meinen Bruder und seine Familie nicht so oft. Aber sie kommen gerne nach Berlin.

5 Alltag und Freizeit

A, 2a+b

- Guten Morgen, Helen!
- Guten Morgen, Todor. Na, wie geht's?
- Gut. Und dir?
- Na ja … Ich brauche jetzt einen Kaffee.
- Und was machst du heute?
- Also, ich gehe jetzt zur Arbeit.
- Und am Nachmittag? Arbeitest du heute am Nachmittag?
- Nein, ich arbeite heute nur am Vormittag.
- Toll, hast du am Nachmittag Zeit?
- Ja, ich habe frei! Und ich habe viel Zeit! Am Mittag koche ich.

Und was machst du am Nachmittag?
Hmm ... am Nachmittag ... Ich kaufe Lebensmittel und ich telefoniere. Und am Abend repariere ich den Kühlschrank von Martina.
Oh, braucht Martina Hilfe?
Ja, der Kühlschrank ist kaputt. Und was machst du heute?
Ich habe heute Deutschkurs.
Ich habe eine Idee: Spielen wir am Nachmittag Tischtennis?
Hm ... Tischtennis?!?
Ja! Tischtennis! Vielleicht kommt auch Karim? Komm, spielen wir?
Okay, ja, wir spielen Tischtennis.
Super, ich schreibe dann auch Karim. Jetzt gehe ich aber zur Arbeit. Bis später!
Ja, gut, bis später!

D, 2a, B

Willkommen bei Radio Happy. Heute sprechen wir mit Arif Schöneberg. Hallo, Herr Schöneberg, Sie haben ein Hobby: Musik ...
Hallo! Ja, Musik ist mein Hobby. Und meine Arbeit.
Ihre Arbeit?
Ja, ich unterrichte Musik – ich mache Musikkurse für Kinder. Wir machen zusammen Musik und tanzen.
Sehr schön. Und wann sind die Kurse?
Die Kurse sind immer am Mittwochnachmittag und am Samstagvormittag.
Herr Schöneberg, haben Sie noch einen Beruf?
Ja, ich arbeite als Verkäufer.
Und was machen Sie in Ihrer Freizeit? Auch Musik?
Ja! Ich mache mit Freunden Musik und ich singe! Ich singe nicht gut, aber ich singe gern.
Oh, das klingt schön! Vielen Dank, Herr Schöneberg. Die Musikkurse für Kinder finden Sie im Internet ...

6 Arbeitszeiten

A, 1b

Es ist neun Uhr. – Es ist fünf nach neun. – Es ist Viertel nach neun. – Es ist fünf vor halb zehn. – Es ist halb zehn. – Es ist fünf nach halb zehn. – Es ist zwanzig vor zehn. – Es ist Viertel vor zehn. – Es ist fünf vor zehn. – Es ist zehn Uhr.

A, 2b+c

Hallo, Helen.
Hallo, Felix. Wie geht es dir?
Na ja, es geht. Sag mal, wie viel Uhr ist es?
Halb zehn.
Ah, okay, danke. Ich habe noch Zeit. Ich trinke einen Kaffee.
Arbeitest du heute nicht? Hast du heute frei?
Nein, ich arbeite. Meine Arbeit beginnt um 10 Uhr.
Um zehn? Du bist Koch, oder?
Ja, ich arbeite im Parkhotel – im Restaurant.
Aha. Und wie sind deine Arbeitszeiten?
Meine Arbeit beginnt am Vormittag um zehn Uhr. Ich koche das Essen und dann putze ich die Küche. Ich habe um Viertel vor zwei Pause. Ich esse mit den Kollegen. Und um Viertel nach zwei gehe ich nach Hause.
Wie? Um Viertel nach zwei? Deine Arbeitszeiten sind super!
Na ja, ich habe am Nachmittag nur Pause. Ich arbeite um sechs Uhr wieder.
Ach so, ich verstehe. Aber was machst du am Nachmittag?
Ach, na ja, ich surfe ein bisschen im Internet oder so.
Und was machst du am Abend im Restaurant?
Ach, ich koche und koche und koche. Um halb zehn habe ich Pause. Ich trinke mit Kollegen Kaffee und dann putze ich wieder die Küche.
Hm, und wann hast du Feierabend?
Um halb elf.
Um halb elf!?! Dein Tag ist nicht einfach.

B, 2b

aufmachen – er macht auf – zumachen – er macht zu – einkaufen – er kauft ein – anmachen – er macht an – ausmachen – er macht aus – anziehen – er zieht an – ausziehen – er zieht aus – aufräumen – er räumt auf – vorbereiten – er bereitet vor – anrufen – sie ruft an

C, 3a, A

Hallo, ich bin Mustafa Sevinc. Ich bin Lehrer von Beruf, Biologielehrer. Ich erkläre Biologie, kontrolliere Hausaufgaben und korrigiere Tests.
Ich bin immer am Morgen um halb acht in der Schule. Der Unterricht fängt um acht Uhr an. Ich habe zwei Pausen: von halb zehn bis zehn Uhr und dann von eins bis zwei Uhr. Am Nachmittag habe ich um 16 Uhr Feierabend. Ich arbeite nicht am Wochenende – da ist keine Schule. Ich korrigiere aber manchmal am Sonntagabend Tests.

7 Essen

A, 1b

Essen wir morgen zusammen? Ich koche!
Toll, das ist eine super Idee! Und was kochst du?
Hm ... Fisch und Reis? Mit Salat. Ich esse sehr gerne Fisch.
Ja, ich mag auch Fisch. Aber ich esse auch gerne Fleisch.

- Hm … Ich esse kein Fleisch …
- Ich esse auch kein Fleisch. Aber Fisch und Reis esse ich gern!
- Dann koche ich Fisch, Reis und Salat. Das mag ich. Und was trinkt ihr gern? Bier oder Wein?
- Wein?! Ich trinke keinen Wein. Ich trinke sehr gern Tee, aber Helen trinkt keinen Tee. Sie trinkt nur Kaffee. Oder?
- Ja, das stimmt. Aber nicht am Abend!
- Gut, dann gibt es Tee für Karim und für mich Wein. Ich trinke gern Wein. Und du, Helen?
- Hm, ich trinke einfach Wasser. Das trinke ich auch gern.

B, 3a+b

- Also – wir kochen heute Abend bei Karim: Fisch, Reis und Salat. Wer kauft ein?
- Ich und Karim, wir kaufen ein.
- Gut, ich schreibe den Einkaufszettel. Was brauchen wir? Ich habe zu Hause Salz, Pfeffer und Öl. Wir brauchen Fisch. Wie viel?
- Na ja, ein Kilo. Schreibst du? Ein Kilo Fisch. Und wir brauchen Butter.
- Okay. Ein Stück?
- Ja, ein Stück Butter.
- Wir brauchen auch Reis! Wie viel brauchen wir?
- Hm … 500 Gramm.
- Gut, 500 Gramm Reis … Und für den Salat?
- Einen Salat. Und Tomaten?
- Ja, ein Kilo.
- Okay, ein Kilo Tomaten.
- Wir brauchen noch Getränke.
- Stimmt. Ich habe Tee. Wir brauchen Wein für Felix und Wasser. Wie viel?
- Drei Flaschen Wasser und eine Flasche Wein.
- Gut, drei Flaschen Wasser und eine Flasche Wein. Helen, gehen wir?
- Ja. Tschüs, Felix.
- Tschüs und bis später.
- Bis später!

D, 1c

- Fleisch und Fisch, alles frisch …
- Hallo, Herr Krause! Ich möchte 2 kg Hähnchenfleisch. Ich koche eine Paella für 20 Personen. Wir haben heute im Restaurant viele Gäste.
- So, bitte schön, das Hähnchenfleisch. Noch etwas?
- Ja, Wurst, 750 Gramm, bitte.
- Gern, 750 Gramm Wurst, bitte sehr.
- Danke, ach ja, ich brauche auch noch Fisch, 2 kg. Das ist alles.
- Das macht dann 45 Euro.
- 45 Euro, bitte schön. Vielen Dank und bis bald!

- Hallo, Herr Schmittke, was möchten Sie heute?
- Hallo, Herr Wasiri! Ich hätte gern 3 kg Tomaten, dann noch 6 Zitronen …
- Gern, hier sind die Tomaten und die Zitronen, noch etwas?
- Ja, 5 kg Kartoffeln, bitte, und 1 kg Reis. Oh, ja, noch 15 Paprika, bitte. Das ist alles.
- Gut, das macht dann … 18 Euro.
- Hier sind 20 Euro.
- Und 2 Euro zurück, vielen Dank.
- Danke auch, bis bald!

- Guten Tag, Frau Hille, ich hätte gern 2 kg Äpfel.
- Gerne.
- Und 2 kg Birnen.
- Hier sind die Äpfel und die Birnen, bitte schön, noch etwas?
- Ähm … ja, 1 kg Orangen bitte, so, das ist alles.
- Das macht dann … 8,50 Euro.
- 8,50 Euro, bitte schön.
- Danke und auf Wiedersehen!
- Danke auch, tschüs!

8 Eine Party

A, 2a+b

- Liebe Zuhörinnen und Zuhörer, ich spreche heute mit Menschen in einer Kantine und ich frage: Was und wann essen Sie?… Entschuldigung, guten Appetit! Was essen Sie gern zu Mittag?
- Oh, danke. Also, ich esse am Mittag nicht gern warm, ich mag sehr gern Salat.
- Aha. Und Sie?
- Ich esse gerne warm: Fleisch mit Kartoffeln.
- Hmm, ich esse zu Mittag lieber eine Suppe. Hier – die Tomatensuppe ist sehr lecker!
- Essen Sie immer um Viertel nach zwölf zu Mittag?
- Nein, wir essen manchmal auch um 13 oder 14 Uhr.
- Das ist spät! Frühstücken Sie auch?
- Nein, ich trinke um acht Uhr nur einen Milchkaffee.
- Nur Milchkaffee zum Frühstück?! Ich esse um sieben Uhr immer Obstsalat mit Joghurt.
- Ich trinke um sechs Uhr nur einen Tee. Aber ich esse um zehn Uhr ein Brötchen.
- Aha! Und wann und was essen Sie zu Abend?
- Ich esse um sechs Uhr zu Abend – warm. Ich koche gerne: zum Beispiel Fleisch mit Gemüse. Und ich trinke Wasser.
- Ich esse um 19 Uhr. Ich trinke gern Wein.
- Und ich esse um acht Uhr am Abend kalt: Salat und Käsebrot. Und ich mag Bier!
- Vielen Dank für das Gespräch. Und guten Appetit!

B, 1a

Felix, hast du Zeit? Ich mache eine Feier und brauche deine Hilfe.
Eine Feier? Peter und du, ihr heiratet?
Nein, wir heiraten nicht und machen keine Hochzeitsfeier.
Hmm, schade. Machen wir eine Familienfeier? Mit Opa, Onkel Christian und Tante Stefanie? Das ist super!
Nein, keine Familienfeier. Ich habe meinen Kiosk schon 20 Jahre: Das feiern wir!
Ah, na klar, 20 Jahre Kiosk – wir machen eine Kioskfeier! Das ist auch gut!

B, 1b+c

Ah, na klar, 20 Jahre Kiosk – wir machen eine Kioskfeier! Das ist auch gut! Wann feiern wir? Am Freitag?
Ich weiß nicht. Vielleicht am Samstag? Am Samstag haben alle Zeit. Um 16 Uhr?
Um vier Uhr? Denkst du, alle können schon um vier Uhr kommen? Hm, na ja, okay. Und wer kommt? Laden wir Karim und Helen ein?
Ja. Und Peter und Opa. Und Todor!
Gut.
Wir brauchen Getränke: Wasser, Saft, Cola und Bier. Ich kann Getränke bestellen.
Super. Und wir brauchen Musik. Ich kann Musik organisieren!
Tanzen wir auch?
Ja, klar, wir tanzen, Mama! Du tanzt gern. Und Peter auch! Und was essen wir?
Ich kann einen Apfelkuchen backen!
Oh ja, ich mag deinen Apfelkuchen! Lecker. Und ich koche ein Curry.
Und Todor kann seine Gurkensuppe machen. Alle können etwas mitbringen. Wir machen ein internationales Büfett.
Sehr gut. Ich schreibe die Einladung!
Sehr schön!

D, 1a, 2a

Moritz, können wir über die Firmenfeier sprechen?
Ja, klar, wir feiern schon am Freitag um 15 Uhr. Was machen wir bei der Feier?
Na, wir tanzen! Wir brauchen Musik!
Oh, Tanzen ist gut. Ich kann Musik mitbringen.
Super. Spielen wir auch etwas?
Spiele spielen? Hm, ich weiß nicht. Lieber nicht.
Okay. Wir können heute das Essen und die Getränke bestellen.
Stimmt. Hier ist die Internetadresse vom Partyservice. Schau, hier sind die Gerichte und Getränke.
Das sieht lecker aus: Hm, Fisch mit Reis, Nudelsalat.
Wir bestellen die Nudeln mit Schweinefleisch und den Fisch mit Reis.
Okay. Wir brauchen etwas ohne Fleisch. Lei isst kein Fleisch. Wir können anrufen und fragen. Hier ist eine Telefonnummer.
Ja. Dann schreibe ich jetzt: Frage 1: Haben Sie Gerichte ohne Fleisch?
Gut. Und Ahmed isst keine Tomaten. Frage 2 ist: Haben Sie Salat ohne Tomaten?
Salat ohne Tomaten. So, jetzt Getränke.
Hier steht Wasser, Cola, Wein und Bier. Hm, kein Saft? Aber viele trinken gern Saft. Wir können fragen.
Ja, Frage 3: Haben Sie auch Saft?
Sehr gut. Wir rufen jetzt an.

9 Termine

A, 1b

Du, Hannah, ich möchte zur Agentur für Arbeit gehen. Ich habe am Mittwoch Zeit. Hat die Agentur am Mittwoch geöffnet?
Ich glaube, ja. Aber du brauchst einen Termin. Schau, die Telefonnummer ist hier.
Okay, ich rufe dort an.
Herzlich willkommen bei der Agentur für Arbeit. Wir haben neue Öffnungszeiten. Sie können Termine von Montag bis Freitag von 8 bis 17 Uhr vereinbaren.
Agentur für Arbeit, guten Tag.
Guten Tag, mein Name ist Banar Nazemi ...

B, 1a

Hallo, Karim.
Hi, Todor.
Karim, wir müssen bis Mittwoch Hausaufgaben machen. Aber ich verstehe den Text nicht. Lernen wir heute zusammen Deutsch?
Jetzt geht das leider nicht. Ich muss bei der Post ein Paket abgeben. Und ich habe auch einen Termin beim Friseur. Hast du heute Abend Zeit? Um sieben Uhr?
Oh, das geht leider nicht. Ich mache einen Computerkurs bei der VHS. Ich muss zu dem Kurs gehen, das ist wichtig für mich. Hast du morgen Zeit?
Hm, ich habe morgen um zehn Uhr einen Termin beim Bürgerbüro. Aber ich habe am Mittag Zeit.
Oh, super. Ich habe morgen ab eins auch Zeit.
Alles klar. Dann lernen wir morgen um ein Uhr zusammen.
Okay. Tschüs, Karim.
Tschüs!

B, 3a

Schmittke, guten Tag.
Hallo, Martina. Hier ist Todor. Kann ich mit Karim sprechen?
Hallo, Todor! Karim ist jetzt nicht da.
Hm, wir möchten heute um 13 Uhr zusammen lernen, aber ich komme später. Kannst du Karim eine Nachricht schreiben?
Ja, das kann ich machen. Wann kommst du?
Ich komme um halb zwei. Ich habe jetzt einen Termin bei der Agentur für Arbeit.
Alles klar.
Danke, Martina. Tschüs.
Tschüs, Todor.

D, 1a+b

Friseur Lavida. Guten Tag.
Guten Tag, mein Name ist Gotan Tokow. Ich möchte einen Termin vereinbaren.
Gerne. Geht es am Mittwoch um 16 Uhr?
Am Mittwoch geht es nicht. Ich muss bis 18 Uhr arbeiten. Haben Sie am Donnerstag einen Termin frei?
Tut mir leid. Am Donnerstag haben wir keinen Termin frei. Können Sie am Freitag um 11 Uhr oder um 16 Uhr kommen?
16 Uhr? Ja, das geht.
Sehr gut, ich notiere: Herr Tokow, am Freitag um 16 Uhr.
Vielen Dank. Auf Wiederhören.
Auf Wiederhören und bis Freitag.

10 Mit Bus und Bahn

A, 1b

Hallo, Liam, du bist schon da!
Ja, ich wohne in der Siemensstraße, das ist nicht weit. Ich gehe immer zu Fuß. Wie kommst du zum Kurs?
Ich gehe zuerst mit den Kindern zur Schule. Dann fahre ich mit dem Bus und dann gehe ich noch zehn Minuten zu Fuß. Ich fahre auch manchmal mit dem Fahrrad, das ist gesund.
Und billig!
Ja, das stimmt!

B, 3a+b

Entschuldigen Sie?
Ja, bitte?
Ich möchte zum Zoo. Wann fährt die U-Bahn?
Die U1 fährt in fünf Minuten. Drei Stationen und dann sind Sie da.
Dann bin ich da? Kann ich direkt fahren?
Ja, Sie müssen nicht umsteigen.
Muss ich nicht umsteigen und mit der U3 fahren?
Nein, nein. Zum Zoo fahren Sie nur mit der U1.
Gut. Und wo kann ich eine Fahrkarte kaufen?
Am Automaten. Dort, sehen Sie?
Ah ja. Und was kostet eine Fahrkarte?
2,90 Euro.
Vielen Dank!
Hallo, Entschuldigung, Sie müssen nicht mit der U4 und der U3 fahren. Das ist falsch!
Ja ja, das weiß ich schon, aber vielen Dank!

C, 1a

eins

Entschuldigung, schmeckt's?
Hm, ja, lecker. Ich mag Döner.
Ich nicht. Sie dürfen in der U-Bahn nicht essen, wissen Sie das?
Oh, wirklich?
Ja, Essen und Trinken ist hier verboten.
Oh, tut mir leid!

zwei

Prost!
Prost! Mensch, herzlichen Glückwunsch!
Entschuldigung, sehen Sie das Schild?
Schild? Wo?
Na, hier. Das bedeutet: Man darf hier keinen Alkohol trinken. Das ist verboten.
Oh, Entschuldigung! Aber wir feiern nur ein bisschen. Ich heirate morgen!
Hm, dann herzlichen Glückwunsch!

drei

Liebe Fahrgäste, bitte beachten Sie das Rauchverbot! Das Rauchen ist im Bahnhof, im Zug und auf dem Bahnsteig verboten! Vielen Dank.

vier

S2 nach Bernau, bitte einsteigen ...
Entschuldigung, wo kann ich mit dem Fahrrad einsteigen?
Sehen Sie den Wagen dort? Dort dürfen Sie Ihr Fahrrad mitnehmen. Dort ist es erlaubt. Aber Sie brauchen eine Fahrkarte für das Fahrrad.
Ja, ich weiß. Danke!

11 Wohnen

A, 1b

Helen, schau mal, das ist unsere Wohnung.
Oh, ihr habt eine Wohnung! Super.
Ja! Wir wohnen jetzt in einer WG.
Wir sind vier Personen: Todor, ich und Mustafa. Er kommt aus Syrien, und Marian, er kommt aus Rumänien.
Willst du die Wohnung sehen?
Ja! Toll! Die Wohnung ist groß! Und wo sind eure Zimmer?

A, 1d

- Und wo sind eure Zimmer?
- Hier, das ist mein Zimmer, 18 Quadratmeter groß.
- Ja, Todors Zimmer ist groß. Mein Zimmer ist nicht so groß, nur 14 Quadratmeter ... Aber es ist schön!
- Und wo ist eure Küche?
- Hier, das ist unsere Küche. Sie ist klein, aber wir haben auch ein Wohnzimmer – mit Balkon.
- Mit Balkon? Das ist toll! Ich habe leider keinen Balkon.
- Ja, der Balkon ist super. Das Wohnzimmer ist hier. Es ist groß. Wir essen da auch.
- Und ihr habt drei Badezimmer? Wow!
- Ja! Zwei mit Badewanne und eins mit Dusche und Toilette.
- So, und hier ist der Flur. Er ist nicht so groß.
- Ja, aber das ist okay.
- Also, ich finde, eure Wohnung ist toll!
- Ja!

B, 1a+c

- Hi, Helen.
- Hi, Karim. Hallo, Todor.
- Komm rein, Helen. So, das ist unsere WG.
- Wow, toll! Wie habt ihr die Wohnung gefunden?
- Ah, nicht einfach! Wir haben zuerst Freunde gefragt ... Nichts!
- Ja, ich habe dann Anzeigen im Internet gelesen. Leider auch nichts.
- Wir haben dann einen Zettel geschrieben und haben den Zettel an die Kiosktür gehängt.
- Marian hat den Zettel gelesen und er hat dann eine Nachricht geschrieben. Und wir haben schnell geantwortet und einen Termin gemacht.
- Ja, dann haben wir die Wohnung gesehen. Und wir haben die Zimmer sofort gemietet.
- Und jetzt wohnen wir hier ...

C, 2a+b

eins

- Guten Tag, wir sind neu hier im Haus. Ich bin Paul Sauskojus ...
- ... und ich bin Lina Althoff.
- Guten Tag.
- Ich glaube, unser Paket ist bei Ihnen. Wir haben hier einen Zettel.
- Paket? Ich habe kein Paket.
- Oh, aber hier steht: Ihr Paket ist bei Ihrem Nachbarn: Müller.
- Ich habe kein Paket. Der Paketbote hat das falsch geschrieben – das hat er schon oft gemacht. Oben wohnt Frau Möller. Vieleicht hat sie das Paket.
- Ah, gut, danke. Dann fragen wir Frau Möller.
- Ja, danke schön. Auf Wiedersehen. ... Hm, Frau Möller ist nicht zu Hause.

zwei

- Guten Tag, wir sind neu hier. Ich heiße Lina Althoff.
- ... und ich bin Paul Sauskojus.
- Ja, guten Tag. Ich heiße Halil Kaya.
- Herr Kaya, wir haben eine Bitte. Können Sie uns helfen?
- Ja?
- Im Treppenhaus hängt ein Zettel. Man muss die Fahrräder im Keller abstellen. Aber wir haben noch keinen Schlüssel.
- Ja, kein Problem. Ich habe einen Schlüssel. Hier.
- Danke, das ist nett. Wir bringen den Schlüssel gleich zurück.
- Gut.

drei

- Guten Tag. Wir sind neu hier. Ich bin Lina Althoff ...
- ... und ich heiße Paul Sauskojus.
- Guten Tag und willkommen. Mein Name ist Rummeling.
- Frau Rummeling, wir haben eine Bitte: Am Mittwoch kommt die Firma Bivago. Aber wir sind nicht da, wir arbeiten.
- Ach, das ist kein Problem. Dann können Sie mir den Schlüssel geben. Ich kann die Tür öffnen. Ich arbeite nicht, ich bin zu Hause.
- Oh, das ist sehr nett! Vielen Dank! Hier ist unser Schlüssel.
- Sehr gerne! Bis bald.

C, 2d

eins

- Ich habe kein Paket. Der Paketbote hat das falsch geschrieben – das hat er schon oft gemacht. Oben wohnt Frau Möller. Vieleicht hat sie das Paket.

zwei

- Ja, kein Problem. Ich habe einen Schlüssel. Hier.

drei

- Ach, das ist kein Problem. Dann können Sie mir den Schlüssel geben. Ich kann die Tür öffnen. Ich arbeite nicht, ich bin zu Hause.

12 Ausbildung

A, 1b, 2a

- Liebe Zuhörerinnen und Zuhörer, wir sprechen heute über das Lernen. Kann man auch noch mit 30, 40 oder sogar 60 Jahren etwas Neues lernen? Ja, das kann man. Wir haben mit vier Menschen gesprochen: Was wollen sie noch lernen?
- Hallo, ich bin Ana Teresa Trejo. Ich spreche schon gut Deutsch. Aber ich kann noch nicht gut E-Mails auf Deutsch schreiben. Und das ist wichtig für mich, ich bin Übersetzerin. Ich will hier bald arbeiten. Ich will einen Online-Kurs machen. In einer Sprachschule.

Hörtexte

Hallo, ich heiße Savith Schumacher. Ich fahre nicht so gern mit dem Bus oder mit der U-Bahn. Ich fahre lieber mit dem Fahrrad. Mein Fahrrad ist aber oft kaputt. Manchmal kann ich es reparieren, manchmal aber nicht. Ich sehe dann Videos im Internet. Ich will gern ein Praktikum in einem Fahrradladen machen. Vielleicht habe ich später einen eigenen Fahrradladen.

Guten Tag, ich bin Dunya Kovacevic. Ich koche gern. Und ich arbeite gern im Garten. Aber noch lieber nähe ich. Ich kann schon Taschen nähen. Das ist leicht. Am Samstag habe ich aber ein Kleid gesehen. Es ist so schön! Jetzt will ich auch ein Kleid nähen. Für mich. Vielleicht mache ich später eine Ausbildung als Näherin.

Mein Name ist Herbert Holzinger. Also: Ich habe ein Handy. Aber ich benutze es nicht oft. Ich kann mit dem Handy telefonieren. Und auch mit meiner Familie chatten. Aber ich will mit dem Handy auch Fahrkarten kaufen. Das ist praktisch. Am Dienstag fängt mein Handy- und Computerkurs an. In der Volkshochschule.

Und Sie? Was können Sie schon machen? Und was wollen Sie noch lernen? Sie können uns eine Nachricht schreiben oder ...

C, 1a+b

- Guten Tag, nehmen Sie Platz. Mein Name ist Sebastian Reich.
- Guten Tag, Florence Alves.
- Willkommen, Frau Alves. Wie kann ich helfen?
- Also, ich wohne seit einem Jahr in Deutschland. Ich suche Arbeit. Ich möchte gern eine Ausbildung machen.
- Okay. Was machen Sie gern? Und was können Sie gut?
- Also, ich arbeite gern mit Menschen. Ich habe vor zwei Jahren in einem Restaurant gearbeitet. Das hat mir Spaß gemacht ... Und ich spreche vier Sprachen: Englisch und Yoruba, ein bisschen Französisch und ein bisschen Deutsch. Ich lerne seit sechs Monaten Deutsch. Ich möchte in drei Monaten die Prüfung B1 machen.
- Hm, das ist gut. Sie sagen, Sie haben schon in einem Restaurant gearbeitet und Sie sprechen viele Sprachen. Das ist interessant. Was denken Sie: Ist vielleicht eine Ausbildung im Hotel für Sie interessant?
- Ja, eine Ausbildung im Hotel passt gut!

C, 2a

- Ja, eine Ausbildung im Hotel passt gut! Wie lange dauert die Ausbildung?
- Drei Jahre.
- Oh, das ist sehr lang.
- Ja, aber mit einer Ausbildung verdienen Sie später gut. Und sie finden leichter Arbeit.
- Hm, stimmt. Wie viel verdient man bei der Ausbildung?
- Also ... In der Ausbildung verdienen Sie 800 bis 900 Euro im Monat.
- Okay. Und was macht man in der Ausbildung? Arbeitet man jeden Tag im Hotel?
- Nein. Man geht eine Woche zur Schule – zur Berufsschule. Und eine Woche arbeitet man in einem Hotel.
- Okay. Das ist gut.
- Sie können auch zuerst ein Praktikum machen. So können Sie sehen: Macht die Arbeit im Hotel Spaß? Sind die Arbeitszeiten gut für mich? Und dann können Sie eine Ausbildung machen.
- Das ist eine sehr gute Idee. Ich glaube, das mache ich.
- Schön. Ich habe hier ein Praktikum im Hotel ...

13 Beim Arzt

A, 2c

Herzlich willkommen in der Praxis Dr. Alexander Wonnemann. Unsere Arztpraxis hat gerade geschlossen. Wir haben Sprechstunde am Montag, Dienstag und Donnerstag von 8 bis 14 Uhr und von 15:30 Uhr bis 18 Uhr und am Freitag von 8 bis 13 Uhr. Am Mittwoch hat unsere Praxis geschlossen. Auf Wiederhören und bis bald.

A, 2d

- Praxis Dr. Wonnemann, guten Tag. Sie sprechen mit Sabrina Wusow.
- Guten Morgen, mein Name ist Selma Köhler-Shan. Ich hätte gerne einen Termin.
- Haben Sie Schmerzen?
- Ja, ich habe seit gestern Zahnschmerzen. Kann ich morgen kommen?
- Die Praxis hat morgen leider geschlossen. Haben Sie am Donnerstag Zeit? Um 9:45 Uhr?
- Hm, das geht leider nicht. Ich habe am Donnerstag erst ab 12:30 Uhr Zeit.
- Gut, dann am Donnerstag um 13:15 Uhr?
- Ja, um Viertel nach eins geht. Vielen Dank!
- Gern und bis Donnerstag. Auf Wiederhören.
- Auf Wiederhören.

B, 2a+b

- Guten Tag.
- Guten Tag, Frau Schmittke. Wie geht es Ihnen?
- Ich habe Fieber. Und ich habe Husten.
- Seit wann haben Sie Fieber?
- Seit zwei Tagen.
- Hm. Öffnen Sie den Mund, bitte.
- Aaaaa.
- Hm, bitte atmen Sie tief ein. Und atmen Sie wieder aus. Okay. Also, Frau Schmittke, Sie haben eine Grippe. Bleiben Sie bitte zu Hause. Schlafen Sie viel und trinken Sie viel Tee.
- Das mache ich, danke.
- Gut. Und kommen Sie in einer Woche wieder. Gute Besserung!
- Vielen Dank. Auf Wiedersehen.
- Auf Wiedersehen, Frau Schmittke.

D, 1c+d

Herzlich willkommen zu unserem Körperspaziergang. Schließen Sie jetzt die Augen. Atmen Sie ein und atmen Sie aus. Wir beginnen mit den Füßen. Sind Ihre Füße entspannt? Und jetzt Ihre Beine: Sind Ihre Beine entspannt? Atmen Sie tief ein. Atmen Sie aus.
Ihr Bauch: Ist Ihr Bauch entspannt? Ihr Rücken: Ist Ihr Rücken entspannt?
Ihre Arme: Sind Ihre Arme entspannt? Und Ihre Hände: Sind Ihre Hände warm? Sind Ihre Hände entspannt? Ihr Kopf: Wie geht es Ihrem Kopf? Ist Ihr Kopf entspannt? Atmen Sie tief ein. Atmen Sie aus. Wie geht es Ihrem Körper jetzt? Ist Ihr Körper entspannt? Kommen Sie langsam zurück. Öffnen Sie die Augen. Atmen Sie ein, atmen Sie aus.

14 Die Krankschreibung

A, 1b+c

- Ja, hallo?
- Hallo, Mbaye. Hier ist Ingo.
- Ah, Ingo, guten Morgen! Sag mal, wo bist du? Es ist schon Viertel nach acht!
- Ich liege im Bett ...
- Im Bett?! Hast du gestern lange gefeiert?
- Ich? Gefeiert? Nein! Ich bin früh ins Bett gegangen, aber ...
- Ah, du hast lange geschlafen!
- Nein, nein, ich bin krank.
- Krank?!? Oje! Was hast du denn?
- Ich habe Fieber – 38,1 – und Husten und Kopfschmerzen. Ich kann heute leider nicht zur Arbeit kommen.
- Oh, dann gute Besserung! Hast du schon mit der Chefin gesprochen?

A, 2a, A

- Hast du schon mit der Chefin gesprochen?
- Nein, es geht mir nicht so gut. Ich rufe sie später an.
- Nein, das musst du jetzt machen – gleich morgens. Die Chefin muss das wissen. Du rufst sie an oder du schickst eine E-Mail.
- Na gut, dann rufe ich sie gleich an.
- Ja, und dann gehst du lieber zum Arzt. Dort bekommst du eine Krankschreibung. Das ist wichtig. Ohne Krankschreibung darfst du nur zwei Tage zu Hause bleiben.
- Okay, und dann rufe ich nochmal an?
- Nein, du schickst die Krankschreibung an die Firma – mit der Post oder als E-Mail.
- Oje, das ist viel. Ich bin krank und ich muss so viel machen ... Aber danke für die Tipps!
- Gern. Und gute Besserung!
- Danke schön. Tschüs.

B, 1a+e

- Guten Tag.
- Guten Tag. Ich habe hier ein Rezept, bitte schön.
- Danke. Gut, also: Aspirin-Tabletten. Nehmen Sie die Tabletten bitte zweimal am Tag: einmal morgens und einmal abends vor dem Schlafen. Dann bekommen Sie noch einen Hustensaft. Nehmen Sie den Hustensaft bitte morgens, mittags und abends nach dem Essen. Das macht dann 11 Euro.
- Gut. Ich habe auch noch Schnupfen.
- Da kann ich Ihnen das Nasenspray hier empfehlen. Es kostet 4,20 Euro. Nehmen Sie es dreimal am Tag.
- Okay, das mache ich. Das ist alles.
- Dann bekomme ich 15,20 Euro. Und hier – die Taschentücher bekommen Sie dazu.
- Vielen Dank!

D, 1a

- Guten Tag, Frau Dr. Zhang, das ist meine Tochter Jule. Sie ist seit gestern krank.
- Guten Tag, Herr Jablonek. Was hat Jule denn?
- Sie hat Halsschmerzen und Fieber. Gestern Abend waren es 39 Grad.
- Jule, kannst du bitte den Mund aufmachen? Machst du bitte aaah?
- Aaaah.
- Hast du auch Kopfschmerzen? Oder tut dein Körper weh?
- Ja.
- Hm, ich denke, das ist eine Grippe. Herr Jablonek, Ihre Tochter muss eine Woche zu Hause bleiben und viel schlafen. Jule, und du musst viel Tee trinken. Okay?
- Hm ...

So, hier ist ein Rezept: Tabletten für das Fieber – Jule muss sie zweimal am Tag nehmen, morgens und abends. Und dann noch einen Hustensaft.

Hustensaft?!!

Ja, Jule. Der Hustensaft schmeckt gut, er ist süß. Du nimmst den Saft dreimal am Tag: morgens, mittags und abends. Immer vor dem Essen.

Vielen Dank, Frau Dr. Zhang.

Gern. Kommen Sie in einer Woche mit Jule wieder. Machen Sie bitte einen Termin.

Das mache ich, vielen Dank und auf Wiedersehen.

Auf Wiedersehen. Und Jule, gute Besserung!

Danke.

15 Wege in der Stadt

A, 2a

Der Nächste, bitte.

Guten Tag, ich möchte meinen Führerschein abholen.

Haben Sie einen Termin?

Ja, ich habe online einen Termin gemacht: heute um 11 Uhr.

Gut, wie ist die Nummer?

K312.

Dann gehen Sie die Treppe hoch. Oder Sie können den Aufzug benutzen. Im dritten Stock gehen Sie nach rechts. Da ist das Wartezimmer. Dort müssen Sie warten.

Also, die Treppe bis zum dritten Stock, dann nach rechts.

Ja, genau.

Entschuldigung, können Sie mir noch sagen: Wo gibt es hier eine Toilette?

Ja, hier im Erdgeschoss links.

Vielen Dank.

Der Nächste, bitte.

D, 2a

Hanifa, wollen wir zusammen lernen?

Gerne. Aber wo?

Wir können bei mir zu Hause lernen. Ich habe genug Platz.

Okay, kannst du am Donnerstag, am Nachmittag?

Ja, um vier Uhr?

Prima, das geht. Ich bringe Kuchen mit. Wie komme ich zu deiner Wohnung?

Das ist einfach: Du gehst hier an der Kreuzung nach rechts.

Okay, an der Kreuzung nach rechts.

Genau. Dann geradeaus bis zur Ampel und wieder nach rechts.

Gut, bis zur Ampel und an der Ampel wieder nach rechts.

Ja, das ist die Schillerstraße. Dort wohne ich.

Und die Hausnummer?

35. Mein Haus steht zwischen dem Parkplatz und der Bäckerei.

Also, hier nach rechts, dann geradeaus und an der Ampel wieder nach rechts. Dein Haus steht neben der Bäckerei. Die Adresse ist: Schillerstraße 35. Alles klar, bis Donnerstag!

Super, tschüs!

16 Im Geschäft

A, 1c+e

Was machst du?

Ich suche Kleidung für die Feier von Onkel Stefan.

Stimmt. Die Feier ist schon am Samstag. Was willst du anziehen?

Na ja, vielleicht das Kleid und die Schuhe?

Die Schuhe gefallen mir, sie sind schön. Aber das Kleid – es ist schön, aber es passt dir leider nicht. Es ist zu groß.

Mmh, ja, das stimmt. Es ist zu weit. Und wie gefällt dir die Bluse?

Ja! Die Bluse ist sehr schön. Sie steht dir.

Ja, findest du? Danke schön! Dann ziehe ich die Bluse und den Rock an. Und du? Was ziehst du an?

Ach, ich weiß noch nicht. Hm ... Warte, was habe ich im Schrank? Hm, hm ... So, fertig: Wie findest du den Anzug?

Na ja, der Anzug gefällt mir, aber ... er passt dir nicht. Er ist zu eng ...

Ja, ja, ich muss wieder Sport machen. Okay, was anderes ... Wie gefällt dir das Hemd?

Oja, das Hemd steht dir, es ist toll! Aber die Jeans ist zu lang.

Hm. Und die Hose? Die passt mir!

Ja, die Hose gefällt mir. Aber am Sonntag gehen wir laufen – dann passt dir auch der Anzug wieder!

B, 1e

Liebe Kundinnen und Kunden, wir haben heute tolle Angebote für Sie: Damenblusen in Weiß, Rosa und Gelb gibt es für nur 12 Euro. Entdecken Sie auch festliche Kleider – klassisch in Schwarz und Weiß oder modern in Blau: nur für 80 Euro! Auch das Angebot für die Herren ist toll und bunt: Pullover in Orange, Grün oder Schwarz kosten heute nur 40 Euro. Kommen Sie in den zweiten Stock!

B, 2a

Entschuldigen Sie, können Sie mir helfen? Ich suche einen Mantel.

Welche Größe haben Sie?

Größe 40.

Welcher Mantel gefällt Ihnen? Der in Weiß oder in Blau?
Der in Blau ist schön. Was kostet der?
Der ist heute im Angebot und kostet nur 99 Euro.
Oh, schön. Wo kann ich den Mantel anprobieren?
Die Umkleidekabinen sind hinten.
Der Mantel passt. Ich nehme aber den in Weiß. Wo ist die Kasse?
Die ist da vorne.
99 Euro, bitte. Zahlen Sie bar oder mit Karte?
Mit Karte, bitte.
Gern. Und hier ist Ihr Mantel.
Danke!

D, 1b

Martina, nächste Woche ist eine Feier an der Uni. Ich brauche eine Bluse. Schau mal, hier ... Was denkst du?
Ja, die Bluse ist schön.
Ja, mir gefällt die in Rot.
Rot steht dir sehr gut! Aber das T-Shirt in Blau gefällt mir auch.
Nein, ich möchte kein T-Shirt. Ein T-Shirt passt nicht für eine Feier. Ich nehme die Bluse – in Rot. In Größe 34. Und dazu einen Rock?
Hm, ich weiß nicht. Schau, es gibt auch Hosen. Hosen stehen dir sehr gut! Und die Hose kannst du auch bei einer Feier anziehen.
Okay. Die hier ist wirklich schön.
Welche Farbe gefällt dir? Weiß?
Ja, ich bestelle die Hose in Weiß – Größe S. So, und jetzt zum Warenkorb ...

17 Arbeiten

A, 1b+c, 2c

Herzlich willkommen bei Talk mit Tamo. Unser Thema ist: Der erste Job. Ich spreche mit Luca Lenz-Mamani. Herr Lenz-Mamani, was war Ihr erster Job?
Ich war Paketbote.
Das ist ein Job mit viel Arbeit, oder?
Ja, Paketboten haben viel Stress.
Wie war Ihr Arbeitstag?
Zuerst habe ich meine Tour organisiert. Dann habe ich die Pakete zum Auto getragen. Ich hatte oft Rückenschmerzen.
Oje.
Dann bin ich mit dem Auto gefahren. Ich habe immer Musik gehört. Das war toll. Ich habe allein gearbeitet – ohne Chef! Das war auch gut.
Ich verstehe.
Manchmal habe ich mit den Kunden und Kundinnen gesprochen. Das hat Spaß gemacht. Ich habe jeden Tag circa 200 Pakete abgegeben. Ich hatte oft keine Zeit für Pausen. Das war nicht gut. Ich habe oft nur einen Kaffee im Auto getrunken. Die Schicht hat um 16 Uhr aufgehört. Ich war dann immer sehr müde. Ich bin viel gelaufen. Aber gut war: Ich war sehr fit!
Vielen Dank, Herr Lenz-Mamani. Das war sehr interessant.

B, 2d

Hampel Umzüge, Klaas Hampel am Apparat.
Guten Tag, mein Name ist Todor Milev. Ich habe Ihre Anzeige gelesen. Ich finde die Anzeige interessant und ich habe noch Fragen.
Ja, Herr Milev, schön. Was möchten Sie wissen?
Ist es eine Vollzeitstelle oder eine Teilzeitstelle?
Beides ist möglich: Vollzeit und Teilzeit. Wie möchten Sie gerne arbeiten?
Ich suche eine Teilzeitstelle, ungefähr 20 Stunden pro Woche. Ich kann am Nachmittag und am Wochenende arbeiten.
Das ist sehr gut. Am Wochenende und am Nachmittag haben wir immer viel Arbeit.
Und ich habe noch eine Frage: Arbeitet man im Team?
Ja, vier Personen arbeiten zusammen im Team. Arbeiten Sie gern im Team?
Ja, sehr gern.
Herr Milev, haben Sie Interesse? Können Sie morgen in unser Büro kommen?
Ja, ich komme gern.

C, 1a+b

Hi, Bülent!
Ach, hallo, Tina!
Wir haben uns lange nicht gesehen!
Ja, das stimmt!
Wie geht es dir? Was machst du jetzt?
Gut, danke! Ich habe einen neuen Job. Als Gärtner. Ich kann am Montag anfangen.
Oh, das ist toll! Herzlichen Glückwunsch!
Danke. Ich war acht Monate arbeitslos. Jetzt bin ich glücklich! Es ist ein Vollzeitstelle. Ich arbeite jeden Tag bis 17 Uhr.
Schön! Und wie geht es deiner Frau?
Auch gut. Sie arbeitet wieder als Deutschlehrerin bei der VHS.
Und wie alt ist euer Sohn jetzt?
Miro ist jetzt drei. Er ist schon groß. Und Selma ...
Selma? Habt ihr noch ein Kind bekommen?
Ja! Unsere Tochter ist jetzt 20 Monate alt. Wir brauchen jetzt eine Kinderbetreuung und müssen viel organisieren. Meine Frau arbeitet bis 14 Uhr. Aber wie geht es dir?
Also, mir geht es gut. Ich ...

Hörtexte

D, 1b+c

Hallo, herzlich willkommen in unserer Kita. Ich bin Franziska Regener.
Guten Tag, Frau Regener. Ich bin Chiara Esposito.
Also, Frau Esposito. Erzählen Sie: Wer sind Sie? Und was haben Sie schon gemacht?
Also, ich komme aus Italien. Ich habe dort eine Ausbildung zur Erzieherin gemacht und ich habe dann vier Jahre in einer Kita gearbeitet. Dann bin ich nach Deutschland gezogen. Ich wohne seit drei Jahren in Hamburg.
Ah, interessant. Und was machen Sie jetzt?
Ich arbeite jetzt seit zwei Jahren in einer Kita – Teilzeit. Die Arbeit macht mir viel Spaß. Und die Kinder sind toll.
Sie haben schon viel Erfahrung. Was möchten Sie noch machen?
Ich möchte jetzt gern eine andere Kita kennenlernen. Und ich möchte gern Vollzeit arbeiten. Ihre Stelle ist eine Vollzeitstelle, richtig?
Ja, genau. Das klingt sehr interessant, Frau Esposito.

18 Beim Amt

A, 2a

Entschuldigung, könnten Sie mir helfen?
Ja, gern.
Ich möchte die Aufenthaltserlaubnis beantragen. Wo kann ich das machen?
Oh, das weiß ich leider nicht. Die Information von der Ausländerbehörde ist da hinten. Fragen Sie da.
Ah, vielen Dank. Guten Tag, würden Sie mir bitte helfen? Wo kann ich die Aufenthaltserlaubnis beantragen?

A, 2b+c

Guten Tag, würden Sie mir bitte helfen? Wo kann ich die Aufenthaltserlaubnis beantragen?
Im zweiten Stock. Einfach geradeaus und dann nach links die Treppe hoch. Haben Sie auch alle Papiere?
Oh, ich weiß nicht ...
Sie brauchen das Formular, Ihren Pass und ein Passfoto. Die Formulare finden Sie im Warteraum. Sie können sie dort ausfüllen. Der Nächste, bitte ...
Ähm, danke schön. Entschuldigung, ist das hier der Warteraum?
Ja, hier sind Sie richtig.
Und sagen Sie bitte: Wo finde ich die Formulare?
Dort, auf dem Tisch. Haben Sie schon eine Wartenummer?
Ähm, nein. Wo bekomme ich die?
Am Automaten dort hinten.
Ah, vielen Dank ... Ach so: Wo kann man hier Fotos machen?
Sie brauchen noch ein Passfoto? Da müssen Sie leider wieder zurück zum Eingang gehen, dort ist ein Automat. Es kostet 5 Euro.
Oh, nein ...

B, 3a, A

Bürgerbüro Stadtmitte, Krause.
Guten Tag, ich möchte Wohngeld beantragen. Kann ich das direkt im Bürgerbüro machen?
Ja, das können Sie im Bürgerbüro machen. Oder beim Wohnungsamt. Sie können das Formular aber auch mit der Post schicken. Dann müssen Sie nicht persönlich kommen.
Und wo bekomme ich das Formular?
Das Formular können Sie auf unserer Internetseite herunterladen.
Ah, das ist gut. Welche Dokumente brauche ich noch?
Das steht alles ganz genau im Internet.
Okay, vielen Dank. Ach so – kostet das etwas?
Nein, nein, das ist kostenlos.
Gut, dann vielen Dank und auf Wiederhören.
Gern, auf Wiederhören.

C, 1a+b

Guten Tag.
Guten Tag, Sie haben die Wartenummer 675?
Genau. Wir möchten unsere Wohnung anmelden.
Gut. Haben Sie das Formular ausgefüllt?
Ja, hier ist es.
Vielen Dank, so ... Sie sind also am 15. November eingezogen ... in die Wohnung in der Adalbertstr. 13. A-dal-bert-straße 13, in 10997 Berlin. Gut. Und Sie haben *Hauptwohnung* angekreuzt. So, würden Sie mir dann bitte Ihre Ausweise geben?
Bitte schön.
Vielen Dank. Ah, Sie müssen hier noch ankreuzen: Was ist Ihr Geschlecht?
Das haben wir nicht verstanden. Könnten Sie das bitte erklären?
Ja, das Geschlecht ist *m* – männlich, *w* – weiblich oder *d* – divers.
Ach so, klar. Dann bitte *m* ankreuzen.
Gut, Herr Milev, Ihre Staatsangehörigkeit ist bulgarisch und Ihre, Herr Hadid, irakisch.
Das stimmt.
Gut. Familienstand: ledig – beide, in Ordnung. So, dann bekomme ich noch den Mietvertrag oder ein Dokument vom Vermieter mit Unterschrift.
Den Mietvertrag?
Ja, haben Sie den nicht?
Oh nein, den haben wir vergessen ...
Dann brauchen Sie leider noch einen neuen Termin. Tut mir leid.

D, 3a+b

Bitte entschuldigen Sie, darf ich Sie etwas fragen?
Ja, bitte?
Ich möchte einen Führerschein beantragen. Wo kann ich das machen?
Der Warteraum ist im zweiten Stock. Sie müssen dort eine Wartenummer ziehen.
Wie bitte? Welche Nummer? Könnten Sie das noch einmal wiederholen?
Sie müssen eine Wartenummer ziehen.
Ah, eine Wartenummer. Ich verstehe, danke schön. Entschuldigung, wo kann ich hier eine Wartenummer ziehen?
Der Automat steht dort hinten.
Tut mir leid, ich habe Sie nicht verstanden. Wo ist der Automat?
Dort hinten!
Ah, dort hinten. Vielen Dank!
Die Nummer 856 bitte ins Zimmer 3.
Ähm, ich glaube, Sie sollen ins Zimmer 3 gehen.
Entschuldigung, was haben Sie gerade gesagt?
Ihre Nummer – Sie müssen ins Zimmer 3 gehen!
Oh, vielen Dank!
Guten Tag, wie kann ich Ihnen helfen?
Guten Tag, ich möchte einen Führerschein beantragen.
Haben Sie Ihren Ausweis und das Formular von der Fahrschule?
Entschuldigung, könnten Sie das bitte erklären? Welches Formular?
Na, Sie haben eine Prüfung in der Fahrschule gemacht und haben ein Formular von der Fahrschule, oder?
Entschuldigung, das verstehe ich nicht. Ich habe keine Prüfung gemacht. Ich kann nicht Auto fahren.
Tja, dann sind Sie hier leider falsch. Sie müssen zu einer Fahrschule gehen.

19 Unterwegs in Deutschland

B, 2e+f

So, Gleis 10. Der Zug kommt in 10 Minuten. Oh, leise ... eine Durchsage!
Achtung am Gleis 11. Der ICE nach München fährt in Kürze ab. Bitte steigen Sie ein. Der Zug fährt gleich ab. Achtung am Gleis 10. Der Regionalexpress von Wismar nach Cottbus, Abfahrt 8:35 Uhr hat heute 30 Minuten Verspätung. Der Zug fährt heute von Gleis 14.
Oh, Mist, wir müssen zum Gleis 14.
Okay, okay. Wir haben Zeit ...

D, 2a+b

Entschuldigung, würden Sie mir bitte helfen? Wie kauft man eine Fahrkarte am Automaten? Ich bin nicht von hier. Ich verstehe das nicht.
Ja, gern, kein Problem. Ich helfe Ihnen gern. Also: Wohin wollen Sie fahren?
Nach Ulm.
Okay. Dann schreiben Sie bei *Ziel* Ulm. So, hin und zurück?
Nein, nur hin.
Gut, dann ist das eine einfache Fahrt, 2. Klasse. Weiter.
Okay. Hier: Was bedeutet *ab sofort*?
Möchten Sie jetzt gleich fahren? Dann wählen Sie *ab sofort*.
Ja. Aha, gut. Hier, das verstehe ich nicht: Was bedeutet *Ankunft*?
Auf Englisch: *arrival*.
Aha, danke. Ich nehme den Zug um 13:41 Uhr. Der ist nicht so teuer.
Aber Sie müssen zweimal umsteigen.
Das macht nichts. Und jetzt?
Jetzt kontrollieren Sie alles: Ulm, eine Erwachsene, das Datum. Alles richtig. Sie können bezahlen.
Oh, vielen Dank!

20 Feste und Feiertage

A, 1a

eins

Zum Geburtstag viel Glück, zum Geburtstag viel Glück, zum Geburtstag, liebe Lisa, zum Geburtstag viel Glück!

zwei

Auf dich! Das hast du super gemacht!

drei

Herzlichen Glückwunsch! Du siehst heute so schön aus!

vier

Herzlichen Glückwunsch euch beiden! Na, jetzt könnt ihr nicht mehr so lange schlafen!

A, 2a+b

Hey, was machst du?
Ach, ich mache einen Plan für meine Feier.
Zeig ... Du hast noch nicht viel geschrieben.
Ja, ich weiß. Ich habe noch viele Fragen, Jari. Wen lade ich ein? Die Familie und alle meine Freunde zusammen?
Also, Lisa, ich bin dein Bruder, ich brauche keine Einladung! Aber stimmt, unsere Familie ist groß – auch ohne Tante Nicole.
Ja ... Jari, was mache ich denn jetzt?

- Ich habe eine Idee! Du kannst am Nachmittag unsere Familie einladen: Mama und Papa, unsere Großeltern, Tanten, Onkel, Cousins und Cousinen. Und am Abend lädst du deine Freundinnen und Freunde ein.
- Oh, das ist eine gute Idee. Und wo feiern wir? Zu Hause?
- Ja, am Nachmittag zu Hause. Das ist auch für Oma und Opa gut. Mit deinen Freunden machst du am Abend eine Geburtstagsparty im Park. Und ich komme am Nachmittag UND am Abend!
- Na klar – aber mit zwei Geschenken!
- Oje ... Was möchtest du denn?

C, 2b+c

- Hallo, Bulat. Ich mache eine Silvesterparty. Kommst du auch?
- Eine Silvesterparty? Nein, tut mir leid, Annika, das geht nicht. Ich feiere mit meiner Familie.
- Feierst du nicht mit Freunden?
- Oh nein, Silvester ist ein Familienfest.
- Aha, das ist interessant. Und was macht ihr?
- Na ja, es gibt leckeres Essen, wir sprechen viel – und es gibt Geschenke.
- Was? Bekommt ihr Geschenke zu Silvester?
- Ja. Weißt du, meine Familie kommt aus Kasachstan. Dort feiern viele Menschen auch am 31. Dezember Silvester – oder eigentlich *Nowij god*, also auf Deutsch *Neues Jahr*. Wir feiern aber mit Tannenbaum und Geschenken.
- Ach, feiert ihr kein Weihnachten?
- Doch, am 7. Januar. Dann feiern wir wieder. Aber es gibt keine Geschenke – die haben wir ja schon bekommen.
- Ach, das ist ganz anders als bei uns. Aber schön!

Quellen

Cover: Cornelsen/Rosendahl Berlin/Daniel Meyer; **U2:** (Badge Apple-Store): Apple Inc.,IP & Licensing; (Badge Google App): Google Ireland ltd.; **S. 2** (Mitte rechts): Cornelsen/Björn Schumann; (unten rechts): Cornelsen, Landschaft im Hintergrund: Shutterstock/ActiveLines, Nagel: stock.adobe.comGraphicsRF, Hammer, Klammern und Bäume mit Wäscheleine: Cornelsen/Bettina Nutz; **S. 3** (Mitte links): Cornelsen, Foto: stock.adobe.com/Africa Studio; (unten rechts): Cornelsen, Fotos: stock.adobe.com/Josep Curto; stock.adobe.com/LianeM; **S. 4** (1): Cornelsen/Björn Schumann; (2): Cornelsen/Björn Schumann; (3): Cornelsen/Hugo Herold; (4): Shutterstock.com/Iakov Filimonov; (5): Shutterstock.com/Dean Drobot; **S. 5** (6): Cornelsen/Björn Schumann; (7): Shutterstock.com/Gorodenkoff; (8): Cornelsen/Björn Schumann; (9): Shutterstock.com/fizkes; (10): Shutterstock.com/Iryna Inshyna; **S. 6** (11): Shutterstock.com/Lordn; (12): Shutterstock.com/ALPA PROD; (13): Shutterstock.com/Nenad Cavoski; (14): stock.adobe.com/Tobias Arhelger; (15): stock.adobe.com/Marco2811; **S. 7** (16): Shutterstock.com/Gorodenkoff; (17): Cornelsen/Daniel Meyer; (18): Shutterstock.com; (19): Deutsche Bahn AG/Uwe Miethe; (20): Cornelsen/Björn Schumann; **S. 8** (oben): Cornelsen/Björn Schumann; (unten alle): Shutterstock.com/Tartila; **S. 9** (1–4): Cornelsen/Björn Schumann; (unten links): Shutterstock.com/Loveshop; (unten alle anderen): Shutterstock.com/Tartila; **S. 10** (A+B): Cornelsen/Björn Schumann; **S. 11** (Mitte rechts): Shutterstock.com/Halfpoint; **S. 12** (1–4 oben): Cornelsen/Björn Schumann; (1–5 unten): Cornelsen/Björn Schumann; (6): Shutterstock.com/Daniel M Ernst; **S. 13** (1–6 oben): stock.adobe.com/Svyatoslav Lypynskyy; (alle unten): Shutterstock.com/I'm friday; **S. 15** (alle): stock.adobe.com/Takayuki ISHIHARA/taka; **S. 16** (1–4 oben): Cornelsen/Björn Schumann; (Mitte links): Shutterstock.com/LanBaiyu; (Mitte rechts): stock.adobe.com/Matthew Dixon/travelwitness; (unten v.l.n.r.): Shutterstock/Monkey Business Images; Shutterstock.com/Zoriana Zaitseva; stock.adobe.com/rocketclips; Shutterstock.com/goodluz; Shutterstock.com/Serhii Bobyk; stock.adobe.com/runzelkorn; **S. 17** (Smileys) Shutterstock.com/Carboxylase; (von oben nach unten): Shutterstock.com/AshTproductions; stock.adobe.com/Manuel Tennert; Shutterstock.com/AshTproductions; Shutterstock.com/Rahhal; stock.adobe.com/Manuel Tennert; Shutterstock.com/Rahhal; (unten v.l.n.r.): stock.adobe.com/Racle Fotodesign; Shutterstock.com/Jacob Lund; stock.adobe.com/benjaminnolte; stock.adobe.com/Kzenon; Shutterstock.com/FXQuadro; Shutterstock.com/imtmphoto; **S. 18** (von oben nach unten): mauritius images/alamy stock photo/Markus Wissmann; Deutsche Basketball Bund e. V. (DBB); Imago Stock & People GmbH/Future Image; **S. 19** (1): Shutterstock.com/Andrey Burmakin; (2) stock.adobe.com/Milan Ilic/chika_milan; (3) Shutterstock.com/PHILIPIMAGE; (4) Shutterstock.com/shurkin_son; (unten links): mauritius images/alamy stock photo/ZUMA Press; (unten rechts): mauritius images/Oliver Gutfleisch; **S. 20** (Würfel): Shutterstock.com/art-sonik; (Mitte rechts): Cornelsen/Björn Schumann; (unten alle): Shutterstock.com/anueing; **S. 21** (unten alle): Shutterstock.com/anueing; **S. 22** (oben rechts): Shutterstock.com/Alexander Raths; **S. 24** (von oben nach unten): Imago Stock & People GmbH/photothek/Thomas Trutschel; dpa Picture-Alliance/Bernd Kammerer; Imago Stock & People GmbH/photothek/Michael Gottschalk; (Karte): Shutterstock.com/Meda01; **S. 25** (links): Shutterstock.com/Ljupco Smokovski; (rechts): Cornelsen, Deutschland-Karte: Shutterstock.com/Meda01, Schild: Shutterstock.com/anweber; **S. 26** (1–4): Cornelsen/Hugo Herold; (unten v.l.n.r.): Shutterstock.com/Jekatarinka; stock.adobe.com/Igor Savenchuk; stock.adobe.com/Foton; Shutterstock.com/Dima Moroz; stock.adobe.com/Sergii Moscaliuk; Shutterstock.com/Intellson; **S. 27** (oben links): stock.adobe.com/arshad ali/EyeEm; (oben rechts): Shutterstock.com/Orange Line Media; (2.v. oben links+rechts): Cornelsen/Björn Schumann; (Mitte): stock.adobe.com/Igor Savenchuk; (unten v.l.n.r.): Shutterstock.com/studiovin; Shutterstock.com/NosorogUA; Shutterstock.com/HappyAprilBoy; Shutterstock.com/Room27; Shutterstock.com/Shtefany; Cornelsen/Hugo Herold; **S. 28** (1): Shutterstock.com/Monkey Business Images; (2): stock.adobe.com/Monkey Business; (3): stock.adobe.com/rocketclips; (Mitte v.l.n.r.): Shutterstock.com/Lars Hallstrom; Shutterstock.com/Nikodash; Shutterstock.com/Prostock-studio; (unten alle): stock.adobe.com/Andrii Zastrozhnov; **S. 29** (alle): Cornelsen/Björn Schumann; **S. 30** (oben links): Shutterstock.com/Raisa Suprun; (oben rechts): stock.adobe.com/Pixel-Shot; (2.v. oben links): Shutterstock.com/Dima Moroz; (2.v. oben rechts): Shutterstock.com/Didecs; (unten alle): Shutterstock.com/Triangle c; **S. 31** (oben links+rechts): Shutterstock.com/Triangle c; (Mitte rechts): Shutterstock.com/mimagephotography; (A): Shutterstock.com/Maxx-Studio; (B): Shutterstock.com/Sashkin; (unten alle): Shutterstock.com/Triangle c; **S. 32** (1): stock.adobe.com/Jürgen Fälchle/Jürgen; (2): Shutterstock.com/Tangerinesky; (3): Shutterstock.com/Africa Studio; (Smileys oben): Shutterstock.com/olessya.g; (Emoji Daumen): Cornelsen/Kirsten Höcker; (Emoji Schrank): Shutterstock.com/ibrandify gallery; (Emoji Tisch): Shutterstock.com/MoreMass; (Hände): Shutterstock.com/bsd; (Smiley unten): stock.adobe.com/Ivan Kopylov; (unten alle): Shutterstock.com/photastic; **S. 33** (Mitte Flaggen): Shutterstock.com/Tartila; (unten): Shutterstock.com/photastic; **S. 34** (oben links): Cornelsen/Björn Schumann; (1): Cornelsen; (2): Shutterstock.com/ESB Professional; (3): Shutterstock.com/fizkes; (4): Shutterstock.com/loreanto; (unten alle): Shutterstock.com/Gladskikh Tatiana; **S. 35** (oben links): Cornelsen/Björn Schumann; (Mitte): Shutterstock.com/photastic; (unten): Shutterstock.com/Gladskikh Tatiana; **S. 36** (oben rechts): Shutterstock.com/dencg; (Mitte rechts): Cornelsen/Björn Schumann; **S. 37** (Smileys): stock.adobe.com/Ivan Kopylov; (unten rechts): Cornelsen; **S. 38** (Grafiken oben): Shutterstock.com/Macrovector; (Mitte rechts): Shutterstock.com/IKO-studio; **S. 40** (Mitte links): Shutterstock.com/George Rudy; (Mitte rechts): Shutterstock.com/Maja Marjanovic; (unten links): Shutterstock.com/Shebeko; (unten rechts): Shutterstock.com/IgorAleks; **S. 41** (A): Shutterstock.com/Iakov Filimonov; (B): stock.adobe.com/anoushkatoronto; (C): Shutterstock.com/ID1974; **S. 42** (Mitte rechts): mauritius images/alamy stock photo/Panther Media GmbH; **S. 43** (oben Mitte): Cornelsen; (oben rechts): pierre – comics, design & art; (Mitte links): Shutterstock.com/Rido; (unten links): Shutterstock.com/SehrguteFotos; **S. 44** (oben links+rechts): Cornelsen/Björn Schumann; (unten v.l.n.r.): Shutterstock.com/dwphotos; Shutterstock.com/FLUKY FLUKY; Shutterstock.com/David Prado Perucha; Shutterstock.com/Syda Productions; stock.adobe.com/terovesalainen; stock.adobe.com/Seventyfour; **S. 45** (Smileys + Emojis): Shutterstock.com/Carboxylase; (unten v.l.n.r.): Shutterstock.com/fizkes; Shutterstock.com/Freedomz; Shutterstock.com/GaudiLab; stock.adobe.com/Drobot Dean/Drobot; Shutterstock.com/DUSAN ZIDAR; Shutterstock.com/David Prado Perucha; **S. 46** (1): Shutterstock.com/Y. Pieper; (2): stock.adobe.com/Ilhan Balta/Ilhan; (3): Stadt Mannheim; (4): Stadt Mannheim; (5): Stadtpark Mannheim gGmbH/Christine Eichenlaub; (6): stock.adobe.com/Soho A studio/Soho; (Smileys + Emojis): Shutterstock.com/Carboxylase; (unten v.l.n.r.): Shutterstock.com/Evgeny Atamanenko; Shutterstock.com/Halfpoint; Shutterstock.com/Morakot Kawinchan; Shutterstock.com/Zhanna Fashayan; Shutterstock.com/Jacob Lund; Shutterstock.com/Dean Drobot; **S. 47** (Mitte von oben nach unten): Shutterstock.com/Rido; Shutterstock.com/Ollyy; stock.adobe.com/Krakenimages.com; Shutterstock.com/Ollyy; Shutterstock.com/Ollyy; (unten v.l.n.r.): Shutterstock.

Quellen

com/Aila Images; Shutterstock.com/Microgen; Shutterstock.com/StockPhotosArt; Shutterstock.com/AlessandroBiascioli; stock.adobe.com/BillionPhotos.com; Adobe Stock/bernardbodo; **S. 48** (oben rechts): Shutterstock.com/daver2002ua; (oben links): Shutterstock.com/antoniodiaz; (Mitte rechts): Shutterstock.com/Iakov Filimonov; **S. 49** (alle): Cornelsen/Björn Schumann; **S. 50** (alle): Shutterstock.com/Krakenimages.com; **S. 51** (A): Shutterstock.com/ESB Professional; (B): Shutterstock.com/Ollyy; **S. 52** (Uhren oben + unten): Shutterstock/Dmitry Zimin; (oben Hintergrund): Shutterstock.com/Jezper; (Mitte alle): Cornelsen/Björn Schumann; **S. 53** (Mitte + unten): Shutterstock/Dmitry Zimin; (rechts 2.v.unten): Shutterstock.com/Phovoir; **S. 54** (oben links): Cornelsen/Björn Schumann; (Mitte): Shutterstock.com/BortN66; (unten v.l.n.r.): Shutterstock.com/BortN66; Shutterstock.com/BortN66; Shutterstock.com/Nestor Rizhniak; Shutterstock.com/Bplanet; Shutterstock.com/Bplanet; **S. 55** (oben alle): Shutterstock.com/I'm friday; (unten v.l.n.r.): Shutterstock.com/BAZA Production; Shutterstock.com/BAZA Production; stock.adobe.com/DragonImages; stock.adobe.com/fizkes; stock.adobe.com/Prostock-studio; **S. 56** (oben v.l.n.r.): stock.adobe.com/Kalinovsky Dmitry; stock.adobe.com/Aldeca Productions; Shutterstock.com/Syda Productions; Shutterstock.com/antoniodiaz; **S. 57** (oben rechts): Shutterstock.com/New Africa; **S. 58** (Smileys): Shutterstock.com/Carboxylase; (Mitte rechts): Cornelsen/Hugo Herold; **S. 59** (Mitte): Cornelsen; (unten links): Shutterstock.com/photastic; **S. 60:** (von oben nach unten): stock.adobe.com/Josep Curto; stock.adobe.com/LianeM; egapark/Steve Bauerschmidt; stock.adobe.com/Sergii Figurnyi; **S. 61** (oben links): Shutterstock.com/Pressmaster; (Mitte): stock.adobe.com/natalialeb; (oben rechts): Shutterstock.com/Anukul; **S. 62** (oben): Cornelsen/Björn Schumann; (Mitte v.l.n.r.): stock.adobe.com/Anatoly Repin; stock.adobe.com/vitals; Shutterstock.com/Ryzhkov Photography; Shutterstock.com/Jacek Chabraszewski; (unten v.l.n.r.): Shutterstock.com/Dionisvera; Shutterstock.com/Dmitrij Skorobogatov; Shutterstock.com/Tim UR; Shutterstock.com/Boonchuay1970; Shutterstock.com/MaraZe; stock.adobe.com/ExQuisine; Shutterstock.com/Oxie99; **S. 63** (oben links): Shutterstock.com/tools12; (oben rechts): Shutterstock.com/Ruslana Iurchenko; (2.v.oben links): Shutterstock.com/AJR_photo; (2.v.oben rechts): Shutterstock.com/Matt Hahnewald; (Mitte v.l.n.r.): Shutterstock.com/yamix; Shutterstock.com/Alexander Raths; Shutterstock.com/Serg64; Shutterstock.com/monticello; Shutterstock.com/Svetlana Foote; (unten v.l.n.r.): Shutterstock.com/Somchai Som; Shutterstock.com/EM Arts; Shutterstock.com/anitasstudio; Shutterstock.com/DenisMArt; Shutterstock.com/Slawomir Zelasko; Shutterstock.com/gresei; stock.adobe.com/Gresei; **S. 65** (oben v.l.n.r.): Shutterstock.com/Chimpinski; Shutterstock.com/Chimpinski; Shutterstock.com/orinocoArt; Shutterstock.com/Volosina; Shutterstock.com/Pixel-Shot; Shutterstock.com/gresei; Shutterstock.com/DenisMArt; (rechts von oben nach unten): Shutterstock.com/DenisMArt; Shutterstock.com/Africa Studio; Shutterstock.com/siloto; Shutterstock.com/siloto; Shutterstock.com/tanaphongpict; (unten links): Shutterstock.com/Foodio; **S. 66** (oben links): Shutterstock.com/Gorodenkoff; (oben Mitte): Shutterstock.com/marekusz; (oben rechts): stock.adobe.com/Ralf Geithe; (2.v.oben links): Shutterstock.com/Corepics VOF; (2.v.oben Mitte): Shutterstock.com/Iakov Filimonov; (Mitte rechts): Shutterstock.com/New Africa; **S. 67** (oben alle): Cornelsen/Ekre und Ludwig GbR; **S. 68** (oben links): Shutterstock.com/pilipphoto; (oben Mitte): Shutterstock.com/GSDesign; (oben rechts): Shutterstock.com/etorres; **S. 69** (oben + unten): Shutterstock.com/Mega Pixel; (oben 2.v. links Grafik): Shutterstock.com/Picture Window; (oben rechts Grafik): Shutterstock.com/davooda; **S. 70** (1): Shutterstock.com/Halfpoint; (2): stock.adobe.com/engel.ac; (3): stock.adobe.com/Visions-AD; (4): stock.adobe.com/Ingo Bartussek; (unten v.l.n.r.): Shutterstock.com/Tatiana Bralnina; Shutterstock.com/LightField Studios; Shutterstock.com/matka_Wariatka; Shutterstock.com/nelen; Shutterstock.com/nadianb; **S. 71** (Mitte v.l.n.r.): stock.adobe.com/Slawomir Fajer; stock.adobe.com/Martin Rettenberger; stock.adobe.com/Kathleen Rekowski; Shutterstock/Brent Hofacker; (unten v.l.n.r.): Shutterstock.com/wavebreakmedia; Shutterstock.com/RAYphotographer; Shutterstock.com/vladeva; stock.adobe.com/kab-vision; Shutterstock.com/wavebreakmedia; **S. 73** (oben): Shutterstock.com/Dreamer Light; (Smiley): Shutterstock.com/Carboxylase; **S. 74** (alle) Cornelsen/Björn Schumann; **S. 75** (1.Reihe oben v.l.n.r.): stock.adobe.com/Martin Rettenberger; stock.adobe.com/Slawomir Fajer; stock.adobe.com/victoria p./victoria; stock.adobe.com/Angela Staenicke; Shutterstock.com/GSDesign; (2. Reihe oben v.l.n.r.): stock.adobe.com/Jacek Chabraszewski; stock.adobe.com/pavel siamionov; stock.adobe.com/HLPhoto; Shutterstock.com/highviews; Shutterstock.com/Africa Studio; **S. 76** (oben): Shutterstock.com/Tokarchuk Andrii; (2. a): Shutterstock.com/mangpor2004; (2. b): Shutterstock.com/Impact Photography-Shutterstock; (2. c): stock.adobe.com/tsuguliev; (3. a): Shutterstock.com/highviews; (3. b): stock.adobe.com/victoria p.; (3. c): Shutterstock.com/Rmbssk; (4. a): Shutterstock.com/Oxie99; (4. b): Shutterstock.com/MaraZe; (4. c): Shutterstock.com/Boonchuay1970; (5. a): Shutterstock.com/gresei; (5. b): Shutterstock.com/DenisMArt; (5. c): Shutterstock.com/Slawomir Zelasko; **S. 77** (oben links): Shutterstock.com/Radiasi; **S. 78** (Mitte v.l.n.r.): Shutterstock.com/Oksana Mizina; stock.adobe.com/breakingthewalls; Shutterstock.com/MaraZe; Shutterstock.com/Elena Veselova; **S. 79** (oben links): Shutterstock.com/ArtEvent ET; (rechts von oben nach unten): Shutterstock.com/StockphotoVideo; Shutterstock.com/kuvona; Shutterstock.com/AS Food studio; Shutterstock.com/Abdelrahman Qassem; Shutterstock.com/ugurr; Shutterstock.com/Anas.hussein; **S. 80** (oben links): Shutterstock.com/r.classen; (oben rechts): Shutterstock.com/nitpicker; (2.v. oben rechts): Shutterstock.com/khuruzero; (3.v. oben rechts): Shutterstock.com/ganjalex; (unten v.l.n.r.): stock.adobe.com/Animaflora PicsStock; stock.adobe.com/blende11.photo; Shutterstock.com/Zolnierek; Shutterstock.com/Prostock-studio; Cornelsen; Shutterstock.com/Africa Studio; **S. 81** (oben rechts): Shutterstock.com/fizkes; (unten v.l.n.r.): Cornelsen; Shutterstock.com/pikselstock; Cornelsen; Shutterstock.com/Rawpixel.com; Shutterstock.com/nitpicker; Shutterstock.com/Rawpixel.com; **S. 83** (Mitte rechts): Cornelsen; **S. 85** (oben rechts): Cornelsen/Björn Schumann; **S. 86** (oben alle): stock.adobe.com/Andrii Zastrozhnov; (Mitte links): Shutterstock.com/Robert Kneschke; (Mitte rechts): Shutterstock.com/GaudiLab; **S. 87** (oben rechts): Shutterstock.com/ganjalex; **S. 88** (oben) Cornelsen; (unten v.l.n.r.): stock.adobe.com/Sven Krautwald; Shutterstock.com/Dariush M; Shutterstock.com/Onjira Leibe; Deutsche Bahn AG/Volker Emersleben; Stadtwerke Verkehrsgesellschaft Frankfurt am Main mbH (VGF); **S. 89** (Mitte links): Shutterstock.com/Monkey Business Images; (Mitte rechts): Shutterstock.com/gabrijelagal; (unten v.l.n.r.): Deutsche Bahn AG/Georg Wagner; Shutterstock.com/Andrey_Popov; stock.adobe.com/Flaviu Boerescu/Flaviu; Shutterstock.com/aapsky; Shutterstock.com/Radomir; **S. 90** (Mitte links): stock.adobe.com/maximmmmum; (Mitte rechts): stock.adobe.com/Copyright(C)2000–2006 Adobe Systems, Inc. All Rights Reserved.; (Mitte rechts unten): Shutterstock.com/Illizium; **S. 91** (Mitte alle): Shutterstock.com/I'm friday; (A): Shutterstock.com/Iryna Inshyna; (B): Shutterstock.com/Iakov Filimonov; **S. 92** (A): stock.adobe.com/yukipon00; (B): stock.adobe.com/yukipon00; (C): Shutterstock.com/RedKoala; (D): stock.adobe.com/yukipon00; (1): Shutterstock.com/nikolae; (2):

Shutterstock.com/nikolae; (3): Shutterstock.com/Ecelop; (4): Shutterstock.com; (5): Shutterstock.com/nikolae; **S. 93** (unten): stock.adobe.com/Copyright(C)2000–2006 Adobe Systems; **S. 94** (Mitte alle): BVG; **S. 95** (Mitte links): Shutterstock.com/Budimir Jevtic; (Mitte rechts): Shutterstock.com/NDAB Creativity; **S. 96** (oben links): Shutterstock.com/Santiago Salinas; (Mitte rechts): Shutterstock.com/Viktoriia Hnatiuk; (Mitte links): Shutterstock.com/ISSARET YATSOMBOON; (unten): stock.adobe.com/Copyright(C)2000–2006 Adobe Systems; **S. 97** (oben rechts): Cornelsen/Bettina Hamann; (Mitte alle): stock.adobe.com/Copyright(C)2000–2006 Adobe Systems; **S. 98** (oben links): Cornelsen/Björn Schumann; (oben rechts): Shutterstock.com/northmelody; (unten v.l.n.r.): Shutterstock.com/korisbo; stock.adobe.com/Kzenon; stock.adobe.com/contrastwerkstatt; Shutterstock.com/Photographee.eu; Shutterstock.com/All About Space; Shutterstock.com/Followtheflow; **S. 99** (oben): Shutterstock.com/ivastasya; (Mitte v.l.n.r.): Shutterstock.com/Photographee.eu; Shutterstock.com/MAX 3D Design; Shutterstock.com/Werner Spremberg; Shutterstock.com/periskop; Shutterstock.com/Roman Kolbabek; Shutterstock.com/Tania Kitura; (2.v.unten): Shutterstock.com/shooarts; (unten v.l.n.r.): Shutterstock.com/Undrey; Shutterstock.com/Petar Djordjevic; Shutterstock.com/New Africa; stock.adobe.com/Roman Babakin/Roman; Shutterstock.com/Edvard Nalbantjan; Shutterstock.com/ivastasya; **S. 100** (1): stock.adobe.com/bluedesign; (2): Shutterstock.com/Andrey_Popov; (3): Cornelsen; **S. 101** (1): Shutterstock.com/Dean Drobot; (2): Shutterstock.com/Baloncici; (3): Shutterstock.com/H_Ko; (4): Shutterstock.com/Lordn; **S. 102** (oben): Cornelsen, PIN-Board: Shutterstock.com/TrifonenkoIvan, Heizung: Shutterstock.com/Premiumvectors, LKW: Shutterstock.com/ksenvitaln, Fahrrad: Shutterstock.com/Amanita Silvicora, Kinderwagen: Shutterstock.com/Anatolir; **S. 103** (A): Shutterstock.com/nikkytok; (B): Shutterstock.com/lidiasilva; (C): Shutterstock.com/William Berry; **S. 104** (oben): Shutterstock.com/katjen; (Smileys): Shutterstock.com/Carboxylase; (links von oben nach unten): Shutterstock.com/Grigvovan; Shutterstock.com/fizkes; Shutterstock.com/Flamingo Images; Shutterstock.com/fizkes; Shutterstock.com/Nolte Lourens; **S. 105** (oben): Shutterstock.com/Mega Pixel; (Mitte): Cornelsen; (unten alle): Shutterstock.com/I'm friday; **S. 106** (oben links): Shutterstock.com/insta_photos; (oben rechts): Shutterstock.com/fototip; (2.v.oben rechts): Shutterstock.com/Yuricazac; (3.v.oben rechts): Shutterstock.com/fizkes; (unten v.l.n.r.): Shutterstock.com/alice-photo; Shutterstock.com/fizkes; Shutterstock.com/ALPA PROD; Shutterstock.com/ALPA PROD; Shutterstock.com/DGLimages; **S. 107** (unten v.l.n.r.): stock.adobe.com/Robert Kneschke; Shutterstock.com/Iakov Filimonov; Shutterstock.com/NicoElNino; Shutterstock.com/Matej Kastelic; Shutterstock.com/Stokkete; **S. 109** (Würfel): Shutterstock.com/art-sonik; (Mitte links): stock.adobe.com/paulaphoto; (oben links): stock.adobe.com/Tatsiana Yatsevich/caftor; (Mitte rechts): stock.adobe.com/lordn; (oben rechts): stock.adobe.com; (unten links): stock.adobe.com/benik.at; (unten rechts): stock.adobe.com/Shutter2U; **S. 110** (oben rechts): Shutterstock.com/fizkes; **S. 112** (Mitte rechts): Shutterstock.com/Kinga; **S. 113** (Mitte): Shutterstock.com/photastic; **S. 114** (Smiley): Shutterstock.com/Carboxylase; (oben links): Shutterstock.com/Iakov Filimonov; (Mitte rechts): Shutterstock.com/wk1003mike; **S. 115** (oben links): stock.adobe.com/Christian Schwier; (oben rechts): stock.adobe.com/ArTo; (Mitte links): Shutterstock.com/KB_3; (Mitte rechts): Shutterstock.com/inrainbows; **S. 116** (1–4): Shutterstock.com/Antonio Guillem; (unten v.l.n.r.): Shutterstock.com/Prostock-studio; Shutterstock.com/Srinivasan.Clicks; Shutterstock.com/Gladius Stock; Shutterstock.com/BERNATSKAIA OKSANA; Shutterstock.com/michaelheim; Shutterstock.com/Roman Samborskyi; Shutterstock.com/Duet PandG; **S. 117** (Mitte links): Shutterstock.com/cherezoff; (unten v.l.n.r.): Shutterstock.com/Prostock-studio; Shutterstock.com/Prostock-studio; Shutterstock.com/grandbrothers; Shutterstock.com/fizkes; Shutterstock.com/New Africa; Shutterstock.com/Morocko; Shutterstock.com/Nuchylee; **S. 118** (oben v.l.n.r.): stock.adobe.com/Knut Wiarda/Knut; Shutterstock.com/Orawan Pattarawimonchai; stock.adobe.com/Photographee.eu; stock.adobe.com/RUSLAN GUZOV/aletia2011; **S. 119** (1): Shutterstock.com/Nenad Cavoski; (2): Shutterstock.com/RollingCamera; (3): Shutterstock.com/Prostock-studio; **S. 120** (Smiley): Shutterstock.com/Carboxylase; **S. 122** (oben): Shutterstock.com/Syda Productions; **S. 123** (unten links): Cornelsen, Smartphone: Shutterstock.com/khuruzero, Foto: Cornelsen/Björn Schumann; **S. 124** (oben links): Shutterstock.com/Vladeep; (oben rechts): Shutterstock.com/i_am_zews; **S. 126** (oben alle): stock.adobe.com/Copyright(C)2000–2006 Adobe Systems; (1–3): Shutterstock.com/fizkes; (4): Shutterstock.com/Krakenimages.com; (unten v.l.n.r.): Cornelsen; stock.adobe.com/bukhta79; Shutterstock.com/Dino Osmic; stock.adobe.com/uckyo; stock.adobe.com/gradt; **S. 127** (Smileys): Shutterstock.com/Carboxylase; (2.v.unten rechts): stock.adobe.com/Gorodenkoff Productions OU; (unten v.l.n.r.): Shutterstock.com/ajt; Shutterstock.com/Anton Starikov; Shutterstock.com/Lipskiy; Shutterstock.com/Sichon; Shutterstock.com/magicoven; **S. 128** (1): Christof Rieken/Kassenärztliche Vereinigung Berlin; (2): stock.adobe.com/Tobias Arhelger; (3): stock.adobe.com/upixa; (4): mauritius images/Frauke; **S. 130** (1. a): Shutterstock.com/aslysun; (1. b): Shutterstock.com/Lipskiy; (1. c): Shutterstock.com/aslysun; (2. a): stock.adobe.com/New Africa/New; (2. b): Shutterstock.com/Cozine; (2. c): stock.adobe.com/vitals; (3. a, b, c): Shutterstock.com/anueing; (4. a): Shutterstock.com/Dan Kosmayer; (4. b): Shutterstock.com/manulito; (4. c): Shutterstock.com/art nick; **S. 131** (unten): Cornelsen; **S. 132** (oben rechts): Shutterstock.com/Aleksey Telesh; **S. 133** (Mitte links): Evangelische Kranken- und Alten-Hilfe e.V. – Grüne Damen und Herren; **S. 134** (oben): Cornelsen; **S. 136** (Mitte): Cornelsen, Ball: Shutterstock.com/BigMouse, Kugel: Shutterstock.com/Macrovector; (unten v.l.n.r.): stock.adobe.com/(c) Evgeniy & Karina Gerasimovi/scharfsinn86; stock.adobe.com/ArTo; stock.adobe.com/Mattin Ott/MATT-in-Photo; stock.adobe.com/Marco2811; Shutterstock.com/Tricky_Shark; **S. 137** (Smileys): Shutterstock.com/Carboxylase; (unten v.l.n.r.): Shutterstock.com/Anelo; Shutterstock.com/riopatuca; Shutterstock.com/Monkey Business Images; Shutterstock.com/Ronald Rampsch; stock.adobe.com/Spiroview Inc./Spiroview; **S. 138** (oben links): Cornelsen/Björn Schumann; (a–d): Cornelsen/Björn Schumann; **S. 139** (von oben nach unten): Shutterstock.com/kuzmaphoto; Shutterstock.com/SnowWhiteimages; Shutterstock.com/rafik beshay; **S. 140** (oben alle): Cornelsen; **S. 141** (oben links): Shutterstock.com/PR Image Factory; **S. 142** (1–3): Cornelsen/Hugo Herold; (unten v.l.n.r.): Shutterstock.com/tartanparty; Shutterstock.com/Cumhur Kaplan; Shutterstock.com/Kapitula Olga; Shutterstock.com/Anton Akhmatov; Shutterstock.com/pornpawit; Shutterstock.com/Bogdan Florea; Shutterstock.com/Alexander Kalina; **S. 143** (Smileys): Shutterstock.com/Carboxylase; (Mitte links): Shutterstock.com/Chokniti Khongchum; (Mitte rechts): Shutterstock.com/Valeriia Naumenko; (2.v.unten rechts): Shutterstock.com/natu; (unten v.l.n.r.): Shutterstock.com/vitaliy_73; Shutterstock.com/AlexPhotoGo; Shutterstock.com/Eugene Partyzan; Shutterstock.com/photopia90; Shutterstock.com/Ukki Studio; Shutterstock.com/luanateutzi; Shutterstock.com/ImagePixel; **S. 144** (Mitte v.l.n.r.): Shutterstock.com/Leila B.; Shutterstock.com/Tarzhanova; Shutterstock.com/OlgaGi; Shutterstock.com/Stockforlife; Shutterstock.com/airdone; Shutterstock.com/Anna Photographer; **S. 145** (oben rechts):

Quellen

stock.adobe.com/VAKSMANV; **S. 146** (oben links): Shutterstock.com/Kwangmoozaa; (Mitte rechts): Shutterstock.com/Sabuhi Novruzov; Shutterstock.com/linear_design; **S. 147** (oben links): Shutterstock.com/Gorodenkoff; (A): Shutterstock.com/Stock Up; (B): Shutterstock.com/Ruslan Ivantsov; (C): Shutterstock.com/Ruslan Ivantsov; **S. 148** (oben v.l.n.r.): Shutterstock.com/Michael Kraus; Shutterstock.com/Michael Kraus; Shutterstock.com/Elena Stepanova; Shutterstock.com/eightstock; stock.adobe.com/New Africa/Olga Yastremska; (Mitte links): Shutterstock.com/pornpawit; (2.v.unten links): Shutterstock.com/airdone; (unten links): Shutterstock.com/Mikhail Turov; **S. 149** (oben): Cornelsen; (unten): Shutterstock.com/Iakov Filimonov; **S. 150** (oben links): Shutterstock.com/arrowsmith2; (oben rechts): Shutterstock.com/CRS PHOTO; (unten links): stock.adobe.com/andré adami/EyeEm; (unten rechts): Shutterstock.com/paul saad; **S. 151** (oben): Shutterstock.com/SVP Productions; (Mitte): Cornelsen, Hintergrund: stock.adobe.com/Qualit Design, Shutterstock.com/MyPro; **S. 152** (oben alle): Cornelsen/Daniel Meyer; **S. 154** (oben Mitte): Shutterstock.com/Robert Kneschke; (oben rechts): Shutterstock.com/Sean Pavone; (unten v.l.n.r.): Shutterstock.com/Zerbor; stock.adobe.com/JiSign; stock.adobe.com/JiSign; Shutterstock.com/Sondel Design; Shutterstock.com/Sondel Design; **S. 155** (unten v.l.n.r.): Shutterstock.com/Sondel Design; Shutterstock.com/Maryna Pleshkun; stock.adobe.com/© Ralf Kleemann/eccolo; Shutterstock.com/AlexandrBognat; Shutterstock.com/AlexandrBognat; **S. 156** (1): Shutterstock.com/Rawpixel.com; (2): Shutterstock.com/Monkey Business Images; (3): Shutterstock.com/Robert Kneschke; (4): Shutterstock.com/Fh Photo; **S. 158** (oben + unten): Shutterstock.com/Alona_S; (Mitte rechts): Shutterstock.com/Aleksander Krsmanovic; (2.v.unten rechts): Shutterstock.com/Oksana Kuzmina; **S. 160** (oben): Shutterstock.com; (unten v.l.n.r.): stock.adobe.com/VRD; Shutterstock.com/Pheelings media; stock.adobe.com/wesel; Shutterstock.com/fizkes; Shutterstock.com/Friemann; **S. 161** (oben v.l.n.r.): Shutterstock.com/Icatnews; Shutterstock.com/Amy Johansson; stock.adobe.com/peshkova; stock.adobe.com/BrunoBarillari; (unten v.l.n.r.): stock.adobe.com/Yakobchuk Olena; stock.adobe.com/auremar; stock.adobe.com/Tadej; Shutterstock.com/OttoPles; stock.adobe.com/MARCOS OSORIO; **S. 162** (Würfel): Shutterstock.com/art-sonik; (unten rechts): Cornelsen, Bankkarte: stock.adobe.com/ JULA; **S. 163** (oben rechts): Shutterstock.com/Rido; **S. 164** (unten alle): Shutterstock.com/TyBy; **S. 165** (Mitte links): Shutterstock.com/StudioByTheSea; (unten alle): Shutterstock.com/TyBy; **S. 167** (Mitte links): stock.adobe.com/Jacob Lund; **S. 168** (oben links): Shutterstock.com/andreonegin; (oben rechts): stock.adobe.com/jörn buchheim/jörn; (unten links): Shutterstock.com/Monkey Business Images; (unten rechts) Shutterstock.com/Kinga; (1): mauritius images/alamy stock photo/Nikolay Vinokurov; (2): mauritius images/Michael Weber; (3): mauritius images/World Book Inc.; (4): Shutterstock.com/Everett Historical; **S. 169** (oben links): dpa Picture-Alliance/picturedesk.com/Michael Rausch – Schott; **S. 170** (oben links): Cornelsen/Björn Schumann; (oben rechts): Shutterstock.com/khuruzero; (Wettersymbole): stock.adobe.com/insemar; (unten v.l.n.r.): Shutterstock.com/BABAROGA; Shutterstock.com/Iakov Kalinin; Shutterstock.com/Spitzi-Foto; Shutterstock.com/Mr Twister; stock.adobe.com/© Edgars Sermulis, All Rights Reserved/STOATPHOTO; stock.adobe.com/isavira; **S. 171** (oben alle): Shutterstock.com/herle_catharina; (oben rechts): Shutterstock.com/Ina Meer Sommer; (unten v.l.n.r.): stock.adobe.com/andreiuc88; stock.adobe.com/by-studio; Shutterstock.com/Silatip; Shutterstock.com/Pakhnyushchy; stock.adobe.com/Jenny Sturm/Jenny; Shutterstock.com/Spitzi-Foto; **S. 172** (oben): Deutsche Bahn AG/Uwe Miethe; (unten v.l.n.r.): Deutsche Bahn AG/Oliver Lang; Deutsche Bahn AG/Volker Emersleben; Deutsche Bahn AG/Wolfgang Klee; Deutsche Bahn AG/Wolfgang Klee; Deutsche Bahn AG/Uwe Miethe; **S. 173** (unten v.l.n.r.): Deutsche Bahn AG/Volker Emersleben; stock.adobe.com/Kruwt; stock.adobe.com/Kruwt; Deutsche Bahn AG/Uwe Miethe; Deutsche Bahn AG/Volker Emersleben; **S. 174** (oben): Shutterstock.com/WHISKHEELS; (Mitte rechts): stock.adobe.com/languste15; (unten v.l.n.r.): Shutterstock.com/Dmitry Polonskiy; stock.adobe.com/terovesalainen; stock.adobe.com/popeyeka; Shutterstock.com/FROGtograph; **S. 175** (1): stock.adobe.com/Sina Ettmer/Sina; (2): stock.adobe.com/Dr. Dietmar Najak/dina; (3): stock.adobe.com/Stefan Zimmer; (unten v.l.n.r.): Shutterstock.com/dugdax; Shutterstock.com/Jaros; Shutterstock.com/Nikolay Antonov; Shutterstock.com/saiko3p; **S. 176** (oben alle): Shutterstock.com/photastic; (unten): stock.adobe.com/pavelgulea; **S. 178** (oben links): Shutterstock.com/stockcreations; (Emojis): Shutterstock.com/Carboxylase; (Mitte): Shutterstock.com/WindNight; **S. 179** (unten): stock.adobe.com; **S. 180** (oben rechts): Cornelsen/Björn Schumann; (unten links + Mitte): Shutterstock.com/photastic; **S. 182** (oben): Shutterstock.com/NDAB Creativity; (Mitte): Shutterstock.com/JOAT; (2.v.unten): stock.adobe.com/Pixel-Shot; (unten v.l.n.r.): Herz: Shutterstock.com/Carboxylase; Daumen: Shutterstock.com/Alex Hariyandi; **S. 183** (oben rechts alle): stock.adobe.com; (2.v.unten): stock.adobe.com/mangpor2004; (unten v.l.n.r.): Daumen: Shutterstock.com/Alex Hariyandi; Geschenk: stock.adobe.com/Copyright(C)2000–2006 Adobe Systems; **S. 184** (oben v.l.n.r.): stock.adobe.com/Rafael Ben-Ari/Chameleons Eye; stock.adobe.com/Cimermane; stock.adobe.com/Jean Kobben/Jean; Shutterstock.com/DG FotoStock; **S. 185** (oben v.l.n.r.): stock.adobe.com/Neissl; stock.adobe.com/wong yu liang/wong; Shutterstock.com/Feroze Edassery; Shutterstock.com/tastyfood; **S. 186** (oben v.l.n.r.): Shutterstock.com/IVY PHOTOS; Shutterstock.com/Stoktur; Shutterstock.com/Olga Sapegina; (Mitte v.l.n.r.): stock.adobe.com/powell83; stock.adobe.com/4kclips; stock.adobe.com/Julia Lavrinenko; **S. 187** (oben rechts): stock.adobe.com/allessuper_1979; (Mitte rechts): AFRICA POSITIVE e.V.; (unten rechts): Dortmund-Agentur / Roland Gorecki; **S. 188** (unten): Shutterstock.com/BRG.photography; **S. 196** (oben): Cornelsen, Ball: Shutterstock.com/BigMouse, Kugel: Shutterstock.com/Macrovector; (Mitte v.l.n.r.): Herz: Shutterstock.com/Carboxylase; Daumen: Shutterstock.com/Alex Hariyandi; Geschenk: stock.adobe.com/Copyright(C)2000–2006 Adobe Systems; **S. 198** (oben links): stock.adobe.com/Igor Savenchuk

Deutsch als Zweitsprache für Alltag und Beruf

Kursbuch A1

Im Auftrag des Verlages erarbeitet von: Julia Herzberger, Friederike Jin, Martina Schäfer und Matthias Scheliga
Video-Clips: Matthias Scheliga
Grammatik-Animationen: Ute Voß

In Zusammenarbeit mit der Redaktion: Andrea Mackensen, Julia Schulte
Redaktionelle Mitarbeit: Jacolien de Vries, Anne Planz
Redaktionsleitung: Gertrud Deutz

Besonderer Dank gilt Maren Schoenfelder (Paderborn) und Lothar Bunn (Münster) für den Input im Bereich der inter- und plurikulturellen Kommunikation sowie Rudi Camerer (Frankfurt/Main) für die Beratung bei der Umsetzung der Vorgaben des Begleitbandes zum GER.
Beratende Mitwirkung: Laura Dürschmied (Würzburg), Bernhard Falch (Innsbruck, Österreich), Claudia Lühmann (Buxtehude), Le Phuong Hoa (Hanoi, Vietnam), Sabine Roth (Erlangen), Joachim Schote (Freiburg), Alev Yazıcı (Ankara, Türkei)

Umschlaggestaltung und Layoutkonzept: Rosendahl Berlin, Agentur für Markendesign
Umschlagfoto: Daniel Meyer, Hamburg
Technische Umsetzung: Straive, Indien
Illustrationen: Sylvia Wolf, Tanja Székessy (S. 12 und 44), Matthias Pflügner (S. 136)

www.cornelsen.de

1. Auflage, 3. Druck 2025

Alle Drucke dieser Auflage sind inhaltlich unverändert und können im Unterricht nebeneinander verwendet werden.

Druck: Livonia Print, Riga

ISBN: 978-3-06-121284-1
ISBN: 978-3-06-122424-0 (E-Book)

PEFC zertifiziert
Dieses Produkt stammt aus nachhaltig bewirtschafteten Wäldern und kontrollierten Quellen.
www.pefc.de